2023年入試！ベストセレクション 大学入学共通テスト 政治・経済重要問題集

目次 　大学入学共通テスト「政治・経済」の出題形式………2

第1編
現代の政治
- 第1章　民主政治の基本原理………6
- 第2章　日本国憲法の基本的性格………16
- 第3章　日本の政治機構………36
- 第4章　現代日本の政治………54
- 第5章　現代の国際政治………70

第2編
現代の経済
- 第1章　経済社会の変容………86
- 第2章　現代経済のしくみ………90
- 第3章　現代日本経済と福祉の向上（1）………114
- 　　　　現代日本経済と福祉の向上（2）………124
- 第4章　国民経済と国際経済………138

第3編
巻末演習
- 第1章　問題パターン別類題演習………160
- 第2章　2022年
  　　　　大学入学共通テスト本試験………170

JN249098

大学入学共通テスト「政治・経済」の出題形式 −2021年本試験（第1日程）より−

大学入学共通テスト「政治・経済」は4つの大問で構成されている。大問は，授業や発表といった日々の学習活動などの場面を想定したつくりになっている。

第1問 生徒Xと生徒Yは，「政治・経済」の授業で発表をすることになった。テーマは「望ましい社会の姿」である。話し合った結果，経済成長，所得分配，持続可能性という三つのパートに分けて社会の様子を調べることにした。次のノートは，発表の概要と担当を書き留めたものである。これをもとに，以降の問い（問1～7）に答えよ。（配点　24）

この問題では，発表の概要などを書き留めたノートをもとに各問が展開される。このノート自体を読み込む必要は無いが，大問でどのような分野が問われているのか，簡単に目を通しておくとよい。

発表テーマ：望ましい社会の姿

- **イントロダクション（二人で担当）**
  ・人々の生活を把握する

- **Aパート：経済成長の側面（Xが担当）**
  ・各国の経済状況をつかむ
  ・成長と物価の関係を調べる

- **Bパート：所得分配の側面（Yが担当）**
  ・格差の状況を示す
  ・分配の財源や負担を調べる

- **Cパート：持続可能性の側面（二人で担当）**
  ・環境問題に関するこれまでの取組みを振り返る
  ・環境問題における国家間の対立と協調を調べる

センター試験で多く出題されていた，知識理解を問う問題も少なくないので，まずは教科書の内容を確実に理解しておきたい。

問1 イントロダクションとして，生徒Xと生徒Yは，人間開発指数（HDI）をもとに，人々の生活を把握することから作業を始めることにした。人間開発指数の説明として誤っているものを，次の①～④のうちから一つ選べ。□1□

① この指数は，国連開発計画によって発表されている。
② この指数は，人間の基本的ニーズの充足をめざす中で導入された。
③ この指数は，寿命，知識，生活水準をもとに算出されている。
④ この指数は，ミレニアム開発目標の一つとして策定された。

問2 生徒XはAパートを担当することとなり，ある国の経済状況を調べた。次の表は，ある国の経済状況（名目GDP，人口，GDPデフレーター，実質GDP，名目GDP成長率，実質GDP成長率）を示しており，通貨の単位にはドルを用いているものとする。なお，この国では，2015年と2016年の一人当たりの名目GDPが同じである。表中のa～cに当てはまる数字の組合せとして正しいものを，下の①～⑧のうちから一つ選べ。□2□

資料読解問題にも様々なパターンがあり，資料を読み取る場合もあれば，この問題のように，計算が必要な場合もある。また，複数の資料を読み取る場合，資料を読み取った内容が選択肢になっている場合，資料内の該当する項目を選ぶ場合，複数ある資料のなかから該当する資料を選ぶ場合など，解答のバリエーションも豊富になっている。

	名目GDP（億ドル）	人口（百万人）	GDPデフレーター	実質GDP（億ドル）	名目GDP成長率(%)	実質GDP成長率(%)
2015年	500	**b**	100	500		
2016年	**a**	47	94	500	− 6	0
2017年	494	45	95	520	5	**c**

（注） 2015年が基準年で，2015年のGDPデフレーターを100とする。数値は小数点以下を四捨五入している。2015年の「＼」は値が明示されていないことを意味する。

選択肢の数は四択のものが多いが，空欄の組合せを解答する問題では，六択以上になる問題もある（この問題は八択）。したがって，一つひとつ丁寧に確認する必要がある。

① a 450　b 49　c 1
② a 450　b 49　c 4
・
・
・
⑧ a 470　b 50　c 4

問5　Bパートに関連して，生徒Yは，格差や分配について調べる中で，どのような形でもって国民の間で社会保障の財源を負担するのか，まとめることにした。次の文章中の空欄　ア　～　エ　に当てはまる語句の組合せとして正しいものを，下の①～⑧のうちから一つ選べ。　5

社会保障の財源について，　ア　を中心とする北欧型と，　イ　を中心とする大陸型があり，日本は，北欧型と大陸型の中間に位置しているといわれる。
　日本では，高齢化が進み社会保障関係費が増大している。その増加する社会保障関係費を賄うため，政府は，全世代が負担し負担の世代間格差の縮小に有用であるといわれている　ウ　をその財源として組入れを予定し，増税を進めた。また，2000年代に入って40歳以上の人々を加入者とする　エ　制度が実施され，その後，後期高齢者医療制度も導入された。

① ア 社会保険料　イ 租税　　　ウ 消費税　エ 年金保険

・
・
・

⑧ ア 租税　　　イ 社会保険料　ウ 所得税　エ 介護保険

> この問題のように，複数の空欄に入る内容の組合せが選択肢になっている問題も少なくないので，確実な理解が求められる。

第2問　民主主義の基本原理と日本国憲法についての理解を深めたいと考えた生徒W・生徒X・生徒Y・生徒Zは，ある大学のオープンキャンパスで，法律や政治に関する複数の講義にそれぞれ参加した。これに関して，次の問い（A・B）に答えよ。　（配点　26）

A　生徒Wと生徒Xは，法律分野の講義に参加した。これに関して，次の問い（問1～4）に答えよ。

問1　生徒Wは，以前から法学に関心があったため，「公法と私法」という講義に参加した。講義では，法の意義，公法と私法の違い，公法と私法それぞれに属する各法の性格などが扱われた。Wは，日本国憲法における基本的人権の保障について関心をもった。
　次の資料1と資料2は，講義内で配付された，1973年の最高裁判所の判決文の一部である。資料1の理解をもとに，次ページの資料2の空欄に語句を入れた場合，空欄　ア　・　イ　に当てはまる語句の組合せとして最も適当なものを，次ページの①～④のうちから一つ選べ。なお，資料には，括弧と括弧内の表現を補うなど，表記を改めた箇所がある。　8

> 設問とは別に用意される資料文を読んで答えるタイプの問題。ある程度まとまりのある文章を読まなくてはならないので，読解力が必要になる。

資料1

（憲法第14条の平等および憲法第19条の思想良心の自由の規定は）その他の自由権的基本権の保障規定と同じく，国または公共団体の統治行動に対して個人の基本的な自由と平等を保障する目的に出たもので，もっぱら国または公共団体と個人との関係を規律するものであり，私人相互の関係を直接規律することを予定するものではない。

（出所）　最高裁判所民事判例集27巻11号

> この問題は判例が使われているが，ほかに，原典資料や憲法・法律の条文，あるテーマについて書かれた資料文や，生徒のメモ書きなどが使われる場合もある。

資料2

　ア　的支配関係においては，個人の基本的な自由や平等に対する具体的な侵害またはそのおそれがあり，その態様，程度が社会的に許容しうる限度を超えるときは，これに対する立法措置によってその是正を図ることが可能であるし，また，場合によっては，　イ　に対する一般的制限規定である民法1条，90条や不法行為に関する諸規定等の適切な運用によって，一面で　イ　の原則を尊重しながら，他面で社会的許容性の限度を超える侵害に対し基本的な自由や平等の利益を保護し，その間の適切な調整を図る方途も存するのである。

（出所）　最高裁判所民事判例集27巻11号

① ア 公　イ 団体自治
② ア 公　イ 私的自治
③ ア 私　イ 団体自治
④ ア 私　イ 私的自治

> 空欄は2つだが，資料1の内容を手がかりに，資料2の内容に沿う形で当てはまるものを判断しなくてはならないため，読解力を要する問題。

3

第3問

問4　財政においては，雇用や生活への影響だけではなく，経済危機への対処も重要である。日本では，1990年代初頭にバブル経済が崩壊した後，銀行の不良債権処理や貸し渋りの問題に対処するため，公的資金が投入された。

　　生徒たちは，銀行のバランスシート（貸借対照表）の動きを表した次の模式図を用いて，不良債権処理と貸し渋りの問題について考えることにした。なお，簡略化のため，銀行の負債はすべて預金，純資産は資本金のみとする。この図では，銀行の貸出債権が経済不況時に不良債権化し，その不良債権が処理されるまでの流れが示されている。不良債権となっている資産を最終的に消滅させるために費用が発生し，その費用が大きければ損失が発生し資本金を減少させることがある。その減少が多額であれば，資本金を増やすために公的資金が投入されることもある。

　　以上の説明と次の模式図を踏まえて，不良債権問題に関連する記述として最も適当なものを，次ページの①〜④のうちから一つ選べ。　19

> 模式図を使った問題も出題される。この問題では，設問中の説明と模式図を踏まえて，最も適当な記述を選ぶが，選択肢の中に模式図が含まれるケースなども，試行調査では出題されている。いずれも，設問中の説明や条件を正確に図に結びつける必要があるだろう。

| 経済不況以前 | → | 経済不況 | → | 不良債権処理 |

（資産／負債・純資産）

経済不況以前：資産（貸出債権，その他）　負債・純資産（預金，資本金）

経済不況：資産（貸出債権，（不良債権），その他）　負債・純資産（預金，資本金）

不良債権処理：資産（貸出債権，その他）　負債・純資産（預金，資本金）

① 不良債権処理によって貸出債権を含む総資産に対する資本金の比率が低下すると，新たな貸出しが抑制される傾向がある。

・
・

④ 貸出債権の一部を不良債権として資産から取り除くと，預金に対する貸出債権の比率が高くなるため，貸出債権を減らす必要がある。

第4問　生徒Xと生徒Yらは，二つのグループに分かれて，「日本による発展途上国への開発協力のあり方」について探究を行い，クラスで発表することとなった。下の図は，その準備としてすべきことを整理したものである。これに関して，以降の問い（問1〜7）に答えよ。（配点　24）

> 会話文中の下線部の根拠となる理由を考える問題。まずは，下線部の内容の正確な理解が必要となる。

問1　「課題の設定」を行うために生徒Xと生徒Yらが下線部ⓐについて話し合う中で，他国への日本の選挙監視団の派遣について，次のようなやり取りがあった。Xが二重下線部で示したように考えることができる理由として最も適当なものを，下の①〜④のうちから一つ選べ。　24

X：途上国で行われる選挙に，選挙監視団が派遣されたって聞いたことがあるよ。たとえば，カンボジアやネパールで新憲法を制定するための議員を選ぶ選挙が行われた際に，選挙監視要員が派遣されたんだ。

Y：なぜこうした国は，憲法の制定に関わるような問題に，外国からの選挙監視団を受け入れたんだろう？　そして，どうしてそれが国際貢献になるのかな？

X：選挙監視団の目的は，自由で公正な選挙が行われるようにすることだよね。<u>民主主義における選挙の意義という観点から考えれば，そうした選挙を実現させることは，その国に民主的な政治体制が定着するきっかけになるよね。民主的な政治体制がうまく機能するようになれば，再び内戦に陥って国民が苦しむようなことになるのを避けられるんじゃないかな。</u>

Ｙ：そうだね。それに，自由で民主的な政治体制が確保されている国の間では戦争は起きないって聞いたこともあるよ。もしそうだとすると，選挙監視団を派遣することは国際平和にもつながっているとも言えるね。

① 民主主義においては，国民に選挙を通じた政治参加を保障することで，国の統治に国民全体の意思を反映すべきものとされているから。
② 民主主義においては，大衆が国の統治を特定の個人や集団による独裁に委ねる可能性が排除されているから。
③ 民主主義においては，暴力によってではなく裁判によって紛争を解決することとなっているから。
④ 民主主義においては，国民が政治的意思を表明する機会を選挙以外にも保障すべきものとされているから。

> 根拠となる内容を選ぶ必要があるので，選択肢の内容自体の妥当性と，根拠としての妥当性の両面を考える必要がある。

問7 日本の国際貢献のあり方をクラスで発表した生徒Ｘと生徒Ｙらは，日本の開発協力に向けて国民の関心と理解を高めることが重要だと述べた。これについて他の生徒から，「日本の税金や人材によって他国を援助する以上，国民の理解を得るには，日本が他国を援助する理由を示す必要があると思います。Ｘ，Ｙらはどう考えますか。」との質問が出た。これに対しＸとＹらは，日本が援助を行う理由を説明した。次のノートはそのメモである。

　経済格差や社会保障の問題など，国内にも対処しなければならない問題があることは確かです。しかし，それでもなお，日本の税金や人材によって他国を援助する理由はあると思います。

ア

　しかも世界では，環境問題，貧困問題，難民問題など，国内より大規模な，人類共通の利益にかかわる問題が出現しています。

イ

　このような理由からやはり，国際的な問題に日本は関心をもち，その解決のために貢献をする理由はあると，考えます。

　ノート中の空欄　ア　では「国際貢献は日本国憲法の依拠する理念や原則に照らしても望ましい」ことを，空欄　イ　では「国際貢献は日本の利益に照らしても望ましい」ことを，それぞれ理由としてあげることにした。空欄　ア　には次ページの①か②，空欄　イ　には次ページの③か④が入る。空欄　ア　・　イ　に入る記述として最も適当なものを，次ページの①～④からそれぞれ一つ選べ。

> 文章中の空欄に当てはまる文章を選ぶ問題。空欄に入るための条件が，文章の下の設問部分で明示されている。また，選択肢は4つあるが，　ア　・　イ　のそれぞれに当てはまる選択肢が予め指定されており，設問を丁寧に読む必要がある。

ア	に当たる文章 →	30
イ	に当たる文章 →	31

① 日本国憲法の前文は，平和主義や国際協調主義を外交における基本理念として示しています。この理念に基づくと，国同士が相互に尊重し協力し合い，対等な関係の国際社会を築くことが重要です。そのために，日本は国際協力を率先して行う必要があると思います。
② 日本国憲法の基本的人権の保障の内容として，他国における他国国民の人権保障状況についても，日本は他国に積極的に改善を求めていくことが義務づけられています。このことは，憲法前文で示しているように，日本が国際社会の中で名誉ある地位を占めるためにも望ましいと考えます。
③ こうした中で大事なのは，日本の利益より人類共通の利益であり，日本の利益を追求していては問題は解決できないという点です。日本の利益から離れて純粋に人道的な見地から，他国の人たちに手を差し伸べる方が，より重要ではないでしょうか。
④ こうした中で大事なのは，人類共通の利益と日本の利益とが無関係ではないという点です。人類共通の利益の追求が日本の利益の実現につながりうることを考えれば，国際的な問題の解決に貢献することも日本にとって重要ではないでしょうか。

> 根拠となる選択肢を選ぶ問題同様，選択肢の内容自体の妥当性だけでなく，条件との妥当性を併せて考える必要がある。

第1編 第1章——民主政治の基本原理

1 民主政治の原理と成立・発展　Check & Answer

1 政治と法

(1) 政治と権力

① 法…社会秩序の維持のためにつくられた国家が強制する社会規範の一種

② 法の種類…文書化された〔❶　　　　　〕と判例・慣習などの〔❷　　　　　〕がある

公　法	国家と国民の関係を規律…憲法・行政法・刑法など
私　法	私人と私人の関係を規律…民法・商法・会社法など
社会法	労働基準法，独占禁止法など

③ 法と道徳…法は最低限の道徳である（イェリネック）

④ 権力…強制力による支配の作用がともなう

⑤ 支配（権力）の正当性…マックス・ウェーバーによる分類（『支配の社会学』）

伝統的支配	伝統や慣習を背景とした権威による支配
カリスマ的支配	非凡な能力や資質（カリスマ）をもつ支配者の権威による支配
〔❸　　　　　〕的支配	法に基づき成立した権力に対する信頼による支配

(2) 国家

① 三要素…一定の〔❹　　　　　〕（領土・領海・領空），国民，〔❺　　　　　〕

② 政府…国家の中で意思決定やその執行にあたる機関

③ 〔❺　　　　　〕の概念

　a．フランスの思想家〔❻　　　　　〕…「国家の絶対的で永続的な権力」と述べる，著書『国家論』

　b．市民革命以降，国民主権を意味する

　c．主権の及ぶ範囲…領域と海岸線（基線）から12海里以内

　・国連海洋法条約（1994年，日本は1996年に批准）では領海に接続する沿岸（基線）から200海里（領海を含まず）までを排他的経済水域（EEZ）とする → 領海の外側12海里以内を〔❼　　　　　〕としている

④ 〔❺　　　　　〕の3つの意味

国家権力そのもの	統治権（立法権・行政権・司法権の総称）と同義	「日本国の主権は本州・北海道・九州及四国並に吾等の決定する諸小島に局限せらるべし」（ポツダム宣言）「国会は国権の最高機関……」（日本国憲法）
政治の最終的決定権	政治のあり方をだれが最終的に決定するか	「主権の存する日本国民……」（日本国憲法）
国家のもつ最高の独立性	国家が対外的に独立していること	「自国の主権を維持し，他国との対等関係に立たうとする……」（日本国憲法）

2 民主政治の原理と発展

(1) 民主政治の誕生

① 絶対王政（絶対君主制）の時代…専制的な権力による支配 → 〔❽　　　　　〕の提唱

② 市民革命（ブルジョア革命）…封建制・絶対王政から近代民主主義への転換

イギリス	清教徒（ピューリタン）革命（1642）
	名誉革命（1688） → 〔❾　　　　　〕（人民の自由と権利の宣言）
アメリカ	独立革命（1776） → 〔❿　　　　　〕
フランス	フランス革命（1789） → 〔⓫　　　　　〕（人および市民の権利宣言）

(2) 社会契約説

思 想 家	ホッブズ	〔⓬　　　　　〕	ルソー
著　　書	『リヴァイアサン』	『市民政府二論（統治二論）』	『社会契約論』
自然状態	「万人の万人に対する闘争」状態	生命・自由・〔⓭　　　　　〕などの自然権をもつ平和な状態	自己愛と憐憫の情をもつ人間による，自由・平等の状態
考 え 方	平和と秩序のために国家の統治者に自然権を譲渡（委譲）し，その主権に従う	社会契約により成立した政府は人民のもつ自然権を守る。守らない場合，人民には〔⓮　　　　　〕がある	社会契約により生まれる主権は，人民の〔⓯　　　　　〕であり，これは分割も譲渡もできない
政治制度	絶対王政の擁護	代議政治による民主制	人民主権の〔⓰　　　　　〕

6　第1編　現代の政治

(3) 国家機能の変化

近　代　　　　　　　→	現　代
近代国家(18〜19世紀)…主権国家としての概念の成立は17世紀	現代国家(19世紀末〜20・21世紀)
市民社会(ブルジョアと呼ばれる富裕な商工業者の支配，制限選挙)	大衆社会(一般民衆としての大衆の政治参加，普通選挙による参政権の拡大)
〔❶　　　　　　〕(国防と治安維持を任務とする。消極国家)…ドイツの〔❷　　　　　　〕が命名	〔❸　　　　　　〕(国家が積極的に経済活動に介入し，福祉政策を推進。積極国家)
立法国家(法の制定，議会政治中心)	〔❷⓪　　　　　　〕(行政権・行政機能の拡大)

(4) 民主政治の基本原理

① 法の支配

a．「人の支配」を否定…コモン・ロー(普通法)などを尊重

b．国の政治は法に基づいて行われなければならないとする原理。英米で生まれる

c．17世紀イギリスの法律家〔㉑　　　　　〕(コーク)が13世紀の裁判官ブラクトンの言葉である「国王といえども神と法の下にある」を引用し，絶対王政を批判

d．〔㉒　　　　　〕…ドイツで発展，成文法の遵守を強調

→ 法律による行政(政治)を重視し，手続き・形式を尊重する

② 基本的人権の保障

a．国家は人が生まれながらにもっている権利や自由を国民に保障しなければならない

b．おもな人権宣言のあゆみ

1215	マグナ・カルタ(英)	封建貴族が国王の権限を制限する
1628	権利請願(英)	議会による王権の制限，〔㉑　　　　　〕(コーク)の起草
1689	権利章典(英)	議会による王権の制限，言論の自由，請願権などを規定
1776	バージニア権利章典(米)	自由権を網羅した世界で最初の憲法典
1776	独立宣言(米)	人権，国民主権，革命権，権力分立などを規定
1789	フランス人権宣言(仏)	自由・平等・博愛に基づいた18世紀的人権の集大成
1919	ワイマール憲法(独)	自由権とともに〔㉓　　　　〕を規定した20世紀的憲法の先駆
1948	世界人権宣言(国連)	すべての人と国連が達成すべき共通の基準としての人権を宣言
1966	国際人権規約(国連)	世界人権宣言の条約化，世界各国に人権保障の義務づけをする
1989	子どもの権利条約(国連)	18歳未満の子どもを市民的自由の権利行使の主体と認める
2006	障害者権利条約(国連)	障がい者に障がいのない人と同等の権利を保障し社会参加を促す

③ 〔㉔　　　　　〕の原理

a．政治のにない手は国民であり，政治の最終的決定権(主権)は国民にある

b．バージニア権利章典・フランス人権宣言以降に明示される

c．民主政治の原理を示した言葉…「人民の，人民による，人民のための政治」

(アメリカ大統領リンカーン)

④ 議会制民主主義(代表民主主義，間接民主主義)

a．三大原理…国民代表の原理，慎重な〔㉕　　　　　〕の原理，〔㉖　　　　　〕の原理による決定

b．少数意見の尊重…トックビル，J.S.ミルは多数決が「多数者の専制(横暴)」となることを警告

⑤ 権力分立

a．国家権力を分散することで，濫用を防止する

b．イギリスのロック…立法権と執行権に分離，立法権優位の制度を提案

c．フランスの〔㉗　　　　　〕…著書『〔㉘　　　　　〕』，立法権・行政権・司法権に三分，相互の抑制と均衡 → 「権利の保障が確保されず，権力の分立が規定されないすべての社会は，〔㉙　　　　　〕をもつものでない」(フランス人権宣言第16条)

解答 ❶成文法 ❷不文法 ❸合法 ❹領域 ❺主権 ❻ボーダン ❼接続水域 ❽王権神授説 ❾権利章典 ❿アメリカ独立宣言 ⓫フランス人権宣言 ⓬ロック ⓭財産(所有) ⓮抵抗権(革命権) ⓯一般意志 ⓰直接民主制 ⓱夜警国家 ⓲ラッサール ⓳福祉国家 ⓴行政国家 ㉑エドワード・クック ㉒法治主義 ㉓社会権(生存権) ㉔国民主権 ㉕審議 ㉖(行政)監督 ㉗モンテスキュー ㉘法の精神 ㉙憲法

2 世界の政治体制

■1 議院内閣制と大統領制

(1) 議院内閣制

① 立法権優位の立場に立つ政治制度

　ａ．内閣が議会(下院)の信任に基づいて存立 → 内閣は議会に対して連帯して〔❶　　　　　　〕を負う

　　→ 信任を失うと，〔❷　　　　　　〕するか議会を〔❸　　　　　〕しなければならない

　ｂ．議会における多数党の党首が〔❹　　　　　　〕になり，内閣を組織する

② イギリスの議院内閣制…「国王は君臨すれども統治せず」

議　会	上院(貴族院)と下院(庶民院)の二院制，〔❺　　　　　　　　〕優越の原則…ウォルポール内閣の総辞職により慣行化，議会法制定により確立(1911) 議員・内閣とも議会に法案提出権がある
内　閣	連帯して議会に対して〔❶　　　　　　　〕を負う(責任内閣制，政党内閣制) → 野党は〔❻　　　　　　〕を組織する 不信任の場合 → 内閣は〔❷　　　　　〕するか下院を〔❸　　　　　　〕しなければならない
裁判所	不文憲法(憲法典がない)→〔❼　　　　　　〕をもたない 2009年，最高裁判所の設置(立法府から司法府が独立)

(2) 大統領制

① アメリカで厳格な三権分立制に基づき成立

② 行政権優位の立場に立つ政治制度

　ａ．国民から選出された大統領により，議会から独立して行政権を行使する

　ｂ．大統領…議会に対しては責任を負わず(相互の独立性)，直接国民に対して責任を負う

③ アメリカの大統領制

大統領	議員とは別に〔❽　　　　　　〕で選出，任期〔❾　　　　　　〕…三選禁止，行政府の最高責任者， 法案提出権はない → 〔❿　　　　　　〕で議会に立法を勧告，〔⓫　　　　　　〕をもつなど 議会からの不信任はない，議会解散権はない，大統領は議会議員との兼職は禁止
議　会	上院と下院の二院制(対等の関係) → 上院(各州から２名選出)，下院(各州から人口比例で選出)，委員会制度中心，大統領を解任できる〔⓬　　　　　　〕をもつ 上院 → 高級官吏の任免，条約締結に対する同意権(承認権)をもつ，議長は副大統領がなる
裁判所	〔❼　　　　　　〕(法令審査権)をもつ…憲法に規定はないが，マーベリー対マディソン事件判決(1803)以来，判例法として確立

■2 権力集中制とその他の政治体制

(1) 社会主義国の政治体制(中国・旧ソ連などで採用)

① 権力分立制を否定，人民主権による代表制の原理を採用 → 権力集中制(民主集中制)

② 〔⓭　　　　　　〕による一党支配…実権は人民の代表機関ではなく，〔⓭　　　　　　〕にある

③ 中国の政治体制

元　首	国家主席，〔⓮　　　　　　〕(全人代)で選出，任期５年，任期制限なし
議　会	〔⓮　　　　　　〕(閉会中は常務委員会)に集中 → 国家権力の最高機関，一院制，年１回開催
行政府	〔⓯　　　　　　〕…国家の最高行政機関(内閣に相当)，全人代に対して責任を負う
司　法	最高人民法院(最高裁判所にあたる)と地方各級人民法院

(2) その他の政治体制

① ファシズムの成立(第一次世界大戦後)

　ａ．ムッソリーニ，ヒトラーのナチス(国家社会主義ドイツ労働者党)，日本の軍国主義

　ｂ．対内的…全体主義(反対勢力の弾圧，自由や権利の否定)，対外的…民族主義・膨張主義

② 開発独裁

　ａ．1960年代以降，発展途上国でみられた軍事独裁・一党独裁などの強権的政治体制

　ｂ．経済開発と〔⓰　　　　　　〕を名目とし，国民の政治的自由を制限・禁止する

解答 ❶責任 ❷総辞職 ❸解散 ❹首相 ❺下院 ❻影の内閣 ❼違憲立法審査権 ❽間接選挙 ❾４年 ❿教書 ⓫法案拒否権 ⓬大統領弾劾権 ⓭共産党 ⓮全国人民代表大会 ⓯国務院 ⓰経済成長

問題演習 1. 民主政治の原理と成立・発展

1【アリストテレスの言葉】 古代ギリシャのポリスで活躍した哲学者アリストテレスに，「人間はポリス的(政治的，社会的)動物である」という言葉がある。この言葉に表現される，ポリスにおける人間と政治のあり方についての記述として最も適当なものを，次の①〜④のうちから一つ選べ。

① 人間はだれも他者に優越し，他者を支配したいという願望をもっているため，利益をめぐる闘争は避けられない。

② 人間は共同体の中で協力し合い平和に生きるべき存在であるから，人間性が向上すれば政治権力は必要とされなくなる。

③ 人間は政治社会の一員として活動することによって初めて，立派な市民として人間形成を実現する。

④ 人間は自由に他者と契約し，自発的に社会関係を形成する存在であるから，国家の役割は警察活動に限定される。

〈2004・追試〉

2【近代国家と法】 近代国家や，近代国家における法についての記述として誤っているものを，次の①〜④のうちから一つ選べ。

① 近代国家の三要素とは，国民と主権と領域(領土・領空・領海)である。

② 近代国家において，効力を有する法規範は制定法に限られる。

③ 近代国家においては，国家が武力組織を独占・使用することが認められている。

④ 近代国家において，法は国家の強制力に裏付けられた規範として，道徳や慣習などの他の社会規範とは区別される。

〈2002・追試〉

3【主権の意味】 主権には複数の意味があるが，その説明A〜Cとその具体例ア〜ウとの組合せとして正しいものを，下の①〜⑥のうちから一つ選べ。

A 国家の統治権
B 国家権力の最高・独立性
C 国家の政治のあり方を最終的に決定する最高の権力

ア 「主権の存する日本国民の総意」(日本国憲法第1条)
イ 「すべての加盟国の主権平等の原則」(国連憲章第2条)
ウ 「日本国ノ主権ハ本州，北海道，九州及四国…(中略)…ニ局限セラルヘシ」(ポツダム宣言第8項)

① A−ア B−イ C−ウ   ② A−ア B−ウ C−イ
③ A−イ B−ア C−ウ   ④ A−イ B−ウ C−ア
⑤ A−ウ B−ア C−イ   ⑥ A−ウ B−イ C−ア

〈2008・本試〉

4【権力分立】 権力を複数の機関に分散させる内容に関連する記述として最も適当なものを，次の①〜④のうちから一つ選べ。

① ロックは，権力を立法権，執行権(行政権)，裁判権(司法権)に分けた上で異なる機関に担当させるべきだと主張した。

② ロックは，立法権を執行権よりも優位に位置づけるべきだと主張した。

③ モンテスキューは，権力を君主の立法権，貴族の執行権，地方政府の自治権に分けるべきだと主張した。

④ モンテスキューは，裁判所が違憲立法審査権を持つべきだと主張した。

〈2010・追試〉

民主政治の基本原理

1 アリストテレス…古代ギリシャの哲学者。『政治学』の中で，「人間はポリス的動物」とし，人間のあり方と社会の関係を述べた。

ポリス…古代ギリシャの都市国家。アテネが最も有名。市民を中心とした直接民主制が行われていた。ただし，現代の民主制とは異なり，奴隷制度があり，女性には参政権がなかった。

2 社会規範…人間の行動を規制したり，拘束したりするための規律のこと。法は最小限の道徳といわれるが，最終的には国家権力による強制と結びつく。道徳は，個人の内面的な良心にはたらきかけて行動などを規制する。

4 ロック…イギリスの思想家で，社会契約説を説き，抵抗権(革命権)を主張した。主著は『市民政府二論(統治二論)』。

第1章 民主政治の基本原理 9

民主政治の基本原理

5 【主権】　主権に関連する記述として最も適当なものを，次の①～④のうちから一つ選べ。
① ブラクトンやエドワード・コーク（クック）は，国王のもつ絶対的な支配権を擁護する議論を行った。
② アメリカ合衆国憲法が連邦制を採用したのは，各州にも対外的主権を与えるためであった。
③ フランスでは，主権という考え方は，ローマ教皇の権威と結びついて，キリスト教社会の連帯を強めるために主張された。
④ 絶対主義王権を擁護しようとした王権神授説は，国王の権力は神の意思以外の何ものにも拘束されないと主張した。　〈2001・追試〉

5 連邦制…国（連邦）と州などの地方政府が主権を分担する政治制度。アメリカ，カナダ，ドイツなどが採用している。アメリカの各州は行政上の権限をもつとともに，州議会や州裁判所を設置している。
王権神授説…フィルマーやボシュエによって唱えられた。

6 【近代民主政治の思想】　近代民主政治の理論的な基礎に関連する記述として最も適当なものを，次の①～④のうちから一つ選べ。
① ホッブズは，君主は外交権を握るべきであるが，国内においては，国民の信託を得た代表が国政を担当すべきであると説いた。
② ロックによれば，政府が国民の生命や財産を侵害した場合，国民は政府に抵抗する権利をもっている。
③ アメリカ独立革命を目撃したモンテスキューは，一般人民を主権者とする社会契約論を唱えて，フランス革命に影響を与えた。
④ 「人民の人民による人民のための政治」というリンカーンの言葉は，ルソーの説く一般意志と同じように，間接民主政治を否定している。　〈2001・追試〉

6 社会契約論者…ホッブズ，ロック，ルソーの3人。
モンテスキュー…『法の精神』を著し，立法・行政・司法の三権分立制を唱えた。
リンカーンの言葉…国民主権に基づいた民主政治の原理を示している。
一般意志…ルソーの社会契約説を裏付けるための概念。共通の利益を求めるすべての人民の意志のこと。

7 【近代国家のあり方】　近代国家のあり方を支えるさまざまな考え方を唱えた書物A～Cと，その主張内容ア～ウとの組合せとして正しいものを，下の①～⑥のうちから一つ選べ。

　　A『社会契約論』　　B『国富論』（『諸国民の富』）　　C『リバイアサン』

　ア　利己心に基づいて私的利益を追求する各個人の行動が，「見えざる手」の作用によって，社会全体の利益の調和をもたらす。
　イ　自然状態は万人の万人に対する闘争状態であり，平和を確立するには，契約を結び，絶対的支配権をもつ国家を形成する必要がある。
　ウ　人間は社会では鎖につながれており，それを克服するには，自由で平和な自然状態から契約を結び，人民主権の国家を形成する必要がある。

① A－ア　B－イ　C－ウ　　② A－ア　B－ウ　C－イ
③ A－イ　B－ア　C－ウ　　④ A－イ　B－ウ　C－ア
⑤ A－ウ　B－ア　C－イ　　⑥ A－ウ　B－イ　C－ア
〈2001・本試〉

7 見えざる手…資本主義経済の下で，価格の自動調節機能のことを説明するのにアダム・スミスが用いた言葉。自由競争をしても，社会全体は神により秩序が保たれるようにつくられているので，調和が守られるとする（予定調和）。
自然状態…社会契約説において，国家社会が成立する以前の状態をさす。

8 【社会契約説】　近代の社会契約説についての記述として最も適当なものを，次の①～④のうちから一つ選べ。
① 政府と人民の関係は，神と人間，親と子，夫と妻の間にみられるような愛情と信頼に由来する。
② ホッブズによれば，各人は自らの生命と安全を確保するために，主権者に自然権を譲渡することなく国家の運営に参加する必要がある。
③ 国家は人為的な産物ではなく，歴史の中で長く受け継がれてきた伝統を通じて形成される。
④ ロックによれば，人民の信託を受けた政府が人民の生命・自由・財産の権利を侵害した場合，人民には政府に抵抗する権利がある。
〈2012・本試〉

8 自然権…自然法に基づいて，人間が本来生まれながらにもっている権利。今日の基本的人権とほぼ同じ意味。

10　第1編　現代の政治

9 【国家の権力のあり方】 次の文章は，国家の権力のあり方について書かれたものからの抜粋である。この著書の名称として正しいものを，下の①〜④のうちから一つ選べ。

> 同一人，または同一の執政官団体の掌中に立法権と執行権が結合されているときには，自由はない。なぜなら，同じ君主あるいは同じ元老院が暴政的な法律を定め，それを暴政的に執行するおそれがありうるからである。
> 裁判権が，立法権と執行権から分離されていないときにもまた，自由はない。もしそれが，立法権に結合されていれば，市民の生命と自由を支配する権力は恣意的であろう。なぜならば，裁判官が立法者なのだから。もしそれが執行権に結合されていれば，裁判官は圧制者の力をもちうることになろう。

（資料） 井上幸治責任編集『世界の名著　28』

① 『統治二論』　　② 『国家論』
③ 『法の精神』　　④ 『戦争と平和の法』　　〈2018・追試〉

10 【法の支配】 法の支配に関連する記述として最も適当なものを，次の①〜④のうちから一つ選べ。
① コーク（クック）は，コモン・ローの伝統を重視し，国王といえども法に従わなくてはならないと主張した。
② ボーダンは，国王の絶対的支配を否定し，権力分立に基づく国家権力の抑制の必要を説いた。
③ マグナ・カルタは，国民の平等な権利を認め，統治者が法に拘束される法の支配の思想を示した。
④ 英米における法の支配は，ドイツで発達した法治主義と比べ，成文法重視の思想であった。　　〈2007・本試〉

11 【法の支配】 法の支配の説明として正しいものを，次の①〜④のうちから一つ選べ。
① 法は，それに違反した場合に，刑罰など国家権力による制裁を伴う点に特徴があるとする考え方である。
② 法は，主権者である国王や権力者が出す命令であって，国民はこれに従わなければならないとする考え方である。
③ 議会の制定した法に基づいて行政が行われなければならないという，形式面を重視する考え方である。
④ 個人の権利を守るため，国王や権力者といえども法に従わなければならないとする考え方である。　　〈2018・本試〉

12 【バージニア権利章典】 近代人権宣言の一つに数えられる「バージニア権利章典」についての記述として最も適当なものを，次の①〜④のうちから一つ選べ。
① アメリカの大規模農場主による奴隷の虐待を非難した文書であり，奴隷解放のきっかけとなった。
② 国王の専制に対して貴族の伝統的な自由を擁護する宣言であり，法に基づかない逮捕・監禁の禁止を要求している。
③ 人はすべて財産を取得し，幸福と安全を追求する生来の権利を有することを定めており，人権宣言の先駆けとなった。
④ 精神的自由権は，国家の積極的な作為によって貧者に保障される社会権の一種であると宣言している。　　〈2004・本試〉

---

10 **コーク（クック）**…17世紀のイギリスの裁判官。絶対君主ジェームズ1世による裁判への干渉を，13世紀のイギリスの裁判官ブラクトンの言葉を引用して退けた。
マグナ・カルタ…1215年，ジョン王に承認させたイギリス最初の人権保障の文書。封建貴族を対象とするが，不法に逮捕されないなどの人身の自由が規定された。
コモン・ロー…イギリスで成立した判例法・不文法のこと。マグナ・カルタ以降，17世紀頃までにまとまった。普通法，共通法と訳される。

12 **奴隷解放**…奴隷解放問題で，南北戦争が勃発した。その間，リンカーン大統領によって1863年に「奴隷解放宣言」が出され，1865年には憲法修正第13条で奴隷の法的自由が保障された。しかし，その後も人種差別は続いた。

第1章　民主政治の基本原理　11

民主政治の基本原理

13 【人権宣言と憲法】 18世紀に人権宣言・憲法として公的に採択された文章の例として正しいものを，次の①〜④のうちから一つ選べ。
① 「男性と女性は，平等な権利と自由，またそれらを実現するための平等な機会を有する」
② 「経済生活の秩序は，すべての者に人間たるに値する生活を保障する目的をもつ正義の原則に適合していなければならない。」
③ 「勤労者の団結する権利及び団体交渉その他の団体行動をする権利は，これを保障する。」
④ 「権利の保障が確保されず，権力の分立が規定されないすべての社会は，憲法をもつものではない。」 〈2001・追試〉

13人権の発達…人権宣言として18世紀を代表するものは，バージニア権利章典(1776年)・アメリカ独立宣言(1776年)とフランス人権宣言(1789年)である。また，はじめは自由権が考えられたが，その後，20世紀には社会権が登場してくる。

14 【17〜18世紀の権利章典と憲法】 17世紀から18世紀にかけての権利章典や憲法に示された基本原理についての記述として**適当でないもの**を，次の①〜④のうちから一つ選べ。
① すべての権力は国民に存し，国民にその淵源を有するとしている。
② 国民に幸福と安寧をもたらさない政府は，国民が改良し，改変し，あるいは廃止することができるとして，革命を正当化している。
③ 国家の立法権，行政権および司法権は，相互に分離され，区別されなければならない。
④ 資本家と地主の階級を打倒し，プロレタリアートの独裁を宣言している。 〈2005・追試〉

14プロレタリアート…生産手段をもっている資本家に対して，生産手段をもたず，労働力を売るしかない賃金労働者階級をさす。資本主義社会を打倒して社会主義社会を実現しようとする革命をプロレタリア革命という。

15 【憲法典】 憲法という概念は，「まとまった法典」という意味をはじめ，いくつかの意味で用いられる。次の記述A〜Cに含まれる「憲法」は，それぞれア〜ウのいずれの意味で用いられているか。その組合せとして正しいものを，下の①〜⑥のうちから一つ選べ。

A 権利の保障が確保されず，権力の分立が規定されないすべての社会は，憲法をもつものでない。
B イギリスは，憲法をもっていない。
C 日本の国会法，内閣法，裁判所法は，憲法の一部を構成する。

ア 国家の統治機構の基本を定めた法
イ 立憲主義理念に基づいて定められた国家の基礎法
ウ 「憲法」という名前をもつ成文の法典

① A—ア B—イ C—ウ ② A—ア B—ウ C—イ
③ A—イ B—ア C—ウ ④ A—イ B—ウ C—ア
⑤ A—ウ B—ア C—イ ⑥ A—ウ B—イ C—ア
〈2005・本試〉

15立憲主義…憲法に基づいて行う政治のあり方のこと。人権の保障，権力分立，国民の政治参加の保障などが含まれる。

16 【ワイマール憲法】 すべての人に人間らしい生活を営む権利をも保障しようとする考え方をとり入れた憲法の初期の代表例であるワイマール憲法についての記述として最も適当なものを，次の①〜④のうちから一つ選べ。
① 宰相ビスマルクによる「あめとむち」の政策の一環として制定された。
② 「ゆりかごから墓場まで」の社会保障をめざすビバリッジ(ベバリッジ)報告から大きな影響をうけて成立した。
③ 第一次世界大戦後，所有権に対する公共の福祉による制限の規定を含むものとして成立した。
④ ドイツ社会民主党の中のニューディール政策信奉者により立案された。 〈2001・本試〉

16ニューディール政策…世界恐慌(1929年)を克服するためにアメリカで行われた政策。「新規まき直し」という意味。主要な政策として農業調整法(AAA)，テネシー川流域開発公社法(TVA)，全国産業復興法(NIRA)，ワグナー法などを制定した。

12 第1編 現代の政治

17【議会制の思想】　西ヨーロッパにおける議会制の思想をめぐる記述として正しいものを，次の①～④のうちから一つ選べ。
① 国王も神と法の下にあり，法に従わねばならないとするエドワード・コーク（クック）の思想は，イギリスの議会制を支える伝統となった。
② イギリスのジョン・ロックは，議会の専制から国民の権利を守るために，立法，行政，司法の三権分立を提唱した。
③ 16世紀にフランスのボーダンが展開した主権の概念は，国王に対する議会の力を強化する上で有利に働いた。
④ 18世紀にルソーは，国民は代表者を通じて一般意志を表明するゆえに，国家の主権は議会にあると主張した。　〈2003・追試〉

18【人権の発展】　人権は社会情勢の変化に合わせて発展してきた。その過程で登場した，人権の発展を象徴する表現が含まれる次の憲法・宣言の一節ア～ウを，そのような発展の段階を踏まえて古い順に並べたとき，その順序として正しいものを，次の①～⑥のうちから一つ選べ。

ア 「経済生活の秩序は，すべての人に，人たるに値する生存を保障することを目ざす，正義の諸原則に適合するものでなければならない」
イ 「人類社会のすべての構成員の固有の尊厳と平等で譲ることのできない権利とを承認することは，世界における自由，正義及び平和の基礎である」
ウ 「人は，自由，かつ，権利において平等なものとして生まれ，生存する」

(資料)外務省Webページおよび樋口陽一・吉田善明編『解説世界憲法集第4版』

① アーイーウ　　② アーウーイ　　③ イーアーウ
④ イーウーア　　⑤ ウーアーイ　　⑥ ウーイーア
〈2014・追試〉

19【直接民主制】　直接民主制に関連する記述として正しいものを，次の①～④のうちから一つ選べ。
① ロックは，『近代民主政治』の中で，直接民主制を行うための小共同体を社会契約によって設立することを説いた。
② モンテスキューは，イギリスでは市民は選挙のときに自由であるにすぎず，それ以外のときは代表に隷属していると主張し，代表制を批判した。
③ アメリカの一部で植民地時代から実施されてきたタウン・ミーティングは，直接民主制の一つの形態である。
④ 「草の根の民主主義」という言葉は，古代ギリシャのアテネにおける自由民による直接民主制についていわれたものである。　〈2002・本試〉

20【憲法の種類】　憲法についての記述として正しいものを，次の①～④のうちから一つ選べ。
① 国民主権の下で国民により制定された憲法を，欽定憲法という。
② イギリスは，多数の法律や慣例が憲法の役割を果たしているため，成文憲法をもつ国である。
③ ドイツのワイマール憲法は，世界で初めて社会権を規定した憲法である。
④ 特別の改正手続を必要とせず，一般の法律と同じ手続で改正できる憲法を，硬性憲法という。

〈2015・追試〉

17ボーダン…『国家論』(1576年)において「主権」の概念をはじめて確立した。

19『近代民主政治』…地方自治の意義を説いたブライスの著書。
タウン・ミーティング…アメリカのニューイングランド植民地で発達した制度で，有権者による役員の選出，行政の審議をする。

20成文憲法…条文形式で文書化された憲法。世界のほとんどの国が成文憲法である。成文化されていない憲法を不文憲法という。

民主政治の基本原理

第1章　民主政治の基本原理　13

民主政治の基本原理

問題演習 **2. 世界の政治体制**

1 【各国の政治体制】 各国の政治体制を次の表中のＡ〜Ｆのように分類したとき，それぞれの国の政治体制の記述として最も適当なものを，下の①〜④のうちから一つ選べ。

	議院内閣制	半大統領制	大統領制
連邦国家	A	B	C
単一国家	D	E	F

(注) ここでいう「単一国家」とは，中央政府に統治権が集中する国家を指す。また，「連邦国家」とは，複数の国家(支分国)が結合して成立した国家を指す。「連邦国家」は，国家の一部を構成する支分国が，州などのかたちで広範な統治権をもつ点などにおいて，「単一国家」と異なる。

① アメリカはＦに該当する。
② イギリスはＣに該当する。
③ フランスはＥに該当する。
④ ロシアはＡに該当する。

〈2019・本試〉

1 議院内閣制…議会と内閣が緊密な連携関係にあり，内閣の存立が議会の信任に依存している制度。
大統領制…行政府の長である大統領が国民によって選出され，立法府である議会に対して高度な独立性を持っている制度。

2 【アメリカの大統領制】 アメリカの大統領制の現状についての記述として正しいものを，次の①〜④のうちから一つ選べ。
① 大統領は，直接選挙で選出される。
② 大統領には，多選に関する制限はない。
③ 大統領が法案拒否権をもつ一方で，連邦議会は不信任決議により大統領を解任することができる。
④ 大統領によって任免される各省長官は，連邦議会議員との兼職を認められていない。

〈2007・追試〉

2 大統領の解任…下院で弾劾の訴追をし，上院の３分の２以上の賛成が得られれば解任される。

3 【各国の立法府と行政府の関係】 各国の立法府と行政府との関係についての記述として誤っているものを，次の①〜④のうちから一つ選べ。
① アメリカでは，大統領は下院の解散権を有する。
② イギリスでは，原則として下院の多数党の党首が首相となる。
③ フランスでは，大統領制と議院内閣制とをあわせた形態を採用している。
④ ドイツでは，大統領には政治の実権がなく議院内閣制を採用している。

〈2012・本試〉

4 【民主的な政治体制】 民主的な政治体制についての記述として最も適当なものを，次の①〜④のうちから一つ選べ。
① すべての成人に選挙権を保障する普通選挙制度は，19世紀中ごろに，各国で普及した。
② さまざまな意見や利益を集約して政策を実現する政党は，大衆政党から名望家政党へと，各国で発展してきた。
③ イギリスでは，議会に対し内閣が連帯して責任を負う。
④ フランスでは，大統領を議会が選出する。

〈2014・追試〉

4 普通選挙…性別・納税額などの制限がなく，一定の年齢に達した者が選挙権・被選挙権をもつ。

14 第1編 現代の政治

5 【さまざまな政治のあり方】 さまざまな政治のあり方についての記述として最も適当なものを，次の①〜④のうちから一つ選べ。
① 韓国では，冷戦期において開発独裁体制が成立した。
② イギリスでは，第二次世界大戦後に議院内閣制が確立した。
③ フランスでは，大統領は国民議会によって選出される。
④ 中国では，全国人民代表大会が国家の行政を担当する機関である。
〈2018・追試〉

6 【その他の政治体制】 20世紀には自由民主主義体制のほかに，さまざまな政治体制が出現した。これらについての記述として**適当でないもの**を，次の①〜④のうちから一つ選べ。
① ソ連ではレーニンの死後，共産党書記長スターリンが，他の幹部の粛清や農業団体化によって，独裁の基盤を確立した。
② ドイツではヒトラーに率いられたナチスが，議会に議席をもつことなく，クーデターによって権力を直接掌握した。
③ 1940年代初めの日本では，新体制運動の下に，各政党が解散して大政翼賛会がつくられ，国民生活への統制が行われた。
④ 韓国やフィリピンでは，反対派政治家や市民運動などによって，独裁政権の腐敗が批判され，1980年代以降，民主化が進んだ。
〈2003・追試〉

6 レーニン…ロシア革命の指導者で，世界で初めての社会主義国家を建設した。主著は『帝国主義論』。
スターリン…レーニンの後に書記長に就任し，党と政府を完全に掌握し，工業化と集団化を強制的に推進した。さらに，大粛清によって古参の党員らを排除・処刑した。
クーデター…支配層内部での勢力争い。軍隊が係わる場合は軍事クーデターといわれる。

7 【ファシズム】 ファシズムの例として挙げられるドイツについての記述として最も適当なものを，次の①〜④のうちから一つ選べ。
① ナチスによって政権が掌握される際に，選挙が利用された。
② 世論操作が展開される際に，マスメディアに対する規制が取り払われた。
③ 対内的には多様な人種構成が尊重されたが，対外的には過度なナショナリズムが唱えられた。
④ 暴力的手段は頻繁に用いられたが，反対政党は禁止されず一党独裁が回避された。
〈2011・追試〉

7 ナショナリズム…国民主義・国家主義・民族主義などと訳される。

8 【多数者支配】 多数者支配型についての記述として最も適当なものを，次の①〜④のうちから一つ選べ。
① 二大政党を中心として政治が運営されるため，第三党は存在しない。
② 少数派の意見が考慮されない政治運営となる可能性がある。
③ 多数者支配型の政治を実現する選挙制度は，比例代表制である。
④ 多様な集団の代表による妥協と合意形成を柱とした運営が特徴である。
〈2005・追試〉

8 多数者支配…民主政治では多数決の原理が採られるが，多数決はともすると少数者の意見や権利をふみにじることにもなるので注意しなければならない。その危険性を多数者の専制として指摘したのが，トックビルやミルである。

9 【開発独裁】 開発独裁についての記述として**誤っているもの**を，次の①〜④のうちから一つ選べ。
① 革命や軍事クーデターによって政権に就いた例が少なくなかった。
② 多くの場合，工業化のために外国資本を積極的に導入した。
③ 東南アジアでは，このような体制がとられた国はなかった。
④ 国民の自由な政治活動や政府批判が制限されることが多かった。
〈2013・追試〉

9 開発独裁…権威主義体制とも呼ばれる。

第1章 民主政治の基本原理 15

第1編 第2章——日本国憲法の基本的性格

1 日本国憲法の成立　　　　　　　　Check & Answer

1 明治憲法の下での政治

(1) 大日本帝国憲法(明治憲法)の制定

① 憲法に基づいた政治…〔❶　　　　　　〕の思想 → 明治維新以降，日本に伝えられる → 憲法制定，国会開設などの要求 → 〔❷　　　　　　〕の動き

② 私擬憲法の構想

　a. 〔❸　　　　　　〕の『東洋大日本国国憲按』…国民の権利・自由の規定，抵抗権も認める

　b. 五日市憲法草案…集会・結社の自由，学問・教育の自由，法の前の平等など

③ 政府は〔❷　　　　　　〕を弾圧 → 君主権力の強い〔❹　　　　　　〕憲法を模範とし，伊藤博文らを中心に制定(1889)

(2) 大日本帝国憲法の性格と内容

① 〔❺　　　　　　〕…君主が制定して国民に与えた憲法

② 〔❻　　　　　　〕の性格…近代的な憲法の外見を備えるが，実質は絶対主義的色彩が強い

③ 内容

天　皇	神聖不可侵，〔❼　　　　　〕の総攬者，広範な天皇大権 　　　　　　→ 〔❽　　　　　　〕の独立(議会も政府も関与できない)
議　会	天皇の〔❾　　　　　〕機関，衆議院(民選，制限選挙)と貴族院(非民選)の二院制
内　閣	天皇の〔❿　　　　　〕機関，憲法に規定はなく，各国務大臣は天皇に対して責任を負う
裁判所	天皇の名において行う，〔⓫　　　　　〕(行政裁判所，軍法会議，皇室裁判所など)の設置
権　利	臣民の権利 → 法律の範囲内で保障される(法律の留保)

(3) 政治と国民

① 行政・軍事優先の政治…超然内閣 → 議会・政党の無視

② 大正デモクラシーの時期…〔⓬　　　　　〕の制定と同時に〔⓭　　　　　〕を制定(1925)し，共産主義・社会主義運動の弾圧

③ 軍部ファシズム体制…〔⓭　　　　　〕により労働運動や自由主義的な言論を弾圧，軍部が主導権を掌握 → 15年戦争(1931〜45)への突入

2 日本国憲法の制定と基本原理

(1) 日本国憲法の制定

① 〔⓮　　　　　〕宣言の受諾(1945.8.14) → 無条件降伏

　a. 軍国主義勢力の除去，言論・宗教・思想の自由の保障，基本的人権の尊重など

　b. ＧＨＱ(連合国軍総司令部)による憲法改正の示唆

　c. 日本政府の対応…天皇統治の国体の護持に執着

② 制定過程

　a. 憲法改正作業…〔⓯　　　　　〕の作成(明治憲法と変わらぬ保守的な内容)

　b. 〔⓯　　　　　〕を拒否 → マッカーサー三原則に基づくＧＨＱ案提示 → 憲法改正案作成・発表

　c. 第90帝国議会(衆議院議員総選挙，男女平等の普通選挙を実施)に上程し，審議・修正・可決
　　　→ 日本国憲法成立 → 公布(1946.11.3) → 施行(1947.5.3)

(2) 日本国憲法の基本原理

① 国民主権

　a. 憲法前文…「主権が国民に存することを宣言」，「国政は国民の厳粛な信託によるもの」
　　　→ 〔⓰　　　　　〕を明示した憲法

　b. 象徴天皇制…「天皇は，日本国及び日本国民統合の〔⓱　　　　　〕」，その地位は主権の存する日本国民の総意に基づく，国政に関する権能を有しない

② 基本的人権の尊重…「侵すことのできない永久の権利」として体系的に保障，法の下の平等や自由権のみならず〔⓲　　　　　〕も規定

③ 平和主義

　a. 平和的生存権の確認(憲法前文)

　b. 戦争の放棄，戦力の不保持，交戦権の否認(第9条)

16　第1編　現代の政治

(3) 日本国憲法と大日本帝国憲法との比較

	日本国憲法	大日本帝国憲法
性格 主権	民定・硬性・成文憲法 国民主権	欽定・硬性・成文憲法 天皇主権
天皇	日本国及び日本国民統合の象徴 国政に関与しない〔⑲　　　〕のみ	元首，神聖不可侵，統治権の総攬者 広範な天皇大権
国民の権利と義務	永久不可侵の権利 自由権だけでなく，社会権も規定 普通教育を受けさせる義務，勤労の義務，納税の義務	〔⑳　　　〕としての権利（自由権のみを規定，法律の留保がある） 納税の義務，兵役の義務
議会	国権の〔㉑　　　〕 衆議院と参議院（衆議院の優越） 国政調査権がある	天皇の〔⑨　　　〕機関 衆議院と貴族院（両院は対等） 国政調査権なし
内閣	行政の最高機関	天皇の〔⑩　　　〕機関
裁判所	〔㉒　　　〕を保障	天皇の名において行う
地方自治	地方自治の本旨（住民自治・団体自治を尊重）	規定なし
改正	国会の発議 → 国民投票による〔㉓　　　〕で承認	天皇の発議 → 議会の議決

(4) 憲法の最高法規性と憲法改正
① 憲法の最高法規性…国のあらゆる法の中で最も上位にある法
「この憲法は，国の最高法規であつて，その条規に反する法律，命令，詔勅及び国務に関するその他の行為の全部又は一部は，その効力を有しない」（第98条1項）
② 憲法第10章（「最高法規」）の構造

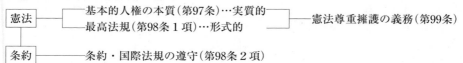

③ 日本国憲法の性格

〔㉔　　　〕	国民が直接あるいは議会を通じて制定する憲法
〔㉕　　　〕	憲法の改正が他の法律の改正よりも厳格な手続きを必要とする憲法

④ 改正手続（第96条）

⑤ 〔㉗　　　〕の制定（2007。2014，2021年改正）
…投票年齢の18歳への引き下げ，憲法改正案に対する賛成・反対の投票運動や棄権勧誘などの国民投票運動は，裁判官，警察官など一部の公務員を除き容認。2021年の改正案の付則で，政党の資金力の違いによって生じるCM量の規制などを，施行後3年をめどに検討することを明記。
⑥ 改正の限界…三大基本原理については改正できないとするのが有力説（憲法改正限界説）
⑦ 憲法改正問題…第9条を中心とする「明文改憲」，「解釈改憲」の動き

明文改憲	立法改憲ともいう，憲法の条文そのものを改正する
解釈改憲	憲法の条文は改正せずに，条文のもつ意味内容を解釈によって変更 → 明文改憲と同様の状態をつくり出す → 憲法第9条の「戦力」の解釈，自衛隊の設置，集団的自衛権の行使容認などが典型例

解答 ❶立憲主義 ❷自由民権運動 ❸植木枝盛 ❹プロイセン（プロシア） ❺欽定憲法 ❻外見的立憲主義 ❼統治権 ❽統帥権 ❾協賛 ❿輔弼 ⓫特別裁判所 ⓬普通選挙法 ⓭治安維持法 ⓮ポツダム ⓯松本案 ⓰国民主権 ⓱象徴 ⓲社会権 ⓳国事行為 ⓴臣民 ㉑最高機関 ㉒司法権の独立 ㉓過半数の賛成 ㉔民定憲法 ㉕硬性憲法 ㉖3分の2 ㉗国民投票法

第2章　日本国憲法の基本的性格　17

2 基本的人権の保障

1 基本的人権の特質

(1) 日本国憲法における人権保障

① 人権の特質…基本的人権とは，すべての人が生まれながらにしてもつ永久不可侵の権利

普遍性…すべての人が享有する	固有性…生まれながらにして保障されている
永久性…子々孫々まで永久に保障する	不可侵性…何人も侵すことができない

② 基本的人権の一般原則

 a．基本的人権の享有…「侵すことができない〔❶   〕」（第11条）

 b．自由・権利の保持の責任と濫用の禁止…「国民の〔❷   〕によって，これを保持しなければ
          ならない」（第12条）

 c．個人の尊重…「すべて国民は，個人として尊重される」（第13条）

 d．基本的人権の本質…「人類の多年にわたる〔❸   〕獲得の努力の成果」（第97条）

(2) 基本的人権と公共の福祉

① 公共の福祉

 a．すべての人に平等に，実質的に人権を保障する原理

 b．それぞれの人権相互の衝突を調整する原理

② 公共の福祉による制限の明記…一般条項（第12・13条），経済的自由の規定（第22・29条）

(3) 日本国憲法の保障する主な人権と判例

平等権	法の下の平等（第14条）	**判**	尊属殺重罰規定違憲訴訟，婚外子相続格差規定違憲決定，再婚禁止期間規定違憲判決
	両性の〔❹ 〕（第24条），〔❺ 〕の平等（第44条）		
自由権／精神の自由	〔❻ 〕・良心の自由（第19条）	**判**	三菱樹脂訴訟
	信教の自由（第20条）	**判**	津地鎮祭訴訟，愛媛玉ぐし料訴訟→政教分離の原則
	集会・結社・〔❼ 〕（第21条①）	**判**	チャタレイ事件，立川反戦ビラ事件
	検閲の禁止・通信の秘密（第21条②）	**判**	家永訴訟
	〔❽ 〕の自由（第23条）	**判**	東大ポポロ事件
自由権／人身（身体）の自由	**判** 冤罪（再審請求）…免田事件，足利事件など		
	奴隷的拘束・苦役からの自由（第18条）		
	〔❾ 〕の保障（第31条） → 罪刑法定主義，適正手続の保障		
	不法に逮捕されない権利（第33条） → 令状主義（現行犯逮捕の場合を除く）		
	不法に抑留・拘禁されない自由（第34条）		
	〔❿ 〕・残虐刑の禁止（第36条）		
	〔⓫ 〕強要の禁止（第38条）		
自由権／経済の自由	居住・移転・〔⓬ 〕の自由（第22条①）	**判**	薬事法距離制限規定違憲訴訟
	財産権の不可侵（第29条）	**判**	共有林分割違憲訴訟
社会権	〔⓭ 〕（第25条）	**判**	朝日訴訟，堀木訴訟 → プログラム規定説
	教育を受ける権利（第26条）	**判**	旭川学力事件，家永訴訟
	勤労の権利と労働三権の保障（第27・28条） → 労働基本権		
請求権	請願権（第16条）		
	国家賠償請求権（第17条）	**判**	多摩川水害訴訟，郵便法損害賠償制限違憲判決
	裁判請求権（第32・37条）		
	刑事補償請求権（第40条） → 冤罪事件に対する補償		
参政権	選挙権・公務員の選定罷免権（第15条）	**判**	在外投票制限違憲訴訟
	議員・選挙人資格の法定（第44条）		
	最高裁判所裁判官の〔⓮ 〕（第79条）		
	地方公共団体の長・議員の選挙権（第93条）		
	特別法制定同意権（第95条）		
	憲法改正のための〔⓯ 〕（第96条）		

18　第1編　現代の政治

② 人権の歴史と広がり

(1) 自由権から社会権へ

① 自由権(18・19世紀的人権)…「〔⓰　　　　　〕」といわれる

② 社会権(20世紀的人権)…世界で最初に規定したのは〔⓱　　　　　〕(1919),「国家による自由」

(2) 人権の国際化

① 人権保障の国際化…ファシズムと侵略戦争の経験

　　　→ ローズヴェルト大統領による「四つの自由」

　　　　　　　　(表現の自由, 信仰の自由, 欠乏からの自由, 恐怖からの自由)

　　　→ 第二次世界大戦後, 国際連合を中心に, 人権保障の推進

② 国連を中心とするおもな人権保障

1948	〔⓲　　　　　〕	すべての人民と国家が達成すべき共通の基準として自由権・社会権を具体的に規定
1966	〔⓳　　　　　〕	法的拘束力を持つ A規約(社会権的規約) →「経済的, 社会的及び文化的権利に関する国際規約」(日本は, 公務員のストライキ権・公休日の給与を留保・高等教育の無償化は撤回(2012)) B規約(自由権的規約) →「市民的及び政治的権利に関する国際規約」(日本は, 選択議定書は未批准)
1965	人種差別撤廃条約	反アパルトヘイト運動の弾圧を契機に採択
1979	女性差別撤廃条約	日本 → 父母両系血統主義に国籍法改正,〔⓴　　　　　〕の制定(1985)
1989	子どもの権利条約	子どもを権利の主体として位置づける(意見表明権など)
2006	障害者権利条約	障がい者の尊厳の尊重を促進, 日本 → 障害者差別解消法の制定(2013)

③ 非政府組織(NGO)の活動…アムネスティ・インターナショナル, 国境なき医師団など

(3) 日本における新しい人権

①	環境権	・1960年代以降, 高度経済成長にともなう公害, 環境破壊の進行 　→ 良好な環境を享受する権利 ・根拠…憲法第25条(〔⓭　　　　　〕)と第13条(幸福追求権, 人格権) 　判 大阪空港公害訴訟(人格権を踏まえた環境権への理解)
②	知る権利	・国及び地方公共団体が国民の生活に直接に関わる情報を集中・管理 　→ 国民が必要な情報を受け取る権利 判 外務省機密漏洩事件 ・〔㉑　　　　　〕条例の確立(地方) → 〔㉑　　　　　〕法の制定(国, 1999) 　　　　　　　　　　　(ただし,「知る権利」は明記されていない) ・アクセス権(マスメディアに対して自己の意見表明の場を求める権利) ・〔㉒　　　　　〕(2013)の成立で, 知る権利への侵害の懸念
③	プライバシーの権利	・根拠は憲法第13条(幸福追求権) ・私生活をみだりに公開されない権利 → 自己の情報をコントロールする権利 　判 「宴のあと」事件,「石に泳ぐ魚」事件 ・全国民の住民票コード番号での一元管理…改正住民基本台帳法の制定(1999) ・〔㉓　　　　　〕(1999)…一定の犯罪に対して通信などを令状に基づき傍受 ・個人情報保護法(2003, 2015改正)…企業の持つ情報の使途の範囲を拡大 ・マイナンバー法(2013, 2015改正施行)…国と地方が持つ個人情報を統合
④	その他の新しい人権との関係	・自己決定権…一定の私的事項について権力的な干渉・介入を受けず, 自ら決定することができる権利 → インフォームド・コンセント(説明と同意) ・平和的生存権…憲法前文「平和のうちに生存する権利」と第9条がその根拠 　判 長沼事件 → 地裁判決ではこの権利を認める(最高裁は認めていない) ・ヘイトスピーチ対策法の制定(2016)…差別的な言動の解消をめざす ・改正組織的犯罪処罰法の制定(2017)…共謀罪を含んだテロ等準備への取り締まり

解答 ❶永久の権利　❷不断の努力　❸自由　❹本質的平等　❺選挙権　❻思想　❼表現の自由　❽学問　❾法定手続　❿拷問　⓫自白　⓬職業選択　⓭生存権　⓮国民審査　⓯国民投票　⓰国家からの自由　⓱ワイマール憲法　⓲世界人権宣言　⓳国際人権規約　⓴男女雇用機会均等法　㉑情報公開　㉒特定秘密保護法　㉓通信傍受法

3 平和主義

1 日本国憲法の規定

(1) 前文と第9条

① 前文…「政府の行為によつて再び戦争の惨禍が起ることのないやうにすることを決意」

② 第9条の内容

  a. 第1項(戦争の放棄)…国権の発動たる戦争，武力による〔❶   〕，武力の行使の禁止

  b. 第2項…〔❷   〕の不保持，〔❸   〕の否認

(2) 日米安全保障条約と自衛隊

① 日米安全保障条約の締結…サンフランシスコ平和条約と同時に締結(1951)

② 自衛隊発足の経緯…〔❹   〕の勃発(1950) → 警察予備隊の設置(1950) → 保安隊に増強・改組(1952) → MSA(日米相互防衛援助)協定(1954) → 自衛隊(1954)

③ 安保体制と自衛隊の増強

  a. 新安保条約の成立(1960)…「安保反対闘争」を押し切り，旧条約を全面改定

  b. 防衛力増強の義務(第3条)，日本の領域内で日米いずれかが攻撃された場合は共同防衛(第5条)などを明記…事前協議制度

  c. 日米防衛協力のための指針(旧ガイドライン，1978) → 日米共同作戦の研究，共同演習

    → 1978年度より日本政府の〔❺   〕による在日米軍駐留経費の負担

④ 第9条に関連した裁判

〔❻ 〕	恵庭事件	〔❽ 〕訴訟	百里基地訴訟
・日米安保条約が争点 ・第一審で違憲判決 ・最高裁は〔❼ 〕で判断回避	・自衛隊が争点 ・第一審で自衛隊(法)について一切判断せず	・自衛隊が争点 ・第一審で違憲判決 ・第二審は〔❼ 〕 ・最高裁は二審を支持	・自衛隊が争点 ・第一審は〔❼ 〕で判断回避，国側勝訴 ・二審，最高裁は棄却

⑤ 政府見解の変遷

1946	憲法制定当時の吉田首相	自衛権の発動としての戦争，〔❸ 〕も放棄
1952	吉田内閣の統一見解	「〔❷ 〕」とは近代戦遂行能力
1954	自衛隊への政府見解	自衛隊は〔❷ 〕にあたらない
1972	田中内閣の統一見解	自衛のための必要最小限度の実力を備えることは許される

⑥ 平和主義に関する原則

  a. 自衛隊の民主的統制…〔❾   〕(シビリアン・コントロール)

  b. その他…〔❿   〕(核兵器はもたず，つくらず，もちこませず)

    武器輸出三原則 → 防衛装備移転三原則の閣議決定(2014) → 防衛装備庁の設置(2015)

2 冷戦後の安全保障と平和主義

(1) 安保体制の変容

① 日米安保共同宣言(1996)…防衛協力の範囲を「極東」から「アジア・太平洋地域」へ転換

② 日米防衛協力のための指針(新ガイドライン，1997)…〔⓫   〕が問題となる

  → 歴代内閣は，行使について禁止とする見解 → 安倍政権は，憲法解釈を変更して一部容認(2014)

(2) 自衛隊の変質

① 国際協力…〔⓬   〕の制定(1992) → 改正(2001，PKF本体への参加が可能)

② 対米協力…新ガイドライン(1997) → ガイドライン関連法(周辺事態法など，1999)

③ 有事関連3法(2003)…〔⓭   〕などの成立

                      → 有事関連7法(2004)…改正自衛隊法，国民保護法，米軍行動円滑法など

④ 自衛隊の海外出動…〔⓬   〕によりカンボジアへ(1992) → 同時多発テロ(2001) →

  〔⓮   〕制定(2001) → イラク戦争(2003，イラク復興支援特別措置法制定)

  →〔⓮   〕は補給支援特別措置法に移行(2008) → 海賊対処法(2009) → 安保関連法制(2015)

  a. 安全保障法制…10の法律を一括改正，国際平和支援法の成立(自衛隊が他国軍を後方支援)

解答 ❶威嚇 ❷戦力 ❸交戦権 ❹朝鮮戦争 ❺思いやり予算 ❻砂川事件 ❼統治行為論 ❽長沼ナイキ基地 ❾文民統制 ❿非核三原則 ⓫集団的自衛権 ⓬PKO協力法 ⓭武力攻撃事態対処法 ⓮テロ対策特別措置法

20　第1編　現代の政治

 **1. 日本国憲法の成立**

1【大日本帝国憲法から日本国憲法へ】 大日本帝国憲法（明治憲法）から日本国憲法への変化についての記述として**適当でないもの**を，次の①〜④のうちから一つ選べ。
① 明治憲法で統治権を総攬するとされた天皇は，日本国憲法では日本国と日本国民統合の象徴とされた。
② 明治憲法では臣民の権利が法律の範囲内で与えられたが，日本国憲法では基本的人権が侵すことのできない永久の権利として保障された。
③ 明治憲法では皇族・華族・勅任議員からなる貴族院が置かれていたが，日本国憲法では公選の参議院が設けられた。
④ 明治憲法で規定されていた地方自治は，日本国憲法ではいっそう拡充され，地方特別法を制定する場合，事前に住民投票を行う制度が導入された。
〈2002・本試〉

2【日本国憲法と明治憲法の比較】 日本国憲法と明治憲法（大日本帝国憲法）との比較についての記述として**適当でないもの**を，次の①〜④のうちから一つ選べ。
① 明治憲法の下では貴族院議員は臣民による制限選挙で選ばれたが，日本国憲法の下では参議院議員は普通選挙で選ばれる。
② 明治憲法は軍隊の保持や天皇が宣戦する権限を認めていたが，日本国憲法は戦力の不保持や戦争の放棄などの平和主義を掲げている。
③ 日本国憲法の下では主権は国民にあるとの考えがとられているが，明治憲法の下では主権は天皇にあるとされた。
④ 日本国憲法は法律によっても侵すことができない権利として基本的人権を保障しているが，明治憲法は法律の範囲内でのみ臣民の権利を認めた。
〈2012・本試〉

3【天皇】 天皇についての記述として**正しいもの**を，次の①〜④のうちから一つ選べ。
① 明治憲法下では，天皇は陸海軍の最高指揮権である統帥権を有していたが，その行使には議会の承認決議が必要とされた。
② 明治憲法下では，天皇機関説が唱えられていたが，昭和期にその提唱者の著書の発売が禁止された。
③ 日本国憲法は，皇位は世襲のものであって男系男子に継承されることを，明文で定めている。
④ 日本国憲法は，国会の指名に基づいて天皇が行う内閣総理大臣の任命に際して，不適格な人物については天皇が任命を拒否できることを定めている。
〈2014・本試〉

4【日本国憲法の成立過程】 日本国憲法の成立過程をめぐる記述として**誤っているもの**を，次の①〜④のうちから一つ選べ。
① 憲法問題調査委員会は，ポツダム宣言の受諾に伴って，憲法改正に関する調査を行うために設置された。
② 日本国憲法の政府案は，GHQ（連合国軍総司令部）が提示したマッカーサー草案を基に作成された。
③ 女性の参政権は，日本国憲法の制定に先立って行われた衆議院議員総選挙で初めて認められた。
④ 日本国憲法の政府案は，帝国議会で審議されたが，修正されることなく可決された。
〈2008・本試〉

1 臣民の権利…明治憲法では自由権を中心に規定されていたが，「法律ノ範囲内ニ於テ」という制限があった（法律の留保）。

2 平和主義…日本国憲法の三大原則の一つであり，憲法の前文や第9条がこれを表現している。
臣民…明治憲法の下では国民は，天皇の臣下の意味で臣民と呼ばれていた。

3 統帥権…軍隊の最高指揮命令権。
天皇機関説…天皇は国家の一つの機関であり，統治権は国家にあるとする考え方。

4 憲法問題調査委員会…幣原内閣によって設置された明治憲法改正案をとりまとめるための委員会。委員長が松本烝治である。
マッカーサー草案…連合国軍総司令部民政局によって作成された草案で，国民主権・戦争放棄・基本的人権の保障などを規定していた。

第2章 日本国憲法の基本的性格　21

5 【日本国憲法制定前の改革】 第二次世界大戦後，日本国憲法制定に先立って行われた改革の例として正しいものを，次の①〜④のうちから一つ選べ。
① 農業基本法の制定
② 男女普通選挙制度の実現
③ 国民皆保険，皆年金制度の導入
④ 労働基準法の制定

〈2000・追試〉

6 【国民の責務】 国民の責務について，日本国憲法が明文で定めていることとして正しいものを，次の①〜④のうちから一つ選べ。
① 国民は，将来の国民のために，自然環境の維持および保全に努めなければならない。
② 国民は，憲法が保障する自由と権利を，不断の努力によって保持しなければならない。
③ 国民は，勤労の権利を有し，勤労者として団結する義務を負う。
④ 国民は，教育を受ける権利を有し，普通教育を受ける義務を負う。

〈2015・追試〉

6国民の義務…子どもに教育を受けさせる義務(第26条第2項)，勤労の義務(第27条第1項)，納税の義務(第30条)。

7 【最高法規としての憲法】 国内法は，日本では憲法，法律，命令，条例などによって構成され，憲法が最高法規であるとされる。憲法は国の最高法規であるという原則を定めた日本国憲法の規定はどれか。正しいものを，次の①〜④のうちから一つ選べ。
① 国会は，国権の最高機関であって唯一の立法機関である。
② 内閣総理大臣その他の国務大臣は，文民でなければならない。
③ 憲法に反する法律，命令，詔勅および国務に関するその他の行為は，効力を有しない。
④ 地方自治体の組織および運営に関する事項は，地方自治の本旨に基づいて，法律で定める。

〈2016・追試〉

7詔勅…天皇が意思を表示した文書。現在は衆議院の解散など「詔書」の形式で残っている。

8 【国民主権】 国民主権を具体化している日本の制度についての記述として正しいものを，次の①〜④のうちから一つ選べ。
① 日本国憲法は間接民主制を採用しているので，国民が，国民投票によって直接に国政上の決定を行うことはできない。
② 地方自治体において住民投票を実施する際には，個別に法律の制定が必要であり，地方自治体が独自の判断で実施することはできない。
③ 選挙運動の一環として，候補者による有権者の住居への戸別訪問が認められている。
④ 国民審査において，国民は最高裁判所の裁判官を罷免することが認められている。

〈2014・本試〉

8国民審査…憲法第79条2・3項に規定がある。

9 【国民主権の原理】 日本国憲法における国民主権の原理を示す内容とは言えないものを，次の①〜④のうちから一つ選べ。
① 憲法改正は，国民の承認を経なければならない。
② 国会は，国権の最高機関である。
③ 内閣総理大臣は，文民でなければならない。
④ 公務員を選定することは，国民固有の権利である。

〈2007・本試〉

9文民…内閣総理大臣およびその他の国務大臣は文民でなければならない(第66条2項)と規定されている。文民とは非軍人で，今日の実例では，現に自衛官である者以外をさす。

10【国民主権の実状】 日本における国民主権の実状についての記述として最も適当なものを，次の①～④のうちから一つ選べ。

① 日本国憲法は間接民主制を採用しているので，国民が，国民投票によって直接に国政の意思決定を行う仕組みはない。

② 地方自治体において住民投票を実施する際には，その都度，法律の根拠が必要であり，地方自治体が独自の判断で実施する仕組みはない。

③ 最高裁判所は，選挙の際の戸別訪問禁止は，選挙の自由と公正を確保するために必要であり，憲法に違反しないと判決した。

④ 最高裁判所は，衆議院議員選挙について，小選挙区と比例区との重複立候補は選挙への民意の反映を損なうので，憲法に違反すると判決した。

〈2006・本試〉

11【憲法改正手続】 憲法改正手続に関連する現行の制度についての記述として正しいものを，次の①～④のうちから一つ選べ。

① 憲法改正の発議は，衆参各議院の総議員の3分の2以上の賛成によって国会が行わなければならない。

② 憲法改正の国民投票が有効となるには，満18歳以上の国民の5割を超える投票率が必要である。

③ 憲法改正の承認には，国民投票で有効投票数の3分の2を超える賛成が必要である。

④ 国民の3分の1以上の署名に基づく請求があった場合，国会は憲法改正を発議するかどうかの審議をおこなわなければならない。

〈2010・追試〉

12【憲法改正】 憲法改正について，次のA～Dは，日本国憲法の改正のために必要な手続を述べたものである。これらを手続の順序に従って並べたとき，**3番目**にくるものとして正しいものを，下の①～④のうちから一つ選べ。

A 各議院の総議員の3分の2以上の賛成で，国会が改正を発議する。

B 天皇が国民の名で憲法改正を公布する。

C 国会議員が改正原案を国会に提出する。

D 国民投票での過半数の賛成で，国民が憲法改正を承認する。

① A ② B ③ C ④ D 〈2015・追試〉

13【法律の公布】 法律の公布制度についての記述として**誤っているもの**を，次の①～④のうちから一つ選べ。

① 法律は，公布されなければ効力を発しない。

② 天皇は，法律の公布を拒否することができる。

③ 現在，法律の公布は官報によってなされる。

④ 現在，法律を公布する手段に関する法律は存在しない。

〈2007・追試〉

14【法律の制定・公布】 法律の制定・公布に至る過程についての記述として正しいものを，次の①～④のうちから一つ選べ。

① 法律案は，先に衆議院に提出され，審議を受けなければならない。

② 法律は，内閣の助言と承認の下で，天皇により公布される。

③ 法律案について衆議院と参議院が異なる議決をした場合，両院協議会での成案が得られると，それが直ちに法律となる。

④ 一の地方公共団体に適用される特別法を制定する場合，その法律は，地方公共団体の議会の同意を受けなければならない。 〈2010・本試〉

10国民投票…レファレンダムという。住民投票が代表的だが，国政レベルでは憲法改正の国民投票がある。憲法改正の手続きを定めた国民投票法は，2007年に制定され，2014年に改正法が成立した。

11憲法改正の条文…日本国憲法の第96条1項では「この憲法の改正は，各議院の総議員の3分の2以上の賛成で，国会が，これを発議し，国民に提案してその承認を経なければならない。この承認には，特別の国民投票又は国会の定める選挙の際行はれる投票において，その過半数の賛成を必要とする」と規定されている。

日本国憲法の基本的性格

第2章 日本国憲法の基本的性格 23

問題演習 **2. 基本的人権の保障**

1 【基本的人権の保障】　日本における基本的人権の保障についての記述として最も適当なものを，次の①～④のうちから一つ選べ。

① 未成年者は，国会の制定した法律が基本的人権を不当に侵害していると考えた場合，その法律の改正や廃止を国会に請願することができる。

② 未成年者は，自分が訴訟当事者となった場合，その裁判で適用される法律が自分の基本的人権を不当に侵害していると主張できない。

③ 国会の各議院の議長は，審議中の法案が基本的人権を不当に侵害するおそれがある場合，最高裁判所に判決を求めることができる。

④ 下級裁判所の裁判官は，最高裁判所がある法律について基本的人権を不当に侵害していないと判断している場合，その法律を違憲と判決できない。

〈2005・本試〉

2 【権利の内容と性質】　日本国憲法が保障する権利の内容や性質に関する記述として正しいものを，次の①～④のうちから一つ選べ。

① 経済の自由については，公共の福祉に基づく制約に服することが憲法の条文に定められている。

② 財産権は侵すことができない権利であるため，正当な補償があっても私有財産を公共のために用いることはできない。

③ プログラム規定説によれば，生存権は国民が国家に対して積極的な施策を請求することができる具体的権利である。

④ 自分の職業を選択する自由が保障されているが，営業の自由はこの保障に含まれない。

〈2016・追試〉

2公共の福祉…人権相互の矛盾や衝突・対立を解決するためのもので，より多くの人々の人権が保障されるよう，権利・自由の行使に対して一定の制限を加えるというもの。

3 【基本的人権と公共の福祉】　基本的人権と公共の福祉についての記述として最も適当なものを，次の①～④のうちから一つ選べ。

① 日本では，明治憲法によって，基本的人権は公共の福祉に優先するものとされた。

② 日本国憲法では，経済的自由について，精神的自由よりも広く公共の福祉に基づく制限を受けるものとされた。

③ フランスでは，ワイマール憲法の影響を受けた「人および市民の権利宣言」によって，基本的人権と公共の福祉との相互補完的関係が規定された。

④ ドイツのナチス政権では，基本的人権は公共の福祉に優先すべきものとされた。

〈2006・追試〉

3ワイマール憲法…第一次世界大戦後，ドイツが共和国となった際に制定された憲法(1919年)。世界で最初に社会権を規定した。

4 【人権相互の対立】　多様な権利・自由の相互対立の具体例として**適当でない**ものを，次の①～④のうちから一つ選べ。

① ジャーナリストによる取材活動によって，取材の相手方や第三者の生活の平穏が侵害される。

② 宗教家が暴力行為を伴う宗教儀式を行うと，行為の相手方の生命や身体が侵害される。

③ 国が国家秘密を漏洩した公務員に刑罰を科すと，公務員の表現の自由が侵害される。

④ 不動産業者による誇大広告や誤解を招く商業的宣伝によって，顧客の財産が侵害される。

〈2006・追試〉

5 【基本的人権の類型】　憲法で定められる基本的人権を，国民が国家に対して何を求めるかに応じて，次のA〜Cの三つの類型に分けたとする。これらの類型と日本国憲法が定める基本的人権ア〜ウとの組合せとして最も適当なものを，下の①〜⑥のうちから一つ選べ。

　　A　国家に対して，不当に干渉しないことを求める権利
　　B　国家に対して，一定の積極的な行為を求める権利
　　C　国家に対して，その意思形成への参画を求める権利

　　ア　選挙権　　イ　国家賠償請求権　　ウ　信教の自由

　① A－ア　B－イ　C－ウ　　　　② A－ア　B－ウ　C－イ
　③ A－イ　B－ア　C－ウ　　　　④ A－イ　B－ウ　C－ア
　⑤ A－ウ　B－ア　C－イ　　　　⑥ A－ウ　B－イ　C－ア
〈2016・本試〉

5 国家賠償請求権…憲法第17条によって保障されている権利。公務員の不法行為によって生じた損害について，国や地方自治体に対し賠償を求める権利。この権利に基づいて国家賠償制度が整備されている。

6 【人権の限界や制約】　憲法が保障する人権も無制約のものではなく，他の権利や利益との調整などを理由に，制約を受けることがある。日本における人権の限界や制約についての記述として**誤っているもの**を，次の①〜④のうちから一つ選べ。
　① 最高裁判所は，組織犯罪など重大犯罪について電話その他の通信の傍受を認める法律が，通信の秘密を侵し憲法に違反すると判断した。
　② 配偶者からの暴力による被害の防止や被害者の保護を図るため，必要な措置を定めた法律が制定された。
　③ 国家公務員については，労働基本権の制約の代償措置として，人事院勧告の制度が設けられている。
　④ 日本国憲法は，検閲という形で表現の自由に制約を加えることを禁止している。
〈2004・追試〉

6 通信の秘密…憲法第21条2項で保障されている権利である。1999年に制定された通信傍受法では，捜査機関による通信の傍受が一定の条件の下で合法化され認められるようになったが，これは通信の秘密やプライバシーの権利とも深く関係しているうえ，法の厳正な適用という面からも課題があるといわれている。

7 【差別の解消】　マイノリティの人びとが受けることのある差別や不利益を解消するための法律・条約に関する記述として**誤っているもの**を，次の①〜④のうちから一つ選べ。
　① アイヌ民族を差別的に取り扱ってきた法律を廃止してアイヌ文化振興法が制定されたが，アイヌ民族の先住民族としての権利は明記されなかった。
　② 障害者雇用促進法は国・地方公共団体が障害者を雇用する義務を定めているが，企業の雇用義務については明記されなかった。
　③ 部落差別問題に関して，同和地区住民への市民的権利と自由の完全な保障を求めた審議会答申に基づき，同和対策事業特別措置法が制定された。
　④ 人種差別問題に関して，国際的な人権保障の一環として，国際連合で人種差別撤廃条約が採択された。
〈2012・本試〉

7 マイノリティ…少数派や少数民族を意味する。少数派であるため人権上，さまざまな差別を受ける場合が多い。
　部落差別問題…21世紀の現在でも部落差別問題が存在するとして，「部落差別」の語句が付く法律である部落差別解消法が制定された（2016）。

8 【日本における平等の歴史】　日本における平等に関する歴史についての記述として**誤っているもの**を，次の①〜④のうちから一つ選べ。
　① 明治政府の下で，旧来の士農工商の身分制は廃止された。
　② 大日本帝国憲法（明治憲法）の下では，華族制度が存在していた。
　③ 1925年の普通選挙法で，女性の高額納税者にも選挙権が認められた。
　④ 日本国憲法の下で，栄典に伴う特権は廃止された。
〈2003・本試〉

8 華族制度…明治時代になり，旧公家や大名の家系に与えられた身分制度のこと。特権的な世襲制として5段階に分けた爵位が与えられた。

第2章　日本国憲法の基本的性格　25

9【個人の自由と平等】 「憲法に基づく民主主義において重要なことは，その時々の多数者の意思を忠実に実現することよりもむしろ，個人の尊重を基礎として，個人の自由と平等を保障することにある」という考え方がある。この考え方に沿う主張として最も適当なものを，次の①～④のうちから一つ選べ。

① 人権を尊重するためには国家権力をなるべく強くする必要があるので，国民の義務規定を中心とする憲法を制定すべきである。

② 住民の多数が利用する公共施設の建設を地方議会が決定した場合，建設予定地付近の住民は，その決定に反対してはならない。

③ 憲法の改正はその時々の国民が主権者として行う行為であるから，特定の憲法条文の改正を禁止する規定を憲法の中に設けてはならない。

④ 表現の自由を制約する法律の違憲性を審査する際には，裁判所は国会の判断にとらわれることなく，自らの判断に基づいて判決を下すべきである。　　　　　　　　　　　　　　　　　　　　　　　　〈2002・追試〉

10【平等】 平等について，原則として，すべての人々を一律，画一的に取り扱うことを意味するとの考え方がある。また，そのような意味にとどまることなく，現実の状況に着眼した上で，積極的な機会の提供を通じて，社会的な格差を是正しようとする意味もあるとの考え方がある。後者の考え方に沿った事例として最も適当なものを，次の①～④のうちから一つ選べ。

① 法律において，男女同一賃金の原則を定めること。

② 大学入試の合否判定において，受験者の性別を考慮しないこと。

③ 民間企業の定年において，女性の定年を男性よりも低い年齢とする就業規則を定めた企業に対して，法律で罰を科すこと。

④ 女性教員が少ない大学の教員採用において，応募者の能力が同等の場合，女性を優先的に採用するという規定を定めること。　　　　　　　　　　　　　　　　　　　　　　　　〈2015・本試〉

> **10** 平等の2つの考え方…国民を法的に一律に，画一的に取り扱う考え方を形式的平等という。また，合理的な区別により社会的な格差を是正しようとする考え方を実質的平等という。実質的平等とは結果の平等で，貧困層や民族的マイノリティを優遇する積極的差別是正措置のことで，ポジティブ・アクション（アファーマティブ・アクション）ともいわれる。

11【男女の平等】 男女平等に関連して，日本の法制度の説明として誤っているものを，次の①～④のうちから一つ選べ。

① 日本国憲法は，個人の尊厳と両性の本質的平等を規定し，それに対応して，民法の親族および相続に関する規定が改正された。

② 民法は，夫婦は婚姻の際に夫または妻の氏を称すると規定していたが，夫婦別姓を認めるために改正された。

③ 男女共同参画社会基本法は，男女が対等な立場で社会参画すると規定し，それに対応して，国の審議会などで女性委員の割合が高められた。

④ 男女雇用機会均等法は，男女の均等な雇用機会と待遇の確保について努力目標を規定したが，差別的取扱いを禁止する規定に改正された。　　　　　　　　　　　　　　　　　　　　　　　　〈2007・追試〉

> **11** 両性の本質的平等…明治憲法下にあった男尊女卑的な考え方を否定して，憲法第24条で個人の尊厳と両性の平等が規定されている。

12【精神的自由権】 精神的自由権に分類される，具体的な人権の保障内容についての記述として最も適当なものを，次の①～④のうちから一つ選べ。

① 人が清浄な空気や良好な眺望など，よい環境を享受し，人間らしい生活を営むことを保障する。

② 個人が現に有している具体的な財産を保障し，またその財産を個人が自らの考えに従って使用したり収益したりすることを保障する。

③ 刑事被告人に対して，いかなる場合にも，資格を有する弁護人を依頼することを保障する。

④ 多数の人が共通の政治的意見をもって団体を結成し，それに加入し，団体として活動することを保障する。　　　　　　〈2004・本試〉

> **12** 自由権の分類…自由権は，①精神的自由（思想及び良心の自由，信教の自由，集会・結社・表現の自由，通信の秘密，学問の自由），②人身（身体）の自由，③経済の自由（居住・移転・職業選択の自由，財産権）の3つに分けることができる。

13 【個人の尊重】 日本国憲法第14条以下の基本的人権の規定に含まれていない事項について，第13条の幸福追求権などを根拠に新しい人権が主張されるようになっている。そのような新しい人権の例として最も適当なものを，次の①～④のうちから一つ選べ。
① インターネットを利用して内閣総理大臣に直接に請願する権利
② ゲームソフトを開発するためのベンチャー企業を経営する権利
③ データベース上の個人情報の保護を国に対し請求する権利
④ ホームページを開設して世界に向けて意見を発信する権利
〈2004・本試〉

13 日本国憲法第14条…法の下の平等が規定されている。
新しい人権…憲法に明文の規定はないが，社会の発展による新たな問題の解決要請から登場した人権のことである。

14 【精神的自由】 日本における精神的自由の保障に関する記述として正しいものを，次の①～④のうちから一つ選べ。
① 最高裁判所は，三菱樹脂事件で，学生運動の経歴を隠したことを理由とする本採用拒否は違法であると判断した。
② 最高裁判所は，愛媛玉串料事件で，県が玉串料などの名目で靖国神社に公金を支出したことは政教分離原則に反すると判断した。
③ 表現の自由の保障は，国民のプライバシーを尊重するという観点から，マスメディアの報道の自由の保障を含んでいない。
④ 学問の自由の保障は，学問研究の自由の保障のみを意味し，大学の自治の保障を含んでいない。
〈2012・本試〉

14 政教分離原則…日本国憲法第20条・第89条の規定に基づき，いかなる宗教も国家から特権を受けることを禁止する原則。
学問の自由…明治憲法下では滝川事件や天皇機関説事件など学問への弾圧があったので，日本国憲法は第23条で学問の自由を保障している。

15 【表現の自由】 表現の自由に関連する記述として正しいものを，次の①～④のうちから一つ選べ。
① 表現の自由のほかに，通信の秘密が，憲法に規定されている。
② 報道の自由とプライバシーの権利とは，衝突することはない。
③ 知る権利が，情報公開法上，明文で保障されている。
④ 最高裁では，出版の差止めが認められたことはない。
〈2015・本試〉

15 情報公開法…1999年に制定された国の行政文書の開示を請求する権利を保障した法律。

16 【表現の自由と通信の秘密】 日本国憲法が保障する表現の自由および通信の秘密に関する記述として正しいものを，次の①～④のうちから一つ選べ。
① 『チャタレイ夫人の恋人』という小説の翻訳が問題となった刑事事件で，最高裁判所は，わいせつ文書の頒布を禁止した刑法の規定は表現の自由を侵害するので違憲とした。
② 通信傍受法は，組織犯罪に関して捜査機関が電話を傍受する際に裁判所の発する令状を不要としている。
③ 『石に泳ぐ魚』という小説のモデルとされた女性がプライバシーを侵害されたとして小説の出版差止めを求めた事件で，最高裁判所は，表現の自由を侵害するとして出版差止めを認めなかった。
④ 特定秘密保護法は，日本の安全保障に関する情報で特定秘密に指定された情報の漏洩を禁止している。
〈2017・追試〉

16 通信傍受法…1999年，捜査機関による電話などの通信傍受を一定の条件下で認めた法律。通信の秘密やプライバシーとの関わりで，法の厳正な運用という点で課題がある。
特定秘密保護法…2013年に制定されたが，国民の知る権利やプライバシーを侵害するおそれがあると指摘され，この法律に対する強い批判がある。

17 【刑事手続】 刑事手続についての記述として正しいものを，次の①～④のうちから一つ選べ。
① 被疑者の取調べは，憲法上，録音・録画が義務づけられている。
② 検察官の強制による被疑者の自白も，裁判上の証拠として認められる。
③ 最高刑が死刑である殺人罪については，時効が廃止されている。
④ 現行犯逮捕の場合にも，憲法上，令状が必要とされる。
〈2014・追試〉

17 被疑者…罪を犯した疑いで捜査の対象となったが，公訴（起訴）されていない者を指す。一方，検察官によって起訴されている者は被告人という。

第2章　日本国憲法の基本的性格　27

18 【検閲の禁止】 憲法によって禁止されている検閲に当たる事例とは言えないものを，次の①〜④のうちから一つ選べ。

① 他人のプライバシーを害する不当な内容の新聞記事が発行される前に，特別の行政委員会が審査して削除する。

② 政府の政策を批判する内容のウェブページがインターネット上に公開される前に，行政機関が審査して削除する。

③ 住民生活に影響する内容の地方自治体の計画案がその広報紙に掲載される前に，地方議会が閲覧して内容の変更を求める。

④ 性風俗を害する内容の小説や図画が市販される前に，警察が閲覧して内容の変更を求める。　　　　　　　　　　　　　　〈2006・追試〉

18行政委員会…準立法的・準司法的な権限をもった合議制の行政機関。選挙管理委員会，公正取引委員会などがある。

19 【罪刑法定主義】 罪刑法定主義に関する日本の法制度についての記述として正しいものを，次の①〜④のうちから一つ選べ。

① 政令により罰則を設けることは，法律による具体的な委任がある場合でも許されない。

② 刑事裁判の手続については，法律によって定める必要はなく，政令で独自に定めることができる。

③ 実行のときに適法であった行為を行った者を，後から処罰する法律を定めることは許されない。

④ 条例は，地方自治体の事務を処理するためのものであるから，法律と異なり，条例に違反する行為に対して罰則を定めることはできない。　　　　　　　　　　　　　　〈2002・追試〉

19罪刑法定主義…ある行為が犯罪であるとされて刑罰が科せられるのは，法律の規定があらかじめある場合に限られるとする原則のこと。また，この原則から，ある行為が犯罪であると法律で制定されておらず，後で法律を制定してその犯罪を処罰しようするのは，憲法第39条の遡及処罰の禁止に反する。

20 【被疑者・被告人の権利】 日本国憲法の定める被疑者や被告人の権利についての記述として正しいものを，次の①〜④のうちから一つ選べ。

① 裁判官の発する，逮捕の理由となっている犯罪を明示した逮捕状がなければ，現行犯として逮捕されることはない。

② 殺人罪などの重大犯罪について起訴されているときでなければ，弁護人を依頼することはできない。

③ 無罪の確定判決を受けたときでも，裁判中の抑留や拘禁についての補償を，国に求めることはできない。

④ 無罪の判決が確定した行為について，再び刑事上の責任が問われることはない。　　　　　　　　　　　　　　〈2003・追試〉

20被疑者…刑事事件を起こし捜査の対象になっている者や，拘束されてはいるが起訴には至っていない者。
被告人…「疑わしきは被告人の利益に」といわれるように，刑事裁判における被告人の人権は憲法で保障されている。

21 【身体の自由】 日本における身体の自由についての記述として誤っているものを，次の①〜④のうちから一つ選べ。

① 何人も，現行犯で逮捕される場合を除き，検察官が発する令状によらなければ逮捕されない。

② 何人も，自己に不利益な唯一の証拠が本人の自白である場合には，有罪とされることも刑罰を科せられることもない。

③ 何人も，法律の定める手続によらなければ，生命や自由を奪われることも刑罰を科せられることもない。

④ 何人も，実行の時に犯罪でなかった行為について，その後に制定された法律によって処罰されない。　　　　　　　　　　〈2015・追試〉

21検察官…刑事事件において犯罪の捜査，公訴の提起をし，適正な判決を求め，刑の執行を監督する行政官（公務員）。

22 【国家からの自由】 国家からの自由に含まれる権利として正しいものを，次の①〜④のうちから一つ選べ。

① 請願権　　② 選挙権　　③ 平等権　　④ 黙秘権
　　　　　　　　　　　　　　　　　　　　　　〈2008・追試〉

23【財産権の保障】 日本における財産権の保障についての記述として誤っているものを，次の①～④のうちから一つ選べ。
① 海賊版の映像や音楽については，個人で使用するためのダウンロードが刑事罰の対象とされている。
② 知的財産に関する事件については，これを専門的に取り扱う知的財産高等裁判所が設置されている。
③ 憲法は，国民に認められる財産権の内容が，公共の福祉に適合するように法律で定められることを規定している。
④ 憲法は，すべての国民が最低限度の財産を所有できるよう，国がそのために必要な政策を行うことを規定している。　　　　〈2014・追試〉

24【経済的自由】 日本国憲法における経済的自由にかかわる規定についての説明として誤っているものを，次の①～④のうちから一つ選べ。
① 日本国憲法は，営業の自由を明記している。
② 日本国憲法は，経済的自由に対して公共の福祉による制限を明記している。
③ 日本国憲法には，財産権の内容は法律で定めるとの規定がある。
④ 日本国憲法には，私有財産の収用に正当な補償が必要との規定がある。　　　　〈2008・追試〉

25【生存権】 社会保障制度を支える理念として，日本国憲法25条が定める生存権がある。生存権をめぐる学説・判例についての記述として最も適当なものを，次の①～④のうちから一つ選べ。
① 法的権利説の立場では，国の施策が最低限度の生活を保障していなくても国民が裁判で憲法25条に基づき争うことはできないと理解されている。
② 朝日訴訟最高裁判決は，当時の生活保護の基準が憲法25条に違反していると判断した。
③ 堀木訴訟最高裁判決は，障害福祉年金と児童扶養手当の併給禁止が憲法25条に違反していないと判断した。
④ プログラム規定説の立場では，憲法25条は国に生存権を実現する法的な義務を課していると理解されている。　　　　〈2011・追試〉

26【社会権】 社会権A～Cとそれを実現するために日本で行われている具体的な施策ア～ウとの組合せとして最も適当なものを，下の①～⑥のうちから一つ選べ。

A 勤労権　　B 生存権　　C 団結権

ア 労働組合員であることを理由に労働者を解雇することを，不当労働行為として法律で禁止する。
イ 公共職業安定所（ハローワーク）を設置し，求職者に職業を紹介することを法律で定める。
ウ 生活に困窮する者に対して，公費を財源に厚生労働大臣が定める基準に基づき扶助を行うことを法律で定める。

① A－ア　B－イ　C－ウ　　② A－ア　B－ウ　C－イ
③ A－イ　B－ア　C－ウ　　④ A－イ　B－ウ　C－ア
⑤ A－ウ　B－ア　C－イ　　⑥ A－ウ　B－イ　C－ア
　　　　〈2012・本試〉

23知的財産高等裁判所…司法制度改革の一つとして，2005年に東京高等裁判所内に特別の支部として設置されている。

24経済的自由…日本国憲法の第22条・29条に規定されているが，これらは自由放任主義の経済を中心とする国家観ではなく，経済的弱者を保護・救済する福祉国家を前提としている。

25生存権…「健康で文化的な最低限度の生活を営む権利」と憲法第25条に規定されている。
　プログラム規定…憲法第25条の規定は，国のとるべき政策上の方針を定めたもので，具体的な権利を保障するものではないとする見解。しかし，この見解に対しては，憲法が生存権を基本的人権として保障することを無にするものだとの批判がある。

26日本国憲法における社会権の規定…第25条に生存権，第26条に教育を受ける権利，第27・28条に勤労権や労働三権が保障されている。
不当労働行為…使用者が労働組合や労働組合員の労働三権の行使に対して行う妨害行為。

第2章　日本国憲法の基本的性格　29

27【社会権】 日本国憲法が保障する社会権についての記述として**誤っている**ものを，次の①〜④のうちから一つ選べ。

① 最高裁判所は，朝日訴訟において，生存権を定めた規定は直接個々の国民に対して具体的な権利を与えたものではないとした。

② 最高裁判所は，堀木訴訟において，障害福祉年金と児童扶養手当との併給禁止を違憲ではないとした。

③ 勤労の権利とは，働く意思のある者が，希望の職業に就くことを国家に請求する権利のことである。

④ 労働三権とは，団結権，団体交渉権および団体行動権を総称したものである。

〈2008・追試〉

28【社会権】 日本における社会権の保障についての記述として**誤っているも**のを，次の①〜④のうちから一つ選べ。

① 生存権は，新しい人権として環境権が主張される際に，その根拠の一つとなっている。

② 教育を受ける権利は，児童・生徒が公立学校において，自らの信仰する宗教の教義の教育を受ける権利を含んでいる。

③ 勤労権は，職業安定法，雇用対策法などの法律によって，実質的な保障が図られている。

④ 団体交渉権は，国家公務員および地方公務員については，民間企業の労働者よりも制限されている。

〈2013・追試〉

28社会権…日本国憲法では第25条，第26条・27条・28条に規定されている。

29【福祉国家としての日本】 福祉国家としての日本の現状の記述として最も適当なものを，次の①〜④のうちから一つ選べ。

① 健康で文化的な最低限度の生活を営むことのできない者は，法律の根拠がなくても，直接憲法に基づいて国に生活保護を請求することができる。

② 義務教育においては，国民に，授業料を徴収しない教育の機会が保障されているだけでなく，教科書もまた無償で配布される。

③ 勤労は，権利であるとともに義務でもあるので，国が必要と認める場合には，国民を強制的に徴用することができる。

④ 公務員も勤労者であるから，労働基本権の保障を受け，その一つである争議権もしばしば合法的に行使される。

〈2006・本試〉

29争議権…団体行動権ともいう。ストライキなどの争議行為を行う権利のこと。日本の場合，公務員は国民全体の奉仕者であり，職務の公共性を重視する必要性から争議行為は一切禁止されており，最高裁もこれに合憲の立場をとっている。

30【参政権】 日本における参政権の保障に関する記述として最も適当なものを，次の①〜④のうちから一つ選べ。

① 最高裁判所は，在外邦人(外国に居住する日本国民)による国政選挙権の行使を比例代表選挙に限定する公職選挙法の規定を，違憲と判断した。

② 日本国憲法は，憲法改正の条件として国民投票による過半数の賛成のみをあげており，国会による憲法改正の発議には条件を設けていない。

③ 男女共同参画社会基本法の施行に伴い，衆議院議員の議席は男女同数とされた。

④ 普通選挙を明文で保障する日本国憲法の施行に伴い，すべての成年者に選挙権を与える衆議院議員選挙が初めて実施された。

〈2013・本試〉

30男女共同参画社会基本法…1999年に制定され，男女の実質的な平等の実現に向けて，国や地方自治体に具体的な施策を立案・実施することを義務づけている。

31 【参政権】 日本における参政権についての記述として最も適当なものを，次の①～④のうちから一つ選べ。
① 地方自治体の長については，憲法上，その地方自治体の住民による直接選挙が保障されている。
② 衆議院議員選挙では，永住資格を有する在日外国人も選挙権をもつ。
③ 参議院議員選挙では，成年の国民が被選挙権をもつ。
④ 条約の批准については，憲法上，成年の国民による国民投票が保障されている。

〈2009・本試〉

32 【子どもの権利】 子どもの権利に関連する日本の法制度についての記述として誤っているものを，次の①～④のうちから一つ選べ。
① 児童虐待防止法は，児童虐待が行われているおそれがある場合には，行政が児童の住居に立ち入って調査することを認めている。
② 教育基本法は，公立学校においても，子ども本人や保護者が求める場合には，その信仰する宗教のための宗教教育を行うことを認めている。
③ 日本は，子どもを保護する対象としてだけではなく権利主体としてとらえ，意見表明権などを保障した，子どもの権利条約を批准している。
④ 日本は，性的な搾取・虐待が児童の権利を著しく侵害するものであることから，児童買春や児童ポルノを規制する法律を制定している。

〈2012・追試〉

33 【基本的人権の分類】 基本的人権は，さまざまな観点から分類することができる。いま，基本的人権をA～Cのいずれかの基準に従ってαグループとβグループとの2種類に分類したとき，ア～ウのように分類されたとする。これらの分類の基準A～Cと分類ア～ウとの組合せとして最も適当なものを，下の①～⑥のうちから一つ選べ。

A 19世紀までの権利宣言・憲法で保障されていた権利（α）と，20世紀以後の憲法で保障されるようになった権利（β）

B 私人の活動に干渉しないよう国家に求めることを本質的な内容とする権利（α）と，一定の行為をするよう国家に求めることを内容とする権利（β）

C 日本国憲法に明文で保障する規定がある権利（α）と，明文で保障する規定がない権利（β）

ア
| α 表現の自由，職業選択の自由，生存権，選挙権
| β 名誉権，プライバシー権，環境権

イ
| α 信教の自由，表現の自由，財産権，選挙権
| β 生存権，教育を受ける権利，団結権

ウ
| α 信教の自由，職業選択の自由，自己決定権
| β 教育を受ける権利，裁判を受ける権利，国家賠償請求権

① A－ア B－イ C－ウ　　② A－ア B－ウ C－イ
③ A－イ B－ア C－ウ　　④ A－イ B－ウ C－ア
⑤ A－ウ B－ア C－イ　　⑥ A－ウ B－イ C－ア

〈2012・本試〉

---

31 永住資格…法務大臣が在留資格を有する外国人に与える永住者への資格変更の許可を永住許可という。永住許可を取得しても，帰化とは異なり，外国人登録や再入国許可の手続きは必要である。

32 教育基本法…「教育の憲法」といわれ，戦後教育の理念を支えていたが，2006年に改正された。
子どもの権利条約…1989年，国連で採択された条約で，18歳未満の子どもの保護を目的とする。また，子どもを市民的自由の権利主体と認めている。

34【新しい人権】 日本における「新しい人権」についての記述として正しいものを，次の①〜④のうちから一つ選べ。

① 子どもを放置，搾取，虐待から守るため，子どもの権利が主張され，国内法上の権利として確立したが，それに関する条約はまだ存在しない。

② 情報を受け取るだけでなく，受け取った情報に反論し，番組・紙面に参加する権利（アクセス権）が主張され，最高裁判所によって認められている。

③ 国民がその権利・自由を確保するため，国や地方自治体に自分の希望を表明する請願権が主張され，憲法上の権利として認められている。

④ 生活環境の悪化や自然破壊に対処するため，生存権や幸福追求権を根拠に環境権が主張されているが，まだ最高裁判所によっては認められていない。 〈2001・追試〉

34 アクセス権…情報にアクセス（接近）する権利として情報の受け手である国民がマスメディアに対して，自己の意見を表明する場を求める権利であり，具体的には反論権・意見広告掲載請求権などをあげることができる。

35【新しい人権】 新しい人権A〜Cと，その内容ア〜ウとの組合せとして正しいものを，下の①〜⑥のうちから一つ選べ。

　　A　アクセス権　　　B　知る権利　　　C　プライバシー権

　ア　自分に関する情報を自らコントロールする権利
　イ　マスメディアを利用して意見を発表したり反論したりする権利
　ウ　政府情報の開示を求める権利

① A－ア　B－イ　C－ウ　　② A－ア　B－ウ　C－イ
③ A－イ　B－ア　C－ウ　　④ A－イ　B－ウ　C－ア
⑤ A－ウ　B－ア　C－イ　　⑥ A－ウ　B－イ　C－ア
　　　　　　　　　　　　　　　　　　　　　　〈2009・本試〉

35 新しい人権…環境権，自己決定権なども主張されている。

36【基本的人権などをめぐる権利の保障】 基本的人権などさまざまな権利の保障をめぐる日本の現状についての記述として最も適当なものを，次の①〜④のうちから一つ選べ。

① 経済および産業の発展を図るために特許権などの知的財産権の付与を行う行政機関は，設置されていない。

② 最高裁判所が環境権を認めていないため，公害被害を受けた市民の損害賠償請求は認められていない。

③ 情報公開法は，プライバシーの権利を積極的に実現することを目的として制定されている。

④ 公務員の違法な権限行使により損害を受けた者は，国または地方公共団体に対して損害賠償を請求することができる。 〈2011・本試〉

36 環境権…環境破壊を予防し，排除するために主張されている権利。学説では認められているが，環境権を認めた判例はない。

37【情報公開法】 1999年に制定された日本の情報公開法（行政機関の保有する情報の公開に関する法律）をめぐる状況についての記述として正しいものを，次の①〜④のうちから一つ選べ。

① この法律の下で開示（公開）請求が拒否された請求者には，不服申立てや裁判による救済の途が開かれている。

② この法律の下で開示（公開）請求を行うことができるのは，日本国籍を保有し，所得税を納めている者に限られる。

③ この法律が制定されたことで，消費者の知る権利への意識も高まり，消費者保護基本法の制定が主張されるようになった。

④ この法律が制定され，プライバシーの侵害の危険が増大したため，地方自治体が個人情報保護条例を制定するようになった。 〈2001・追試〉

37 消費者保護基本法…消費者の利益と安全を守るための施策として制定された。その後，全面的に改正されて，消費者基本法となり，消費者の保護から消費者の自己責任の確立や自立支援を重視するようになった。

38 【公開される個人情報】 個人情報は，プライバシーの保護の観点から，みだりに公にされてはならない。しかし，公共の利益のため，公開が認められる場合がある。このような観点から公開されている個人情報の例として最も適当なものを，次の①～④のうちから一つ選べ。
① 国民健康保険で記録された通院歴
② 公立図書館における個人の図書貸出記録
③ 個人の公的年金受給額
④ 国会議員の資産 〈2005・本試〉

39 【個人情報保護】 個人情報保護のための，日本の法制度についての記述として最も適当なものを，次の①～④のうちから一つ選べ。
① 個人は，企業に対して，自分の個人情報の開示・訂正・削除を請求することができる。
② 企業は，業務上の必要性の有無を問わず，従業員の個人情報を第三者に渡すことができる。
③ 企業は，顧客の同意があっても，その個人情報を事業のために利用することはできない。
④ 個人は，国のすべての行政機関に対して，自分の個人情報の開示・訂正・削除を請求することはできない。 〈2008・本試〉

40 【個人情報保護とプライバシー権】 個人情報保護関連5法やその根拠であるプライバシーの権利についての記述として正しいものを，次の①～④のうちから一つ選べ。
① 個人情報保護法(個人情報の保護に関する法律)では，個人情報に関する請求権が定められていない。
② いずれの法律も民間の事業者が保有する個人情報を対象とするものであり，行政機関が保有する個人情報は対象とされていない。
③ 個人は自らについての情報をコントロールできるという内容のプライバシーの権利が，憲法上の幸福追求権などを根拠に主張されている。
④ 裁判所が民間事業者の保有する個人情報の削除を最初に認めた事件として，「宴のあと」事件がある。 〈2014・追試〉

41 【自己決定権】 日本における個人の国家に対する自己決定権についての記述として最も適当なものを，次の①～④のうちから一つ選べ。
① 国家に干渉されない権利　　② 憲法に明文の規定を持つ権利
③ 福祉国家の理念に基づく権利　④ 国民固有の権利
〈2008・本試〉

42 【人権に関する条約】 それぞれの条約に対する日本の取組みに関する記述として誤っているものを，次の①～④のうちから一つ選べ。
① 二つの国際人権規約を批准する際に，それらの権利をすべて認めたのではなく，いくつかの条項について留保している。
② 女性差別撤廃条約を批准するに先立って，男女雇用機会均等法の制定など，国内法の整備を行った。
③ 子どもの権利条約を批准したが，未成年者保護の観点から，成人と異なった取扱いを行うことは認められている。
④ 死刑廃止条約(自由権規約第2選択議定書)の批准により，長年にわたって維持してきた死刑制度を廃止した。 〈2005・追試〉

38 国民健康保険…1958年に制定された国民健康保険法に基づく医療保険。主に，被雇用者以外の国民(農業・自営業など)を被保険者とする。

39 個人情報保護…1988年に制定された法律は，行政機関が保有する個人情報だけを保護対象としていたが，2003年に制定された法律では，行政機関だけでなく民間事業者などにも個人情報の適切な扱いを求めることとなった。2015年の改正では，だれの情報かわからなくすれば，企業が個人情報を本人の同意がなくても外部に提供できるようになった。

40 個人情報…個人情報の保護は重要であるが，それを名目に表現や報道の自由にいきすぎた規制がかけられることがないようにする必要がある。これはプライバシーの権利との関係で課題もある。個人情報保護法は，2015年に改正された。同時にマイナンバー法も改正された。2016年1月から国と地方自治体が持つ個人情報を結びつけ，所得を把握し，情報を集めやすくすることで，税の公平な徴収や社会保障に役立てるのがねらいである。

42 国際人権規約…1966年に国連総会で採択されたもので，広範な基本的人権について規定した規約。世界人権宣言(1948年)とは異なり，法的拘束力がある。
女性差別撤廃条約…政治・経済・文化などあらゆる面での男女の差別の撤廃を締結国に課している。

第2章　日本国憲法の基本的性格　33

43【マイノリティの権利保障】 1990年代の日本におけるマイノリティの権利保障に関する記述として最も適当なものを，次の①〜④のうちから一つ選べ。
① アイヌ民族を差別的に取り扱ってきた法律は廃止され，新たに，民族固有の文化や伝統を尊重する目的でアイヌ文化振興法が制定された。
② 障害者基本法の制定によって初めて，企業や国・地方自治体は，一定割合の障害者雇用が義務づけられた。
③ 最高裁判所の判決によれば，憲法は，永住資格を有する在日外国人にも地方参政権を保障している。
④ 最高裁判所の判決は，信教の自由を実質的に確保するため，国が小規模な宗教団体に補助金支出を行うことを認めている。

〈2005・追試〉

43 在日外国人の権利保障…社会権（「日本国民」と限定した国籍条項が削除された），参政権（永住外国人への住民投票を認める自治体の決議がある），公務への就任権（国籍条項の撤廃が進んだが，管理職は例外とする判決が出た）が認められたほか，外国人としての登録時の指紋押捺制度が廃止された。

44【外国人の権利】 外国人の権利に関連する記述として正しいものを，次の①〜④のうちから一つ選べ。
① 最高裁は，国政選挙権を一定の要件を満たす外国人に対して法律で付与することを，憲法は禁じていないとしている。
② 指紋押捺を義務づける外国人登録制度が，実施されている。
③ 最高裁は，憲法上の人権保障は，性質上日本国民のみを対象とするものを除いて外国人にも及ぶとしている。
④ 外国人が給付を受けることのできる社会保障制度は，実施されていない。

〈2018・追試〉

問題演習 3. 平和主義

1【自衛隊と裁判】 自衛隊について争われた裁判の例として誤っているものを，次の①〜④のうちから一つ選べ。
① 恵庭事件 ② 砂川事件
③ 長沼ナイキ基地訴訟 ④ 百里基地訴訟

〈2008・本試〉

2【砂川事件に関する最高裁判決】 「高度の政治性を有する問題は司法審査権の範囲外である」とする考えを示す語句として最も適当なものを，次の①〜④のうちから一つ選べ。
① 統治行為論 ② プログラム規定説
③ 法律の留保 ④ 裁判官の独立

〈1995・本試〉

3【日本の安全保障】 日本の安全保障についての記述として正しいものを，次の①〜④のうちから一つ選べ。
① 連合国軍総司令部の最高司令官マッカーサーは，日本政府に対して自衛隊の創設を指示した。
② 自衛隊をモザンビークでの国連平和維持活動に派遣するため，テロ対策特別措置法が制定された。
③ 日米防衛協力のための指針（ガイドライン）の策定とその改定により，日米間の防衛協力体制が強化されてきた。
④ サンフランシスコ平和条約の締結と同時に，日米相互協力及び安全保障条約（新安保条約）が結ばれた。

〈2017・追試〉

3 テロ対策特別措置法…2001年のアメリカ同時多発テロ事件を機に制定され，米軍の後方支援に自衛隊が派遣された。時限立法であったため（2007年期限切れ），2008年に補給支援特別措置法が制定された。

34 第1編 現代の政治

4【日本の安全保障】 日本の安全保障に関する記述として正しいものを，次の①〜④のうちから一つ選べ。

① 人道復興支援活動を行うなどを目的としてイラクへの自衛隊の派遣が検討されたが，派遣は見送られた。

② 北朝鮮による核実験をうけて，日本は非核三原則の放棄を宣言した。

③ 最高裁判所は，日米安全保障条約が憲法に反すると判断したことはない。

④ 国務大臣は原則として文民でなければならないが，防衛大臣に関しては必ずしも文民である必要はない。　〈2011・追試〉

5【日本の安全保障】 日本の安全保障をめぐる法制度や政策についての記述として正しいものを，次の①〜④のうちから一つ選べ。

① 2014年に政府が決定した防衛装備移転三原則によれば，武器や関連技術の輸出は全面的に禁止されている。

② 自衛隊の最高指揮監督権は，防衛大臣が有している。

③ 2015年に成立した安全保障関連法によれば，日本と密接な関係にある他国に対する攻撃によって日本の存立が脅かされ，国民の権利が根底から覆される明白な危険がある場合でも，武力行使は禁止されている。

④ 安全保障に関する重要事項を審議する機関として，国家安全保障会議を内閣に設置している。　〈2018・本試〉

6【日米安全保障条約】 日米安全保障条約についての記述として**誤っている**ものを，次の①〜④のうちから一つ選べ。

① 砂川事件において，最高裁判所はこの条約が憲法に違反すると判断した。

② 当初の条約を，現行条約である「新安保条約」（日米相互協力及び安全保障条約）へ改定する際には，安保闘争と呼ばれる反対運動が起こった。

③ 現行条約では，日本の領域内において日本，アメリカの一方に対する武力攻撃が発生した場合，日米両国が共同で対処すると規定されている。

④ 日本による在日米軍駐留経費の負担は，「思いやり予算」と呼ばれている。　〈2014・本試〉

7【PKO】 PKO（国連平和維持活動）への自衛隊の参加についての説明として最も適当なものを，次の①〜④のうちから一つ選べ。

① PKO協力法の制定により，PKOへの自衛隊の参加が可能になった。

② テロ対策特別措置法の制定により，PKOへの自衛隊の参加が可能になった。

③ イラク復興支援特別措置法に基づき，PKOとして自衛隊がイラクに派遣された。

④ 海賊対処法に基づき，PKOとして自衛隊がソマリア沖に派遣された。　〈2015・追試〉

8【集団的自衛権】 国際法の規定している集団的自衛権についての記述として正しいものを，次の①〜④のうちから一つ選べ。

① 国際連合が行う武力制裁（軍事的強制措置）は，集団的自衛権に基づくものである。

② 国際連合が行うPKO（平和維持活動）は，集団的自衛権に基づくものである。

③ 地域的集団防衛体制であるNATO（北大西洋条約機構）は，集団的自衛権に基づくものとされている。

④ 日本が湾岸戦争後に行った掃海艇のペルシャ湾への派遣は，日本政府の説明では集団的自衛権に基づくものとされている。　〈2000・追試〉

4 非核三原則…核兵器を「もたず，つくらず，もちこませず」のこと。

5 防衛装備移転三原則…武器輸出三原則は，2014年に防衛装備移転三原則となり，政策の転換が行われた。

国家安全保障会議…2013年に設置され，内閣総理大臣，外務大臣，防衛大臣，内閣官房長官の4大臣会合を中核とする。

6 思いやり予算…在日米軍の駐留経費負担金のことで，日米地位協定上は原則として米軍が負担する経費と規定されているが，日本が"思いやり"で負担している経費。1987年以降は日米間の特別協定により負担し，その後も特別協定に基づいて支払い続けている。

7 自衛隊の海外派遣…1992年にPKO協力法が制定されて以降，カンボジア，モザンビーク，東ティモールなどへ派遣されるようになった。また，この法律は2001年に改正され，PKF（平和維持軍）の本体業務への参加を可能にした。2015年の安保関連法制の成立をうけて，PKO以外の復興支援活動も可能となる。さらに，国際平和支援法は新法として制定され，自衛隊が他国軍を後方支援することが可能となった。

8 集団的自衛権と個別的自衛権…前者は自国と同盟関係にある国が攻撃を受けたとき，共同して防衛活動を行う権利で，後者は攻撃などを受けた際に自国を防衛するために必要な措置をとる権利のこと。歴代の内閣は，集団的自衛権の行使は，憲法上禁止されていると解してきた。しかし，第2次安倍内閣は，公明党との協議の結果，憲法の解釈を変更して集団的自衛権の行使の容認を閣議決定した（2014年7月）。また，改正武力攻撃事態法には集団的自衛権の行使要件を明記している。

第2章　日本国憲法の基本的性格　35

第1編　第3章——日本の政治機構

1　国会と立法　　　Check & Answer

1　国会の地位と構成

(1)　国会の地位

① 議会主義…「国会は，国権の〔❶　　　　　　〕であつて，国の唯一の〔❷　　　　　　〕」（第41条）

　　a．国会中心立法の原則…例外 → 議院および最高裁の規則制定権，内閣の政令制定権，地方公共団体の〔❸　　　　　　〕制定権

　　b．国会単独立法の原則…例外 → 地方特別法の〔❹　　　　　〕，憲法改正の国民投票

② 国民の代表機関…国会議員は「全国民を代表する」（第43条）

(2)　国会の構成

① 二院制　　　　　　　　　　　　　　　　　　　　　　※1　2022年の選挙までは245

	定　数	任　期	解　散	内閣不信任	被選挙権	選挙区（定数）
衆議院	465	4年	あり	あり	25歳以上	〔❺　　　　〕（289），比例代表（176）の並立
参議院	248※1	6年	なし	（問責決議）※2	30歳以上	選挙区（148），比例代表（100）の併用

※2　参議院には法的拘束力のない問責決議のみが認められている

② 衆議院の優越（第59条2項，60条2項，61条，67条2項）

　　a．衆議院だけの権限…〔❻　　　　　〕の先議権，内閣〔❼　　　　　〕権

　　b．衆議院の議決が国会の議決…〔❻　　　　　〕の議決，〔❽　　　　　〕の承認，〔❾　　　　　〕の指名

　　c．衆議院の再可決…〔❿　　　　　〕の議決

③ 国会の種類

〔⓫　　　　　〕（通常国会）	毎年1回，1月召集，会期150日	法律案・予算などの審議
臨時会（臨時国会）	内閣または各議院の総議員1/4以上の要求	補正予算・臨時案件の審議
〔⓬　　　　　〕（特別国会）	解散総選挙日から30日以内	〔❾　　　　　〕の指名
参議院の緊急集会	衆議院閉会中，緊急に必要な場合	緊急事項の審議

2　国会の権能と活動

(1)　国会の権能

① 国会の権限…原則として両議院の意思が一致した議決が必要。両院の議決が異なった場合は〔⓭　　　　　〕を開き協議する。ただし，衆議院の優越がある

② 権限の種類

立法上の権限	〔❿　　　　〕の議決，〔❽　　　　〕の承認，憲法改正の発議
財政上の権限	〔❻　　　　〕の議決，決算の承認
行政監督上の権限	〔❾　　　　〕の指名，内閣〔❼　　　　〕権，国政調査権
司法上の権限	議員の懲罰権，議員の資格争訟の裁判，〔⓮　　　　〕の設置権

(2)　国会の活動

① 国会運営…本会議…総議員の3分の1以上の出席で開催，議決は出席議員の過半数

　　　　　　　委員会…常任委員会と特別委員会

② 〔⓯　　　　　〕…利害関係者や学識経験者の意見を聴く（予算委員会では開催を義務づけ）

③ 国会議員の特権

歳費特権	国庫から相当額の歳費を受ける
〔⓰　　　〕	国会会期中は現行犯と議院の許諾ある場合を除いて逮捕されない
〔⓱　　　〕	院内での発言・表決について院外で責任を問われない

(3)　国会改革

① 国会審議活性化法の制定（1999）

② おもな内容

　　a．政府委員制度の廃止…官僚が大臣に代わって答弁することを原則廃止

　　b．副大臣・大臣政務官の導入…政務次官を廃止し，副大臣と大臣政務官を各省庁に配置

　　c．〔⓲　　　　〕…イギリスのクエスチョンタイムにならって導入

解答 ❶最高機関 ❷立法機関 ❸条例 ❹住民投票 ❺小選挙区 ❻予算 ❼不信任決議 ❽条約 ❾内閣総理大臣 ❿法律案 ⓫常会 ⓬特別会 ⓭両院協議会 ⓮弾劾裁判所 ⓯公聴会 ⓰不逮捕特権 ⓱免責特権 ⓲党首討論

36　第1編　現代の政治

2　内閣と行政

1　内閣の地位

(1)　明治憲法下の内閣

① 内閣制度の規定がない（勅令に基づく）…天皇の輔弼（行為について進言する）機関

② 内閣総理大臣と国務大臣は同等の地位…内閣総理大臣は「同輩中の首席」

(2)　日本国憲法下の内閣

① 憲法第5章として規定

② 「〔❶　　　　　　　〕は，内閣に属する」（第65条）…内閣が行政機関を統括する

2　内閣の構成（議院内閣制）と権限

(1)　内閣の組織

① 合議体としての内閣…内閣の首長としての内閣総理大臣とその他の国務大臣により組織

② 内閣総理大臣…〔❷　　　　　　〕の中から国会の議決で指名（第67条1項）

③ 国務大臣…内閣総理大臣が任命，その〔❸　　　　　〕は〔❷　　　　　　〕でなければならない

④ 内閣総理大臣およびその他の国務大臣…〔❹　　　　　〕でなければならない（第66条2項）

⑤ 閣議…内閣の意思決定を行う（意思決定は全会一致で行われる）

(2)　議院内閣制

① 内閣の存立は国会の信任を条件としている

② 国会に対して〔❺　　　　　〕して責任を負う（第66条3項）

③ 衆議院で〔❻　　　　　〕の決議をした場合

→ 10日以内に〔❼　　　　　〕をするか，衆議院を〔❽　　　　　〕するかのいずれかを選択

④ 〔❼　　　　　〕の場合

・衆議院で〔❻　　　　　〕決議案が可決されて，　〔❾　　　　　〕以内に衆議院が〔❽　　　　　〕されないとき（第69条）
・総選挙後，国会が召集されたとき（第70条）
・内閣総理大臣が欠けたとき（第70条）
・内閣自らが〔❼　　　　　〕すると判断したとき

⑤ 〔❽　　　　　〕の種類

69条解散	衆議院で〔❻　　　　　〕決議案が可決され，内閣が総辞職しない場合
7条解散	内閣の意思による解散…天皇の〔❿　　　　　〕として行われる 内閣の政治的判断による解散 → 内閣総理大臣の専権事項（「伝家の宝刀」といわれる）

(3)　内閣の権限

① 一般行政事務のほか，外交関係の処理，〔⓫　　　　　〕の締結（承認は国会），官吏に関する事務の掌理，〔⓬　　　　　〕の作成と国会への提出（議決は国会），〔⓭　　　　　〕の制定，恩赦の決定（第73条）

② 天皇の〔❿　　　　　〕に対する〔⓮　　　　　〕（第3条）

③ 〔⓯　　　　　〕の指名（第6条） → その他の最高裁の裁判官は任命（第79条），
　　　　　　　　　　　　　　　下級裁判所の裁判官を最高裁提出の名簿に従い任命（第80条）

④ 臨時会（臨時国会）の召集の決定など

(4)　行政機関

① 中央省庁…中央省庁等改革基本法の成立（1998）で改編される（2001年度から実施）

a．1府12省庁…1府は〔⓰　　　　　〕

b．防衛庁が防衛省に昇格（2007）

c．消費者庁設置法案の成立（2009） → 消費者庁の設置（消費者行政の統一的・一元的な運営）

d．国家公務員制度改革基本法（2008） → 内閣人事局の設置（2014，各省庁の幹部人事の一元的管理）

e．復興庁の設置（2011），デジタル庁の設置・発足（2021）

② 〔⓱　　　　　〕…内閣から独立して職権を行使することを認められた合議制機関

人事院（権限を内閣府へ移行する動きがある），公正取引委員会，国家公安委員会，中央労働委員会など

解答 ❶行政権 ❷国会議員 ❸過半数 ❹文民 ❺連帯 ❻内閣不信任 ❼総辞職 ❽解散 ❾10日 ❿国事行為 ⓫条約 ⓬予算 ⓭政令 ⓮助言と承認 ⓯最高裁判所長官 ⓰内閣府 ⓱行政委員会

第3章　日本の政治機構　37

3 裁判所と司法

1 司法権の独立

(1) 司法権と裁判所
① 明治憲法下の司法権…特別裁判所(行政裁判所，軍法会議，皇室裁判所など)の設置
② 日本国憲法下の司法権…特別裁判所の禁止，最高裁判所及び下級裁判所に属する(第76条)
③ 裁判所の独立…裁判所の自律権(最高裁の規則制定権，最高裁の下級裁判所裁判官の指名)

(2) 裁判官の独立
① 裁判官は，〔❶　　　　　〕に従い，独立してその職権を行い，
　〔❷　　　　　〕と法律にのみ拘束される(第76条)
② 裁判官の身分保障(第78条) → 心身の故障または〔❸　　　　　〕によらなければ罷免されない
③ 最高裁判所の裁判官に対しては〔❹　　　　　〕がある(第79条)

(3) 司法権の独立および裁判官の独立の事例

1891	〔❺　　　　　〕(明治憲法下)	行政権からの独立
1948	浦和事件(日本国憲法下)	立法権からの独立
1969	平賀書簡問題(日本国憲法下)	裁判官からの独立

2 裁判制度

(1) 裁判所と裁判の種類
① 最高裁判所…最終の判断を下す終審裁判所，長官と14名の裁判官で構成
② 下級裁判所…高等裁判所，地方裁判所，家庭裁判所，簡易裁判所
③ 裁判の種類と審級制度

民事裁判	私人間の私的な法律関係の争いの処理。当事者主義の採用
〔❻　　　　　〕	検察官により被疑者を起訴し，被告人の有罪か無罪を決定する
行政裁判	国・地方公共団体などの行政機関と個人，もしくは行政機関相互の争い

　a．〔❼　　　　　〕…審理の慎重を期すために3回まで裁判が受けられる制度
　b．〔❽　　　　　〕…判決が確定しても新しい証拠などによって裁判をやり直す，
　　　　「疑わしきは被告人の利益に」の原則 → 〔❾　　　　　〕の防止
　c．刑事司法改革関連法の成立(2016) → 司法取引制度の開始(2018)
④ 裁判の〔❿　　　　　〕…政治犯罪，出版に関する犯罪，基本的人権の侵害の対審はすべて公開
⑤ 検察制度
　a．検察官…刑事事件において裁判所に起訴し，刑罰を求める
　b．〔⓫　　　　　〕…検察官の不起訴処分の当否を審査する。起訴議決制度(2009)

(2) 違憲立法審査権
① 一切の法律・命令などが憲法に違反していないかどうかを判断(具体的事件について審査)する権限
　　　　最高裁は終審裁判所なので「〔⓬　　　　　〕」と呼ばれる。憲法裁判所はない
② 最高裁の違憲判決・決定

1973	尊属殺重罰規定違憲判決	2005	在外投票制限違憲判決
1975	薬事法距離制限規定違憲判決	2008	国籍法婚姻条件違憲判決
1976・85	衆議院議員定数不均衡違憲判決	2010	北海道砂川市政教分離違憲判決
1987	共有林分割制限規定違憲判決	2013	婚外子相続格差規定違憲決定
1997	愛媛玉串料公費支出違憲判決	2015	再婚禁止期間規定違憲判決
2002	郵便法規定違憲判決	2021	孔子廟土地代免除違憲判決

(3) 司法制度改革

- 裁判迅速化法(2003) → 裁判の迅速化をはかる
- ロースクール(法科大学院)の開校(2004) → 法曹(裁判官・検察官・弁護士)人口の増加
- 〔⓭　　　　　〕の導入(2009) → 司法への国民参加，刑事事件を対象に量刑まで行う

- その他…日本司法支援センター (法テラス)の設置，〔⓮　　　　　〕(裁判外紛争解決)の拡充，
　　　即決裁判制度の導入，知的財産高等裁判所の設置，国選弁護人制度の充実など

解答 ❶良心 ❷憲法 ❸弾劾裁判 ❹国民審査 ❺大津事件 ❻刑事裁判 ❼三審制 ❽再審 ❾冤罪 ❿公開
⓫検察審査会 ⓬憲法の番人 ⓭裁判員制度 ⓮ADR

38 第1編 現代の政治

4 地方自治

1 地方自治と民主政治

(1) 意義と日本の地方自治

① 意義…「地方自治は民主主義の学校である」（ブライス，『近代民主政治』），地方自治の制度が自由にとって持つ意義は，小学校が学問にとって持つ意味と同じである（トックビル，『アメリカの民主政治』）

② 地方自治の本旨

〔❶　　　　　　〕	住民の意思に基づき，住民自身の手によって行われる → 首長・議員の選挙，直接請求権
〔❷　　　　　　〕	国からの指揮・監督を受けず，独立して行う → 〔❸　　　　　　〕の強化

(2) 日本国憲法下の地方自治

① 地方自治の本旨に基づいた地方の政治（第92条）

② 〔❹　　　　　　〕…地方公共団体の組織・運営について定める法律

2 地方自治の制度

(1) 地方公共団体の組織と権限

① 議決機関…一院制の議会による。〔❺　　　　　　〕の制定・改廃，予算の議決など

② 執行機関

　a．知事・市町村長（首長）…規則制定権，〔❺　　　　　　〕執行権，法定受託事務執行権など

　b．補助機関…副知事（都道府県），副市町村長（市町村）など

③ 〔❻　　　　　　〕…教育委員会，選挙管理委員会，人事（公平）委員会，監査委員など

④ 議会と首長の関係（二元代表制）…大統領制と議院内閣制との折衷

　a．首長による〔❺　　　　　　〕・予算の議会議決に対する〔❼　　　　　　〕

　b．議会による首長の〔❽　　　　　　〕権

　c．首長による議会の〔❾　　　　　　〕権（〔❽　　　　　　〕を受けた場合），議案提出権

(2) 地方分権改革と地方財政の課題

① 地方分権の推進 → 〔❹　　　　　　〕の改正を中心に関係法律の整備 → 〔❿　　　　　　〕の制定（1999）

② 事務区分の変化…機関委任事務の廃止

自治事務	固有の事務として独自に処理できる事務 → 都市計画，学級編成基準，飲食店営業許可など
〔⓫　　　　　　〕	国の事務のうち地方で処理した方が便利な事務 → 戸籍事務，旅券（パスポート）の発行，生活保護の決定・実施など

③ 地方財政…「三割自治（四割自治）」といわれる

自主財源	地方税 → 全体の3～4割程度	
依存財源	地方債…地方公共団体が特定事業の資金のために発行する公債	
	国からの 拠出金	〔⓬　　　　　　〕…事業ごとに使途を指定して支出，補助金ともいう
		地方交付税交付金…地方公共団体の財政格差の是正のために配分

④ 三位一体の改革（小泉内閣）…補助金の削減，国から地方公共団体への税源移譲，地方交付税の見直し

⑤ 構造改革特区の設定（2003） → 総合特区の指定（2011） → 国家戦略特別区（2013）

(3) 住民の権利

① リコール（解職請求），〔⓭　　　　　　〕（住民発案），〔⓮　　　　　　〕（住民投票）

② 直接請求権

〔❺　　　　　　〕の制定・改廃	有権者の〔⓰　　　　　　〕 以上の署名	首長へ	議会 → 結果を公表
監査の請求		監査委員へ	結果を公表
〔⓯　　　　　　〕の解散	有権者の〔⓱　　　　　　〕 以上の署名	〔⓲　　　　　　〕 へ	住民投票の過半数の同意で解散
役員（議員・首長）の解職			住民投票の過半数の同意で失職
副知事などの解職		首長へ	議会に付議 2/3の出席で3/4の同意で失職

③ 住民参加と住民運動…住民投票条例の制定，〔⓳　　　　　　〕の導入など

解答 ❶住民自治　❷団体自治　❸地方分権　❹地方自治法　❺条例　❻行政委員会　❼拒否権　❽不信任決議　❾解散
❿地方分権一括法　⓫法定受託事務　⓬国庫支出金　⓭イニシアティブ　⓮レファレンダム　⓯議会　⓰50分の1
⓱3分の1　⓲選挙管理委員会　⓳オンブズパーソン（オンブズマン）制度

第3章　日本の政治機構　39

問題演習 1. 国会と立法

1【国会】 次のA〜Cのうち，明治憲法下の帝国議会には当てはまらず，日本国憲法下の国会に当てはまるものはどれか。最も適当なものを，下の①〜⑦のうちから一つ選べ。

A　両議院に公選制が採用されている。
B　勅令に関する規定を有する。
C　内閣総理大臣を指名する。

① A　　　　② B　　　　③ C
④ AとB　　⑤ AとC　　⑥ BとC
⑦ AとBとC

〈2014・本試〉

1勅令…天皇による命令（緊急勅令など）。

2【国会】 国会に関連する記述として**誤っている**ものを，次の①〜④のうちから一つ選べ。
① 衆参両院の議員の定数は法律によって定められているので，国会で法律の改正を行えば，定数を変更することができる。
② 国会には，首相と野党党首とが直接対峙して国政の基本課題について議論する党首討論の仕組みが設けられている。
③ 衆参両院で同意が必要な日本銀行総裁などの人事（国会同意人事）について，憲法は参議院で同意が得られない場合の衆議院の優越を定めている。
④ 国会は会期制を採用しており，原則として，常会（通常国会）は毎年1月に召集され150日を会期とする。

〈2012・追試〉

2党首討論…イギリスのクエスチョン・タイムにならった，首相と野党党首による討論。

3【国会】 国会についての記述として正しいものを，次の①〜④のうちから一つ選べ。
① 国会において憲法の規定に基づき内閣不信任決議案が可決された場合，内閣は総辞職か衆議院の解散かを選択することになる。
② 国会に設置されている委員会は，法律案の審議のために公聴会の開催が義務づけられている。
③ 国会は弾劾裁判所を設置する権限を有しており，弾劾裁判によって国務大臣を罷免することができる。
④ 国会の憲法審査会は，法律や命令が憲法に違反するかしないかを決定するために設置されている。

〈2017・本試〉

3憲法審査会…2000年に国会内に設置された憲法調査会の後継として，憲法や関連法制を調査し，憲法改正原案を審査する機関で，2007年に設置された。

4【国会の手続】 日本国憲法の定める国会の手続についての記述として正しいものを，次の①〜④のうちから一つ選べ。
① 参議院が衆議院の解散中にとった措置には，事後に，内閣の同意を必要とする。
② 衆議院で可決された予算を，参議院が否決した場合には，両院協議会が開かれなければならない。
③ 衆議院で可決された法律案を，参議院が否決した場合でも，国民投票にかけて承認が得られれば，法律となる。
④ 参議院が国政調査権を行使するためには，衆議院の同意を得なければならない。

〈2005・本試〉

4両院協議会…国会の議決となるためには，両院の意思の合致が必要であるが，両院の議決が異なった場合に開かれるのが両院協議会である。法律案の場合，開催するかどうかは衆議院の判断に委ねられているが，予算の議決，条約の承認，内閣総理大臣の指名については必ず開かれる。

5 【委員会制度】 日本では委員会での審議を重視した議案処理の仕組みを委員会制度というが，この制度についての記述として正しいものを，次の①～④のうちから一つ選べ。
① 委員会制度は，すでに明治憲法の下で導入されていた。
② 法律案は，特別な事情のない限り，常任委員会に付託される。
③ 特別委員会は，必要に応じて設置され，同一会期中は廃止できない。
④ 予算委員会は，当初予算の審議に際して必ずしも公聴会を開く必要はない。

〈2007・追試〉

5 公聴会…案件の審査などのため，利害関係者や学識経験者から意見を聴くために開かれる。総予算や重要な歳入法案については，必ず開かなければならない。

6 【法律の制定】 法律の制定に関連して，日本国憲法上定められている手続についての記述として正しいものを，次の①～④のうちから一つ選べ。
① 国務大臣が国会議員でない場合，法律案について発言するためであっても，衆参両院に出席することができない。
② 国務大臣が衆議院議員である場合には，法律案について発言するためであっても，参議院に出席することができない。
③ 衆議院で可決され参議院で否決された法律案は，衆議院で出席議員の3分の2以上の多数で再び可決されたときは，法律となる。
④ 衆議院で可決され参議院で60日以内に議決されない法律案は，衆議院の議決が国会の議決とみなされ，そのまま法律となる。

〈2009・本試〉

6 法律案の議決…憲法第59条に規定されている。ここには衆議院の優越についても規定されている。

7 【法律の制定】 法律の制定についての記述として正しいものを，次の①～④のうちから一つ選べ。
① 内閣提出法案は，衆議院，参議院のどちらに先に提出してもよいが，憲法に特別の規定がある場合を除き，両議院で可決したときに法律となる。
② 1990年代において，議員提出法案の提出総数と10年間を通じての平均成立率は，内閣提出法案の提出総数と平均成立率をともに上回っていた。
③ 内閣提出法案は，予算を伴う場合には，国会提出前の会計検査院の検査を受けなければならない。
④ 1990年代に，地方分権推進策の一環として，特定の地方自治体に適用される法律を制定する際には，その地方自治体の首長の同意が必要になった。

〈2002・追試〉

7 国会での提案者別法案の成立状況…議員立法と内閣立法の2つがあるが，議員立法がほぼ20％台であるのに対して，内閣立法は90％台であり，圧倒的に内閣立法の方が多い。
会計検査院…国の歳入・歳出の決算を検査する行政機関で，検査報告は決算とともに内閣から国会に提出される。

8 【日本における権力分立】 日本における権力分立の仕組みに関する記述として正しいものを，次の①～④のうちから一つ選べ。
① 内閣を構成する国務大臣は，国会に出席して議案について発言することは認められていない。
② 行政機関が決定した行政上の措置に関わる訴訟を，裁判所が取り扱うことは認められていない。
③ 法令の合憲性を審査する権限は，最高裁判所に限らず下級裁判所も行使する。
④ 最高裁判所が提出する名簿に基づいて，国会は下級裁判所の裁判官を任命する。

〈2016・追試〉

第3章 日本の政治機構 41

9 【ねじれ国会】 2007年から2009年まで続いた「ねじれ国会」についての記述として最も適当なものを，次の①〜④のうちから一つ選べ。
① 「郵政解散」による衆議院議員総選挙の直接の結果として生じた。
② 有事法制関連３法が成立した。
③ 参議院の第一党と内閣総理大臣の所属政党とが異なっていた。
④ リクルート事件を原因とする政界再編によって解消した。

〈2011・本試〉

10 【国会議員の地位】 国会の議員に認められている日本国憲法上の地位についての記述として誤っているものを，次の①〜④のうちから一つ選べ。
① 法律の定める場合を除いて，国会の会期中逮捕されない。
② 議院内で行った演説について，議院外で責任を問われない。
③ 法律の定めるところにより，国庫から相当額の歳費を受ける。
④ 議員を除名するには，弾劾裁判所の裁判が必要となる。

〈2009・本試〉

11 【国政の監視に必要な権限】 日本の国会や議院がもつ権限とその行使をめぐる記述として誤っているものを，次の①〜④のうちから一つ選べ。
① 両議院の審議において大臣に代わって官僚が答弁する政府委員の制度が，設けられている。
② 内閣総理大臣は，答弁または説明のために出席を求められれば，議席をもっていない議院にも出席する義務がある。
③ 両議院は，それぞれ国政に関する調査を行うため証人を出頭させて証言を求めることができる。
④ 衆議院は，出席議員の過半数の賛成によって，内閣不信任決議案を可決することができる。

〈2018・本試〉

9 リクルート事件…情報産業の会社であるリクルートが関連会社の未公開株を政官財に譲渡した事件。

10 弾劾裁判所…国会は弾劾裁判所を設置することができる（憲法第64条）。両議院の議員各７人で組織する。

問題演習 2. 内閣と行政

1 【内閣】 日本国憲法が定める内閣についての記述として正しいものを，次の①〜④のうちから一つ選べ。
① 国務大臣のうち，議院における発言が許されるのは，国会議員でもある国務大臣に限られる。
② 国務大臣のうち，在任中の訴追に内閣総理大臣の同意を必要とするのは，国会議員でもある国務大臣に限られる。
③ 内閣総理大臣が行う国務大臣の罷免には，国会の同意を必要としない。
④ 国務大臣に支払われる報酬は，在任中減額されることはない。

〈2005・追試〉

2 【内閣の権限】 日本国憲法の規定で明記された内閣の権限とは**言えない**ものを，次の①〜④のうちから一つ選べ。
① 政令を制定すること ② 下級裁判所の裁判官を任命すること
③ 外交関係を処理すること ④ 国政に関する調査を実施すること

〈2008・本試〉

1 内閣総理大臣の権限…国務大臣の任免権，議案の国会提出，一般国務および外交関係についての国会への報告，行政各部の指揮監督権，閣議の主宰，自衛隊の防衛出動および治安出動の命令などがある。

42 第1編 現代の政治

3【内閣制度】　現行の日本の内閣制度についての記述として**誤っているもの**を，次の①〜④のうちから一つ選べ。
① 国務大臣の過半数は，国会議員でなければならない。
② 内閣機能強化のため，内閣官房に代えて内閣府が設置されている。
③ 特別会の召集があったときは，内閣は総辞職しなければならない。
④ 内閣総理大臣が主宰する閣議により，内閣はその職権を行う。
〈2010・追試〉

4【内閣総理大臣の職務権限】　日本の内閣総理大臣の職務権限とは**言えない**ものを，次の①〜④のうちから一つ選べ。
① 閣議の主宰　　② 天皇の国事行為への助言と承認
③ 国務大臣の任命　④ 行政各部の指揮監督
〈2009・追試〉

5【内閣総理大臣】　内閣総理大臣がリーダーシップを発揮するために定められている現在の日本の制度についての記述として**誤っているもの**を，次の①〜④のうちから一つ選べ。
① 内閣総理大臣は，国務大臣の任免を通じて，内閣の一体性を維持することができる。
② 内閣総理大臣は，閣議を主宰する権限を有する。
③ 内閣総理大臣は，同輩中の首席という地位を有する。
④ 内閣総理大臣は，閣議で決定した方針に基づいて，行政各部を指揮監督することができる。
〈2011・追試〉

6【内閣総理大臣が欠けた場合】　日本において，内閣総理大臣が欠けた場合に内閣が講じなければならない措置として正しいものを，次の①〜④のうちから一つ選べ。
① 内閣は衆議院の緊急集会を要請し，新たな内閣総理大臣の指名を求めなければならない。
② 内閣は直ちに閣議を開き，閣僚の互選により新たな内閣総理大臣を選任しなければならない。
③ 内閣は総辞職をし，新たな内閣総理大臣が任命されるまで引き続きその職務を行わなければならない。
④ 事前に指定されている副総理大臣が直ちに内閣総理大臣に就任し，新内閣に対する信任決議案を衆議院に速やかに提出しなければならない。
〈2003・追試〉

7【衆議院の解散】　衆議院の解散についての記述として**誤っているもの**を，次の①〜④のうちから一つ選べ。
① 内閣は，天皇の国事行為に対する助言と承認を通して衆議院を解散することができる，という憲法運用が定着している。
② 内閣は，衆議院が内閣不信任決議を行わなくても衆議院を解散することができる，という憲法運用が定着している。
③ 衆議院の解散総選挙後，一定期間内に，特別会が召集されなければならない。
④ 衆議院の解散後，国会の議決が必要になった場合，新しい衆議院議員が選挙されるのを待たなければならない。
〈2008・本試〉

---

3 内閣府…中央省庁の再編により2001年に新しく誕生した行政機関。特命担当大臣を置く。外局に金融庁や消費者庁がある。

4 天皇の国事行為…憲法第6条・第7条に規定されている。

5 閣議…内閣法第4条で「内閣がその職権を行うのは，閣議によるものとする」と規定されている。内閣が開く会議で，行政の最高意思決定機関であり，全会一致制をとる。

6 内閣総理大臣が欠けた場合…憲法第70条・第71条に規定されている。

7 衆議院の解散…衆議院の解散については，憲法第69条と第7条の解散方法がある。なお，解散があると，解散の日から40日以内に衆議院議員総選挙が行われ，選挙の日から30日以内に特別会が召集される。召集と同時に，内閣は総辞職し，新しい内閣総理大臣が指名される。

第3章　日本の政治機構　43

8 【内閣機能の強化と整備】 内閣機能の強化や内閣の補佐・支援体制の整備に関連して，1990年代後半以降の変化についての記述として正しいものを，次の①〜④のうちから一つ選べ。
① 男女共同参画社会の形成の促進に関して，基本的な方針等を調査・審議するために，内閣官房が新しく設けられた。
② 公務員制度について調査・審議するために，人事院が新しく設けられた。
③ 内閣提出法案の策定を支援するために，内閣法制局が新しく設けられた。
④ 内閣の重要政策に関する内閣の事務を助けるために，内閣総理大臣を長とする内閣府が新しく設けられた。
〈2003・本試〉

8 人事院…内閣に対して独立的な地位をもった行政委員会で，国家公務員の職階・給与・採用試験などを掌握することで，必要な措置を講ずるための勧告を行う。
内閣法制局…各省庁から提出された法律や条約，政令などの法案を審査・立案する行政機関。

9 【行政改革】 財政危機は行政改革の契機の一つとなる。1980年代以降，日本において，行政改革について審議するために設置された組織A〜Cと，その提言ア〜ウとの組合せとして正しいものを，下の①〜⑥のうちから一つ選べ。

A 地方分権推進委員会 B 第二次臨時行政調査会 C 行政改革会議

ア 三公社の民営化 イ 機関委任事務制度の廃止 ウ 中央省庁の再編

① A－ア B－イ C－ウ ② A－ア B－ウ C－イ
③ A－イ B－ア C－ウ ④ A－イ B－ウ C－ア
⑤ A－ウ B－ア C－イ ⑥ A－ウ B－イ C－ア
〈2007・本試〉

9 第二次臨時行政調査会…1981年に設置され，中曽根内閣の下で福祉政策の見直し，国鉄の分割民営化，防衛費のGNP 1％枠突破などの新保守主義的な政策が推進された。
中央省庁再編…2001年に1府22省庁から1府12省庁に移行した。

10 【中央省庁の再編】 2001年に日本で実施された中央省庁の再編についての記述として最も適当なものを，次の①〜④のうちから一つ選べ。
① 地方分権の推進によって地方行政に関する国の事務が減少したことから，自治省を廃止し，独立性の高い地方行政委員会を設置した。
② 国土の総合的な利用・開発や社会資本の整合的な整備などを図るために，建設省，運輸省，農林水産省を統合し，国土交通省を設置した。
③ 財政と金融の統合を図るために，国内金融制度の企画立案や金融機関の監督を行う機関として，金融庁を財務省に設置した。
④ 内閣総理大臣の諮問に応じて，経済・財政運営や予算編成の基本方針などについて調査審議するために，経済財政諮問会議を設置した。
〈2003・追試〉

10 金融庁…バブル経済崩壊後，金融機関は多額の不良債権をかかえ込み，銀行の破綻が相次いだ。政府は金融不安に対応するために公的資金を投入した。その一方で金融機関の監査・検査を強化する必要があり，そのために設置されたのが金融庁であった。

11 【中央省庁の再編】 日本では，縦割り行政の見直しや政治主導による政策運営の観点から，中央省庁等改革基本法に基づき，2001年に中央省庁の再編が行われた。この改革についての記述として最も適当なものを，次の①〜④のうちから一つ選べ。
① 政策および企画をつかさどるために，副大臣と政務次官のポストが導入され，政務官ポストが廃止された。
② 内閣の機能を強化するために，公正取引委員会や中央労働委員会など，行政委員会の内閣からの独立性が弱められた。
③ 民間経済の動向を的確に把握し，省庁横断的な予算を迅速に編成する機関として，財務省に経済財政諮問会議が設置された。
④ 重要政策について内閣を補佐し，行政各部の統一を図るための企画立案や総合調整を担う行政機関として，内閣府が設置された。
〈2006・本試〉

11 副大臣…2001年からの中央省庁再編にともない設置された新しいポストで，各省に1〜2名配置されるようになった。
経済財政諮問会議…内閣総理大臣のリーダーシップを発揮するために内閣府に設置された，財政政策や予算編成について有識者による意見を反映するための会議。小泉内閣では「骨太の方針」を決定した。

44 第1編 現代の政治

12【首相公選制】 首相公選制をめぐって，さまざまな選出方法が議論されている。その一つに国民が首相を直接選出する方法があるが，この選出方法に関連する記述として最も適当なものを，次の①～④のうちから一つ選べ。
① この選出方法のねらいは，首相と議会との協調を促すことにある。
② 議院内閣制を採用する国は，近年この選出方法を採用する傾向にある。
③ 日本では，議院内閣制を維持する限り，この選出方法の導入に際し憲法を改正する必要はない。
④ この選出方法では，当選した首相を公認・推薦した政党が，議会の多数党であるとは限らない。

〈2007・追試〉

13【行政委員会】 内閣の指揮監督権は行政委員会には及ばず，行政委員会は内閣から独立して活動する。行政委員会についての記述として**誤っている**ものを，次の①～④のうちから一つ選べ。
① 明治憲法の制定時に導入されたものである。
② その目的の一つは，公正で中立的な行政を実現することである。
③ その目的の一つは，専門的な知識を要する行政に対応することである。
④ 行政機能に加えて準立法的機能や準司法的機能を有するものである。

〈2008・本試〉

13行政委員会…アメリカの制度にならって，戦後に導入された制度。準司法的機能や準立法的機能をもち，争いごとの判断や規則制定などを行う。人事院，公正取引委員会，国家公安委員会，中央労働委員会などがある。

日本の政治機構

問 題 演 習 **3. 裁判所と司法**

1【日本の裁判の制度と歴史】 日本における裁判の制度や歴史についての記述として最も適当なものを，次の①～④のうちから一つ選べ。
① 日本国憲法では，刑事被告人に弁護人依頼権が認められている。
② 陪審制はこれまで実施されたことはない。
③ 死刑判決を受けた人が再審で無罪とされた例はない。
④ 日本国憲法では，国を被告とする裁判が禁止されている。

〈2009・本試〉

2【日本の裁判所】 日本の裁判所についての記述として正しいものを，次の①～④のうちから一つ選べ。
① 行政事件を専門に扱う裁判所として，行政裁判所が設置されている。
② 最高裁判所の長たる裁判官の指名は，国会の両議院の同意を経た上で内閣が行う。
③ 職務上の義務に違反した裁判官に対しては，行政機関により懲戒処分が行われる。
④ 最高裁判所は，訴訟に関する手続について規則を定めることができる。

〈2015・本試〉

3【日本の司法制度】 日本の司法制度の原則A～Cと，それを必要とする主な理由ア～ウとの組合せとして正しいものを，下の①～⑥のうちから一つ選べ。

A	裁判の公開	B	裁判官の身分保障	C	三審制

ア	司法権の独立	イ	慎重な審理	ウ	公正な裁判

① A－ア B－イ C－ウ ② A－ア B－ウ C－イ
③ A－イ B－ア C－ウ ④ A－イ B－ウ C－ア
⑤ A－ウ B－ア C－イ ⑥ A－ウ B－イ C－ア

〈2007・本試〉

3裁判の公開…憲法第82条1項で，「裁判の対審及び判決は，公開法廷でこれを行ふ」としている。第2項では，対審は非公開も可能だが，政治犯罪，出版に関する犯罪，また国民の権利が問題となっている事件の対審は，「常にこれを公開しなければならない」としている。

第3章 日本の政治機構　45

4【司法権の独立】 日本の司法制度に関する記述のうち，司法権の独立を保障する制度に当てはまる記述として最も適当なものを，次の①～④のうちから一つ選べ。
① 有罪判決の確定後に裁判における事実認定に重大な誤りが判明した場合，裁判をやり直すための再審制度が設けられている。
② 行政機関による裁判官の懲戒は禁止されている。
③ 裁判は原則として公開の法廷で行われる。
④ 実行の時に適法であった行為について，事後に制定された法により刑事上の責任を問うことは禁止されている。　〈2016・追試〉

5【裁判所に対する国会のコントロール】 日本国憲法の定める裁判所に対する国会のコントロールについての記述として正しいものを，次の①～④のうちから一つ選べ。
① 内閣による最高裁判所の裁判官の任命には，国会の承認が必要である。
② 下級裁判所の裁判官の任期は，法律で定めることができる。
③ 最高裁判所による規則の制定には，国会の承認が必要である。
④ 弾劾裁判所は，著しい非行のあった裁判官を罷免することができる。　〈2005・追試〉

5最高裁判所の規則制定権…立法権は国会がもつ独占的なものであるが，憲法上の例外として，最高裁判所に裁判所の内部規律などについての規則制定権が認められている（憲法第77条）。

6【裁判官と裁判制度】 日本の裁判官や裁判制度についての記述として正しいものを，次の①～④のうちから一つ選べ。
① 最高裁判所の長たる裁判官は，国会の指名に基づいて内閣によって任命される。
② 最高裁判所の裁判官はその身分が保障されていることから，解職されることがない。
③ 国民の批判と監視の下におくため，刑事裁判は常に公開しなければならない。
④ 特定の刑事事件において，犯罪被害者やその遺族が刑事裁判に参加して意見を述べることが認められている。　〈2017・本試〉

7【国民審査】 国民審査についての記述として適当でないものを，次の①～④のうちから一つ選べ。
① 最高裁判所裁判官に対する最初の国民審査は，その任命後初めて行われる衆議院議員総選挙の際に実施される。
② ×の記号を記入しない投票は，投票者が罷免の意思をもたないものとみなされている。
③ ×の記号を記入した投票数が有権者の過半数である場合に，裁判官の罷免が成立する。
④ 国民審査は，憲法で保障されている国民による公務員の選定罷免権を具体化するものである。　〈2001・本試〉

8【最高裁判所】 最高裁判所について定める日本国憲法の条文の内容として誤っているものを，次の①～④のうちから一つ選べ。
① 最高裁判所は，一切の法律，命令，規則または処分が憲法に適合するかどうかを決定する権限を有する終審裁判所である。
② 最高裁判所は，訴訟に関する手続，弁護士，裁判所の内部規律および司法事務処理に関する事項について，規則を定める権限を有する。
③ 内閣は，最高裁判所の長官を指名し，その他の裁判官を任命する。
④ 国会は，国権の最高機関として，最高裁判所を指揮監督する。
〈2006・追試〉

8終審裁判所…審級制のある裁判制度の中で，最終的な裁判を行う裁判所のこと。日本では最高裁判所がこれにあたる。

9【刑事手続の保障】　刑事手続に関する多くの規定が保障する内容についての記述として**誤っているもの**を，次の①～④のうちから一つ選べ。

① 被告人は，同一犯罪で重ねて刑事責任を問われることはなく，また，事後に制定された法律で処罰されない権利が保障されている。

② 拘禁された後に無罪の判決を受けた人は，国に対して刑事補償を請求することができる。

③ 裁判所は，刑事裁判において，公平かつ迅速な公開裁判をしなければならず，とくに判決は必ず公開法廷で言い渡さなければならない。

④ 捜査機関は，現行犯逮捕をした場合には，速やかに，法務大臣に対して令状を求めなければならない。　　　　　　　　　〈2005・本試〉

9 刑事補償請求権…無罪判決を受けた人が，身柄拘束や刑の執行などについて，その間の補償を請求する権利。

10【刑事裁判】　日本の刑事裁判に関する記述として**適当でないもの**を，次の①～④のうちから一つ選べ。

① 大津事件は，明治政府の圧力に抗して，裁判所がロシア皇太子暗殺未遂犯を通常の殺人未遂罪で裁いた事件である。

② ロッキード事件は，航空機の選定をめぐり，元内閣総理大臣が刑法の収賄に関する罪などに問われた事件である。

③ 財田川事件は，強盗殺人罪で死刑判決を受けた人が度重なる再審請求をした結果，無罪が確定した事件である。

④ 恵庭事件は，被告人が刑法の器物損壊罪で起訴され，最高裁判所が統治行為論を展開した事件である。　　　　　　　　　〈2005・本試〉

10 刑事裁判…検察官に訴追された被告人が，弁護人による弁護を受け，罪刑法定主義に基づき裁判官が判決を下す裁判。この裁判では「疑わしきは被告人の利益に」，遡及処罰の禁止，一事不再理などの原則が適用される。

11【陪審制と参審制】　裁判への市民参加の方式として，たとえば陪審制と参審制がある。これらについての記述として**誤っているもの**を，次の①～④のうちから一つ選べ。

① 参審制では，参審員の候補者は地方公務員の中から選出される。

② 参審制では，参審員が職業裁判官とともに裁判の審理に参加する。

③ 陪審制では，陪審員は裁判官から独立して評決する。

④ 陪審制では，陪審員の候補者は市民の中から無作為に抽出される。　　　　　　　　　〈2004・本試〉

11 陪審制…イギリス，アメリカで採用されている。
参審制…ドイツ，フランスで採用されている。

12【裁判員制度】　裁判員制度についての記述として**正しいもの**を，次の①～④のうちから一つ選べ。

① 裁判員の候補者は，有権者の中から，くじで選ばれる。

② 裁判員は，有罪・無罪の決定だけを行い，量刑にはかかわらない。

③ 裁判員制度の対象となる事件は，軽微な犯罪の刑事裁判に限られる。

④ 裁判員が関与するのは第一審と控訴審に限られ，上告審には関与しない。　　　　　　　　　〈2011・追試〉

12 控訴審・上告審…第一審の判決に不服がある場合，第二審つまり控訴審での審理を求めることができる。控訴審に不服のある場合，さらに上告審での審理を求めることができる。

13【違憲立法審査権】　裁判所は違憲立法審査権を積極的に行使し，必要な場合には違憲判断をためらうべきではないとする見解と，この権限を控えめに行使し，やむをえない場合のほかは違憲判断を避けるべきであるとする見解とが存在する。前者の根拠となる考え方として最も適当なものを，次の①～④のうちから一つ選べ。

① 人権保障は，とりわけ社会の少数派にとって重要であるから，多数派の考えに反しても確保されるべきである。

② 法律制定の背景となる社会問題は複雑なものであり，国政調査権をもつ国会は，こうした問題を考慮するのにふさわしい立場にあるといえる。

③ 憲法は民主主義を原則としており，法律は，国民の代表である国会によって制定された民主主義的なものであるといえる。

④ 安全保障の基本的枠組みなど，国の根本を左右するような事項についての決定は，国民に対して政治的な責任を負う機関が行うべきである。　　　　　　　　　〈2014・本試〉

13 違憲立法審査権…日本国憲法第81条では，裁判所に一切の法律・命令などが憲法に違反していないかどうかを審査する権限を与えている。

第3章　日本の政治機構　47

14 【違憲判決】 最高裁判所が違憲判決を出した事例は少ない。経済的自由権の侵害を理由とする最高裁判所の違憲判決の例として正しいものを，次の①〜④のうちから一つ選べ。

① 森林法共有林分割制限事件判決
② 津地鎮祭事件判決
③ 三菱樹脂事件判決
④ 愛媛玉串料事件判決

〈2002・本試〉

15 【違憲審査】 日本の裁判所による違憲審査に関する記述として正しいものを，次の①〜④のうちから一つ選べ。

① 最高裁判所は，長沼ナイキ基地訴訟において，自衛隊の存在を違憲と判断した。
② 最高裁判所は，全逓名古屋中央郵便局事件において，国家公務員の争議行為の一律禁止を違憲と判断した。
③ 内閣や国会が行う高度に政治性のある行為については裁判所の審査権が及ばず違憲審査の対象外であるとする考え方のことを，統治行為論という。
④ 裁判所が具体的事件とは無関係に法令の合憲性を審査する制度のことを，付随的違憲審査制という。

〈2017・本試〉

16 【違憲審査権への批判的な主張】 日本の裁判所が違憲審査権を積極的に行使することに批判的な主張の根拠として最も適当なものを，次の①〜④のうちから一つ選べ。

① 少数者を差別している法律を国会が多数決で改正することは，まれである。
② 表現の自由は民主主義の根幹であり，それを過度に規制する法律は，多様な意見に基づく自由な議論を抑制するものである。
③ 国会議員は民主的な代表であり，国会の意思は尊重されるべきである。
④ 裁判所は，高度に政治的な問題とされる事件においても，日本国憲法上の権利を侵害された人の救済を行うべきである。

〈2004・追試〉

17 【司法制度】 裁判や紛争解決の手続についての記述として誤っているものを，次の①〜④のうちから一つ選べ。

① 第三者が関与して，訴訟以外の方法によって民事上の紛争の解決を図る手続のことを，裁判外紛争解決手続と呼ぶ。
② 刑事裁判において有罪判決を受けた者について，重ねて民事上の責任を問われないことが，憲法で定められている。
③ 刑事裁判において，公判の前に裁判の争点や証拠を絞る手続のことを，公判前整理手続と呼ぶ。
④ 被告人が自ら弁護人を依頼することができないときに，国の費用で弁護人をつけることが，憲法で定められている。

〈2018・追試〉

18 【裁判所の対応】 生活環境の悪化への裁判所の対応についての記述として最も適当なものを，次の①〜④のうちから一つ選べ。

① 裁判所は，日照侵害に基づく損害賠償請求を認めていない。
② 最高裁判所は，環境権を憲法上の権利と認めていない。
③ 道路公害訴訟では，国の責任を認めた判決はない。
④ 空港公害訴訟では，飛行の差止めを認めた判決はない。

〈2010・本試〉

---

14 最高裁の違憲判決事例…憲法第81条を踏まえ，2021年の孔子廟土地代免除違憲判決までを含めると，しだいに増えつつある。

15 全逓…「全逓信労働組合」の略称。戦前の逓信省が戦後，郵政省に引き継がれた。分割民営化されるまで，郵便局職員は公務員であった。
付随的違憲審査制…アメリカや日本で採用されている制度。具体的審査制ともいう。

16 違憲審査権…日本やアメリカは具体的な訴訟事件について付随的に審査する。

18 環境権…良好な環境で生活を営む権利のこと。憲法第25条の生存権と第13条の幸福追求権に基づいて主張される。派生的な権利として日照権，眺望権，静穏権，嫌煙権などがあげられる。

48 第1編 現代の政治

19 【司法制度】 日本の司法制度についての記述として正しいものを，次の①～④のうちから一つ選べ。
① 日本司法支援センター（法テラス）は，法による紛争解決に必要な情報やサービスの提供を行うために設置された。
② 裁判員制度は，裁判員だけで有罪か無罪かを決定した後に裁判官が量刑を決定するものである。
③ 法科大学院(ロースクール)は，法曹人口の削減という要請にこたえるために設置された。
④ 検察審査会制度は，検察官が起訴したことの当否を検察審査会が審査するものである。
〈2017・追試〉

19司法制度改革…国民に十分な司法サービスを提供するために裁判員制度，法科大学院，法テラスの設置，さらには裁判外紛争解決手続（ADR）の拡充などが行われた。

20 【検察審査会】 司法部門の改革の一環として，検察審査会の強化が図られた。検察審査会についての記述として最も適当なものを，次の①～④のうちから一つ選べ。
① 地方公共団体の行った決定に対する異議申立てが，受け入れられなかった場合，検察審査会への審査の申立てが認められる。
② 検察審査会は，検察官が起訴した事件については，その起訴の当否を審査することはできない。
③ 起訴すべきであるという検察審査会の議決に基づき，起訴の手続がとられた場合，民事裁判が始まる。
④ 検察審査会による，同一事件に対する再度の審査での起訴すべきであるという議決にも，起訴を強制する効力はない。
〈2012・追試〉

20検察官…刑事事件において起訴を行い，裁判所の適正な判決を求め，刑の執行を監督する。

日本の政治機構

問題演習 4. 地方自治

1 【ブライスの言葉】 「地方自治は民主主義の学校」は，ブライスが述べた言葉として知られている。その意味を説明した記述として最も適当なものを，次の①～④のうちから一つ選べ。
① 地方自治体は，中央政府をモデルとして，立法・行政の手法を学ぶことが重要である。
② 住民自身が，地域の政治に参加することによって，民主政治の担い手として必要な能力を形成できる。
③ 地方自治体は，合併による規模の拡大によって，事務処理の能力を高めることができる。
④ 住民自身が，地域の政治に参加することによって，学校教育の課題を解決する。
〈2009・本試〉

1ブライス…イギリスの政治家・政治学者。主著に『近代民主政治』がある。地方自治が民主政治の基礎であることを説いた。同様に，地方自治の重要性を強調したのがフランスのトックビルで，「自治的な制度が自由に対してもつ関係は，小学校が学問に対してもつ関係と同じである」（『アメリカの民主政治』）と述べた。

2 【地方自治】 日本の地方自治についての記述として最も適当なものを，次の①～④のうちから一つ選べ。
① 日本国憲法では，地方自治体の組織に関して，住民自治と団体自治の原則に基づいて法律で定めることとなっている。
② 大日本帝国憲法では，地方自治制度が，憲法上の制度として位置づけられていた。
③ 団体自治とは，地域の住民が自らの意思で政治を行うことをいう。
④ 三割自治とは，地方自治体が国の事務の約3割を処理することをいう。
〈2009・本試〉

2地方自治の本旨…日本国憲法第92条には「地方公共団体の組織及び運営に関する事項は，地方自治の本旨に基いて，法律でこれを定める」と規定されている。地方自治の本旨には，住民自治と団体自治がある。

第3章　日本の政治機構　49

3 【地方自治】 日本の地方自治に関する記述として最も適当なものを，次の①～④のうちから一つ選べ。
① 地方分権一括法によって，地方自治体の事務が，自治事務と機関委任事務とに再編された。
② 特定の地方自治体にのみ適用される法律を制定するには，その住民の投票で過半数の同意を得ることが必要とされている。
③ 地方自治体には，議事機関としての議会と執行機関としての首長のほかに，司法機関として地方裁判所が設置されている。
④ 地方自治体の議会は，住民投票条例に基づいて行われた住民投票の結果に法的に拘束される。 〈2016・本試〉

3 自治事務…固有の事務として自治体が独自に処理できる事務。
住民投票…地域に大きな影響を及ぼす事業の可否などをめぐり行われる。
議事機関…憲法第93条第1項は「議事機関」となっているが，「議決機関」と同じ意味である。

4 【住民・首長と議会の関係】 日本における住民，首長および議会の関係についての記述として適当でないものを，次の①～④のうちから一つ選べ。
① 有権者の一定数以上の署名をもって，住民は選挙管理委員会に対して議会の解散を請求することができる。
② 首長に対する議会の不信任決議を待たずに，首長は議会を解散することができる。
③ 直接請求制度に基づいて提案された条例案を，議会は否決できる。
④ 議会が議決した条例に対して，首長は再議を要求できる。 〈2016・本試〉

4 選挙管理委員会…都道府県と市町村の両方にあって，公職選挙法に基づき選挙に関係した事務を行う行政委員会。

5 【首長の権限】 首長の権限についての記述として正しいものを，次の①～④のうちから一つ選べ。
① 地方自治体の財務に関する事務の執行を監査する。
② 学校その他の教育機関を管理し，教科書の選定などを行う。
③ 選挙管理委員会の委員を選任する。
④ 地方議会の議決が必要な議案を地方議会に提出する。 〈2002・追試〉

6 【首長と議会の対立】 首長と議会が相互に対立して，地方自治体としての意思決定ができない場合，地方自治法はこれを解決するために，いくつかの制度を用意している。これらの制度の説明として正しいものを，次の①～④のうちから一つ選べ。
① 地方議会は，首長の提出した予算案を否決することによって，首長を罷免することができる。
② 地方議会は，首長の行為が法律に違反しているという裁判所の判決を得ることによって，首長を罷免することができる。
③ 地方議会によって不信任の議決がなされた場合，首長は，地方議会を解散して，住民の意思を問うことができる。
④ 地方議会によって重要な議案が否決された場合，首長は，住民投票を実施して，住民の意思を問うことができる。 〈2005・本試〉

6 地方議会…議決機関として国の議会（国会）とは異なって一院制が採用されている。

7 【都道府県と市町村の関係】 現在，日本の都道府県と市町村との関係において，都道府県が担うものとされている基本的な役割として適当でないものを，次の①～④のうちから一つ選べ。
① 市町村に関する連絡調整を行う役割
② 市町村の区域を超える広域的な事務・事業を行う役割
③ 市町村の歳入・歳出についての指揮監督を行う役割
④ 市町村では規模または性質の点で実施が困難な事務・事業を行う役割 〈2007・本試〉

8 【地方公務員】　日本の地方公務員についての記述として最も適当なものを，次の①〜④のうちから一つ選べ。

① 地方公務員になるには，その地方自治体の住民でなければならない。

② 地方公務員になるには，日本国籍を有していなければならない。

③ 地方公務員のうち，地方公営企業の職員は，労働組合を結成したことを理由に，不利益な取扱いを受けることはない。

④ 地方公務員のうち，地方公営企業の職員は，争議行為に参加したことを理由に，不利益な取扱いを受けることはない。

〈2005・本試〉

9 【地方交付税】　財政力格差を是正するための制度として地方交付税がある。その仕組みについての記述として最も適当なものを，次の①〜④のうちから一つ選べ。

① 財政力の強い地方自治体が，その地方自治体の税収の一部を，国に交付する。

② 国が，国の税収の一部を，財政力の弱い地方自治体に使途を特定せず交付する。

③ 財政力の強い地方自治体が，その地方自治体の税収の一部を，財政力の弱い地方自治体に交付する。

④ 国が，国の税収の一部を，財政力の弱い地方自治体に使途を特定し交付する。

〈2012・本試〉

9 地方交付税…地方交付税交付金ともいう。地方自治体間の財政力の格差を是正するために，国税の一定割合を国から地方へ配分するもので，地方税の不足を補う役割をもつ。

10 【団体自治】　地方自治の本旨は団体自治と住民自治の二つの側面をもつと考えられている。次のA〜Cは，1990年代以降に行われた地方自治制度の改革を述べたものである。これらのうち，団体自治の拡充をめざしたものはどれか。最も適当なものを，下の①〜⑦のうちから一つ選べ。

A　機関委任事務が廃止され，従来は国の事務とされてきたものの一部が自治事務となった。

B　地方税法に規定がなく，特定の目的に税収の使途が限定されている税を地方自治体が独自に設定できるようになった。

C　議会の解散や首長などの解職の直接請求に必要な署名数の要件が，有権者の総数が40万を超える地方自治体について緩和された。

① A　　　　② B　　　　③ C
④ AとB　　⑤ AとC　　⑥ BとC
⑦ AとBとC

〈2013・追試〉

11 【地方自治体の事務】　地方自治体は多くの事務を担っている。次のA〜Cのうち，現在の日本の地方自治体が担っている事務（自治事務または法定受託事務）はどれか。最も適当なものを，次の①〜⑦のうちから一つ選べ。

A　国政選挙の選挙事務
B　旅券の交付
C　都市計画の決定

① A　　　　② B　　　　③ C
④ AとB　　⑤ AとC　　⑥ BとC
⑦ AとBとC

〈2013・本試〉

11 自治事務と法定受託事務…地方分権一括法の施行に伴って導入された行政事務の区分。本来国がおこなうべき仕事の一部を自治体で取り扱うように定められたのが法定受託事務。その地域固有の事務として自治体が独自に処理することができるのが自治事務。

第3章　日本の政治機構　51

12 【地方分権改革】 地方分権改革について，日本で1990年代以降に実施された内容として最も適当なものを，次の①〜④のうちから一つ選べ。
① 地方自治体ごとに異なるサービス需要に対応するため，法律の規定に反する条例を制定することも可能とされた。
② 地方自治体の財政悪化を防ぐために，地方債の発行について内閣総理大臣による許可制が導入された。
③ 地方自治体の安定した財政運営を確立するため，三位一体の改革で相続税が地方へ移譲された。
④ 国と地方自治体の間に対等な関係を構築するために，機関委任事務が廃止された。

〈2012・本試〉

12地方分権改革…2004年から始まった小泉内閣における三位一体の改革を柱とする改革。三位一体の改革では，補助金の削減，税源移譲，地方交付税の見直しの三つを同時に実施した。
機関委任事務…国からの指揮・監督を受けるため，地方が国の下請け機関となっていると批判されていた。

13 【地方分権】 地方分権一括法によって行われた分権改革の内容として最も適当なものを，次の①〜④のうちから一つ選べ。
① 地方自治体の自主財源を強化するために，所得税率を引き下げ，住民税率を引き上げた。
② 機関委任事務制度が廃止され，地方自治体の自己決定権が拡充された。
③ 地方自治体の放漫な財政運営に歯止めをかけるために，地方債の発行に対する国の関与が強化された。
④ 国庫支出金が増額され，地方自治体の超過負担がなくなった。

〈2005・追試〉

13国庫支出金…公共事業，社会保障，義務教育など，地方自治体が行う特定の事務や事業に要する経費の一部または全部を，使途を指定して国が支給するもの。交付額が実際の事業にかかる費用より少なく，自治体が超過負担をしなければならない場合もある。

14 【三位一体の改革】 日本では近年，三位一体の改革と呼ばれる，国と地方の財政のあり方を見直す税財政改革が実施されてきた。この改革の内容として**適当でないもの**を，次の①〜④のうちから一つ選べ。
① 国庫補助負担金を廃止または縮減する。
② 地方債の発行について国の関与を廃止する。
③ 国から地方自治体への税源移譲を行う。
④ 地方交付税の見直しを行う。

〈2007・本試〉

14三位一体の改革…小泉内閣の「聖域なき構造改革」の一つで，「民にできることは民へ，地方にできることは地方へ」とし，経済政策の指針である「骨太の方針2003」に基づいて実施された。

15 【地方財政】 日本の地方財政についての記述として最も適当なものを，次の①〜④のうちから一つ選べ。
① 地方交付税は，財政力格差の縮小を目的として国が交付する。
② 地方自治体が自ら調達する自主財源の一つに，国庫支出金がある。
③ 義務教育は，国から支給される資金に頼ることなく行われている。
④ 地方税の一つとして，法人税が徴収されている。

〈2014・本試〉

15自主財源…地方税が中心で，地方財政収入全体の約40％である。地方交付税や国庫支出金などの依存財源が必要。

16 【住民の参加】 地方自治体の活動に住民が参加するための手段についての記述として**誤っているもの**を，次の①〜④のうちから一つ選べ。
① 条例の改正を，必要な数の署名をもって議会に直接請求する。
② 監査委員の解職を，必要な数の署名をもって首長に直接請求する。
③ 地方議会議員の解職を，必要な数の署名をもって選挙管理委員会に請求する。
④ 予算の執行が公正になされたかについての監査を，必要な数の署名をもって監査委員に請求する。

〈2015・追試〉

52 第1編 現代の政治

17【直接請求】 日本の地方自治法が定める直接請求制度についての記述として最も適当なものを，次の①～④のうちから一つ選べ。

① 議会の解散の請求は，選挙管理委員会に対して行われ，住民投票において過半数の同意があると，議会は解散する。

② 事務の監査の請求は，監査委員に対して行われ，議会に付議されて，議員の過半数の同意があると，監査委員による監査が行われる。

③ 条例の制定・改廃の請求は，首長に対して行われ，住民投票において過半数の同意があると，当該条例が制定・改廃される。

④ 首長の解職の請求は，選挙管理委員会に対して行われ，議会に付議されて，議員の過半数の同意があると，首長はその職を失う。

〈2007・本試〉

18【地方自治体をめぐる出来事】 次のA～Dは，戦後日本の地方自治体をめぐる出来事に関する記述である。これらの出来事を古い順に並べたとき，3番目にくるものとして正しいものを，次の①～④のうちから一つ選べ。

A 地方自治体の事務区分の再編や国の関与のルール化などを規定する，475の関連法からなる地方分権一括法が成立した。

B 行財政の効率化などを図るために市町村合併が推進された結果，市町村数が1,700台に減少した。

C 住民が知事を直接選挙で選ぶようになるなど，地方自治の拡充を図る制度改革が実現した。

D 都市問題や公害が深刻になったことを背景として，全国各地で革新自治体が誕生した。

① A ② B ③ C ④ D

〈2017・追試〉

19【住民投票】 日本における住民投票についての記述として**適当でないもの**を，次の①～④のうちから一つ選べ。

① 地方自治体が，公共事業の是非について住民投票を実施することは，法律によって禁止されている。

② 地方議会の議員は，解職請求があったとき，住民投票において過半数の同意があれば失職する。

③ 一地方自治体にのみ適用される特別法は，その自治体の住民投票で過半数の同意を得なければ，国会はこれを制定することができない。

④ 地方自治体が条例を制定して実施した住民投票の結果は，首長や議会を，法的に拘束するものではない。

〈2009・本試〉

18市町村合併…1995年に市町村合併特例法が改正され，「平成の大合併」が進んだ。

行財政の効率化…合併を促すために，合併特例債の発行，合併後の議員定数の保障などの特例が設けられた。

19住民投票条例…この条例に基づく住民投票には法的拘束力はない。

住民投票の実施…地域に大きな影響をおよぼす事業の可否をめぐり，重要な政策決定に住民の意思を反映させる取り組みとして行われている。新潟県巻町（原発建設），沖縄県（米軍基地の整理縮小），岐阜県御嵩町（産廃施設建設），沖縄県名護市（海上ヘリポート基地），徳島市（吉野川可動堰建設）など。

第3章 日本の政治機構 53

第1編　第4章——現代日本の政治

1　戦後政治のあゆみ　　Check & Answer

1　日本の政党政治

(1)　55年体制の成立

①　左派と右派の社会党が統合　→　日本社会党(革新政党)の誕生(1955)

②　〔❶　　　　　〕…自由党と日本民主党の統合　→　自由民主党(保守政党)の誕生(1955)

③　55年体制の成立…保守政党と革新政党を軸として成立した政党制の登場　→　$1\frac{1}{2}$政党制

(2)　1960年代の政党

①　再軍備，改憲をめぐる〔❷　　　　　　〕の対立　→　安保反対闘争(1960)

　　a．自民党…高度経済成長政策，〔❸　　　　　　〕計画の発表(池田内閣)

　　b．野党の多党化が始まる　→　公明党，民主社会党(後の民社党)の結成

②　保守政治の安定(1965～1993)…自民党の長期政権

(3)　1980年代の政治

①　自民党の支持率が戻り，議席を回復　→　政策の変化，イデオロギーの対立が薄れる

②　社会党…労働組合など特定の〔❹　　　　　〕とのつながりが強く，市民の参加が少なかった

2　55年体制の終焉と政界再編

(1)　非自民8党派による〔❺　　　　　　〕の誕生(細川内閣，1993)…自民党一党支配の終わり

(2)　自民・社会・さきがけ連立政権(1994)　→　自公保連立政権(2001)　→　自公連立政権(2003)

(3)　政権交代…〔❻　　　　　　〕を中心とする連立政権(2009～2012)

(4)　自民党・公明党を中心とする連立政権の復活(2012年の衆議院議員総選挙で自民党が大勝)

2　政党と選挙制度

1　政党と政党の発達・形態

(1)　政党

①　政党…政策綱領を掲げて〔❶　　　　　　〕の獲得をめざす政治集団

　　a．イギリスで発達

　　b．〔❷　　　　　〕(国政選挙　→　政権公約，地方選挙　→　選挙公約)

②　政党の機能…国民の利益や要求を集約・統合し，政策の実現に努力する

(2)　政党の発達

名望家政党	財産と教養を有する有産者階級(名望家)で構成される
〔　　　　　〕	普通選挙制の下で，一般大衆の利益や考え方を政治に反映する(組織政党)
包括政党	広範な社会集団に支持を求める政党(キャッチオール・パーティー)

(3)　政党政治の形態

二大政党制	政局が安定するが，政権交代が起こりやすい(イギリス，アメリカ)
多党制	民意を反映するが，連立政権になりやすく，政権が不安定(フランス，イタリアなど)
一党制	強力な政治力を発揮するが，政党政治といいがたい(社会主義国に多い)

2　日本の政党政治の特色と課題

(1)　1党優位の多党制

①　強い議員政党的性格…議員は自分の後援会をもち，〔❹　　　　　〕へ集票，資金を依頼

　　〔❹　　　　　〕(利益集団)…自己の目的の実現のみを図り，政権獲得を目的としない

②　〔❺　　　　　〕の存在…自民党議員は政務調査会の各分科会に配属　→　地盤強化に有利

③　議員の引退などの後も後継者を擁立　→　〔❻　　　　　〕…強固な地盤(後援会)をもつ

④　自民党政権が長期間続いた　→　〔❼　　　　　〕がなく，政・官・財の癒着が強まる

⑤　〔❽　　　　　〕…特定の支持政党がない有権者

　　→　有権者の間で政党への不信，不満が増加し，政党離れが顕著

(2)　金権政治とあいつぐ構造汚職

①　政治資金に関する金の流れの不明朗化　→　〔❾　　　　　〕の制定で収支状況の報告・公開

②　〔❿　　　　　〕の制定…国民1人あたり250円を助成，企業・団体の〔⓫　　　　　〕への献金禁止

③　あいつぐ汚職事件…ロッキード事件(1976)，リクルート事件(1988)，佐川急便事件(1992)，ゼネコン汚職(1993)など　→　政権与党と企業との癒着

54　第1編　現代の政治

③ 選挙制度

(1) 選挙のしくみ

① 民主的な選挙の四原則

〔⓬　　　　〕	すべての成年男女が何の条件もなく，選挙権・被選挙権をもつ
直接選挙	選挙によって，自分たちの代表を有権者が直接選ぶ
〔⓭　　　　〕	選挙における有権者の投票の価値を平等に扱う
秘密選挙	投票の秘密を守り，有権者の投票の自由を保障する

② 選挙区制…選挙区と代表(議員)との関係

	選 出 方 法	特 色	導 入 例
小選挙区制	1つの選挙区から1名選出	多数党に有利 〔⓮　　　　〕が増える	衆議院の選挙区 参議院選挙区の一部
大選挙区制	1つの選挙区から複数選出	少数政党も議席を確保 政策本意になりにくい	参議院選挙区の一部 地方議会議員選挙
比例代表制	政党の得票率で議席を配分	個人名か政党名で投票 民意を正確に反映	衆議院及び参議院議員の 比例代表

(2) 日本の選挙制度

① 選挙の種類

a．総選挙…衆議院議員の定数全部を改選する選挙で，最低4年に1回行われる

b．通常選挙…参議院議員の定数の半数を，3年ごとに改選する選挙

② 選挙制度

※2022年の選挙までは245名

	衆議院(衆議院議員総選挙)		参議院(参議院議員通常選挙)	
定　数	465名		248名※	
選挙制度	〔⓯　　　　〕制		選挙区制・比例代表制(3年ごとに半数改選)	
	小選挙区	289名(1選挙区1名)	選挙区	148名(1選挙区から1～4名)
	比例代表	176名(全国11ブロック)	比例代表区	100名(全国1ブロック)
投票方法	小選挙区選挙→立候補者名		選挙区選挙→立候補者名	
	比例代表選挙→政党名		比例代表選挙→政党名または立候補者名	
名　簿	〔⓰　　　　〕制，ドント式		非拘束名簿式比例代表制，一部拘束名簿式(特定枠) を採用，ドント式	
立候補	〔⓱　　　　〕を採用		〔⓱　　　　〕を採用しない	

③ 選挙制度の課題

a．議員定数の不均衡(1票の重みの格差)…法の下の平等違反として1976年と1985年，衆議院議員総選挙に〔⓲　　　　〕→ 2009年の衆議院議員総選挙についての訴訟では，最高裁は違憲状態と判断

b．選挙運動の制限…〔⓳　　　　〕の禁止，事前運動の禁止，文書配布の制限，立会演説会の廃止，寄付の禁止など → 「インターネット選挙運動」の解禁(2013)

c．金権選挙の問題…続発する買収などの違法行為，軽い刑罰規定 → 〔⓴　　　　〕の強化

d．低下する投票率…有権者の政治不信，政治離れ，無党派層の増大など → 公職選挙法の改正で，在外日本人の在外投票(衆参のすべての選挙)，期日前投票，共通投票所の設置などを導入

e．選挙権の拡大…有権者年齢を「18歳以上」に引き下げ(2015)，定住外国人への選挙権付与問題など

f．候補者男女均等法の成立(2018)…男女の候補者数の均等を政党に求める

3　政治参加と世論

① 行政機能の拡大

(1) 近代国家と現代国家との比較

近代国家	小さな政府	〔❶　　　　〕	消極国家	立法国家
現代国家	大きな政府	〔❷　　　　〕	積極国家	行政国家

① 近代国家…行政府の活動は〔❸　　　　〕や国防など必要最小限に限定

② 現代国家…社会問題解決をめざし，国家が国民生活に積極的に介入し，国民福祉の向上を図る

(2) 行政権の優位

① 行政国家…行政権が立法権や司法権に優越する国家(明治以来，行政国家の傾向が大きい)

② 内閣立法(内閣提出法案)が多く，議員立法が少ない

第4章　現代日本の政治　55

③ 〔**❹**　　　　　　〕の増大…法律では大綱のみを定め，細目は政令・省令などに委任
④ 補助金行政…政府が地方自治体に交付する巨額の補助金で，地方自治体を事実上統制する
(3) 官僚制の肥大化と官僚支配
① 高度な専門性を有する人材が要求される…〔**❺**　　　　　　〕の登場
② 官僚制肥大化の弊害…権威主義，形式主義，秘密主義，法律万能主義，セクショナリズムなど
③ 高級官僚の〔**❻**　　　　　　〕…退職後，関連する団体や民間企業に優遇された条件で再就職すること
④ 政・官・財の癒着…構造汚職の温床との指摘がなされる

② 行政の民主化
(1) 行政の民主化のための諸制度
① 「天皇の官吏」，「一部の奉仕者」から「〔**❼**　　　　　　〕」へ(憲法第15条2項)
② 行政委員会制度…行政機関から一定程度独立した準立法的・準司法的機能をもつ機関
③ 国民による民主的統制…情報公開制度，〔**❽**　　　　　　〕(行政監察官)制度の確立
④ 行政手続法(1993)…官庁の許認可や行政指導に対する法的な規制を規定
⑤ 〔**❾**　　　　　　〕(1999)…中央省庁のもつ情報を，誰でも開示請求して入手できるようになった
(2) 行政改革(行政の効率化・規制緩和)
① 1980年代の三公社民営化にはじまる　→　NTT，JT，JR
② 中央省庁等改革基本法(1998)　→〔**❿**　　　　　　〕に再編(2001)，独立行政法人の設置
③ 小泉内閣による道路公団民営化(2005)と〔**⓫**　　　　　　〕(2007)
④ 地方分権の推進…地方分権一括法(1999)　→　事務を〔**⓬**　　　　　　〕と法定受託事務に区分

③ 世論と民主政治
(1) 大衆社会と世論
① 世論…多数の人々がもっている，公共の問題に対する共通意見
② 世論による政治…20世紀に選挙権の拡大　→　大衆の政治参加　→　世論による政治
(2) 世論形成の前提
① 〔**⓭**　　　　　　〕と情報の公開　→　政治に関する正確で豊富な情報の提供
② 言論・表現・集会の自由　→　自由な意見の表明と討論の保障
③ 行政手続法により国レベルで〔**⓮**　　　　　　〕制度の導入(2005)

④ 世論とマスメディア
(1) マスメディアの役割
① 「〔**⓯**　　　　　　〕」…世論形成などに大きな影響力をもつことからこの呼び名がある
② 情報の提供…世論形成の材料提供　→　情報・知識など判断材料を報道により提供
(2) マスコミの問題点
① 過大な商業主義・営利主義による弊害　→　興味本位・享楽主義・視聴率至上主義の危険性など
② 広告主など資本の圧力による不当な干渉や統制　→〔**⓰**　　　　　　〕などの危険性
　　a.〔**⓱**　　　　　　〕…選挙予測報道などが投票結果に変化をもたらすこと
　　b. ポピュリズム(大衆迎合主義)に陥る危険性がある

⑤ 政治的無関心
(1) 政治的無関心の増加
① 社会の複雑化・巨大化や政治の専門化　→　政治の混迷，現実政治への失望
② 国民の関心が消費生活に向かい，価値観の多様化・疎外感　→　政治からの逃避
(2) リースマンによる類型
① 〔**⓲**　　　　　　〕…政治はお上がするもので，自分には関係ないとし，政治に関心がない
② 現代型無関心…政治に幻滅・挫折・無力感　→　無党派層(支持政党なし層)の増大

解答 **1** ❶保守合同　❷保守と革新　❸国民所得倍増　❹圧力団体(利益集団)　❺連立政権　❻民主党
　　2 ❶政権　❷マニフェスト　❸大衆政党　❹圧力団体　❺族議員　❻世襲議員　❼政権交代　❽無党派層
　　❾政治資金規正法　❿政党助成法　⓫政治家個人　⓬普通選挙　⓭平等選挙　⓮死票　⓯小選挙区比例代表並立
　　⓰拘束名簿式比例代表　⓱重複立候補　⓲違憲判決　⓳戸別訪問　⓴連座制
　　3 ❶夜警国家　❷福祉国家　❸治安維持　❹委任立法　❺テクノクラート　❻天下り　❼全体の奉仕者
　　❽オンブズパーソン(オンブズマン)　❾情報公開法　❿1府12省庁　⓫郵政民営化　⓬自治事務　⓭知る権利
　　⓮パブリックコメント　⓯第4の権力　⓰世論操作　⓱アナウンスメント効果　⓲伝統型無関心

56　第1編　現代の政治

1. 戦後政治のあゆみ

1【政党】 政党に関連して、政党構造からみた代表的政党類型の名称A～Cと、それらが登場してきた時代背景についての記述ア～ウの組合せとして正しいものを、下の①～⑥のうちから一つ選べ。

A 包括政党(キャッチオール・パーティー)
B 名望家政党　　C 大衆政党(組織政党)

ア 19世紀に、制限選挙の下で登場してきた政党類型である。
イ 19世紀後半から20世紀初頭において、都市化、工業化が進展し、選挙権が拡張されるに伴い台頭してきた政党類型である。
ウ 1960年代に、先進各国で脱イデオロギー化が進み、階級対立が曖昧になる中で登場してきた政党類型である。

① A-ア　B-イ　C-ウ　② A-ア　B-ウ　C-イ
③ A-イ　B-ア　C-ウ　④ A-イ　B-ウ　C-ア
⑤ A-ウ　B-ア　C-イ　⑥ A-ウ　B-イ　C-ア
〈2004・本試〉

2【政党】 政党に関連する日本の法制度についての記述として正しいものを、次の①～④のうちから一つ選べ。
① 日本国憲法は、明文によって、政党を国民の政治的意思形成に不可欠な役割を果たすものとして位置付けた。
② 政党の重要性を考慮して、政党助成法が制定されて国が政党交付金を交付することとなった。
③ 1990年代の政治資金規正法の改正によって、企業および労働組合から政党への献金は禁止されて、個人献金のみが許されることとなった。
④ 1990年代の公職選挙法の改正によって、参議院における比例代表選挙が廃止され、政党名ではなく候補者名を記入する投票方式に変わった。
〈2003・本試〉

3【政党】 政党に関連する記述として最も適当なものを、次の①～④のうちから一つ選べ。
① 無党派層とは、政党の公認を受けた候補者には投票しない人々をいう。
② 明治憲法下の一時期、政党内閣が登場し政権交代も行われた。
③ 日本国憲法の思想・良心の自由の保障の下では、議院における議員の投票行動を政党が拘束することは法律で禁止されている。
④ 第二次世界大戦後初の衆議院議員総選挙で、自由民主党の一党優位が成立した。
〈2011・本試〉

4【55年体制】 55年体制に関連する記述として最も適当なものを、次の①～④のうちから一つ選べ。
① 55年体制は、自民党を離党した議員が社会党を結成したことを契機に確立された体制である。
② 55年体制は、自民党と社会党の二つの大政党と民主党などの多数の小政党から構成される多党制として特徴づけられる。
③ 55年体制崩壊直後の衆議院では、自民党が最も多くの議員を擁する第一党であった。
④ 55年体制崩壊直後に成立した政権は、消費税率引上げを柱とする税制改革を実施した。
〈2007・追試〉

---

1 政党…政治的な組織集団で、政権獲得を最大の目標とする。選挙を通じて国民の意思を政治に反映させる。
名望家政党…初期の政党で、財産と教養を有する人で構成された。
大衆政党…名望家政党に対する語句で、普通選挙制度の確立で、広く大衆の利益や考えを政治に反映させる。

2 政党助成法…政治活動のための公費助成について規定した法律。国民1人あたり250円、総額で約300億円あまりの政党交付金が政党に交付される。
政治資金規正法…政治とカネの流れの透明化をめざして制定され、これにより政治資金の流れは政治家個人ではなく政党中心に改められた。

3 無党派層…政治に関心はあるが、支持政党のない有権者をいう。
党議拘束…各政党がその政党に所属している議員の投票行動を拘束し、政党として全員が同じ意見で投票すること。

4 55年体制…1955年に、社会党が統一され、保守側も日本民主党と自由党とが統一され自由民主党が誕生した。二大政党制の到来といわれた。

問題演習 2. 政党と選挙制度

1【圧力団体】 政治や行政には，さまざまな団体が関係している。こうした団体をめぐる記述として最も適当なものを，次の①～④のうちから一つ選べ。
① 普通選挙制の普及に伴い，名望家政党が誕生した。
② 日本では，企業から政党への寄付を法律で禁止している。
③ 日本では，非営利活動を行う団体に法人格を与えその活動の促進をめざす，NPO法（特定非営利活動促進法）が成立した。
④ 圧力団体（利益集団）は，特定の利益を実現するために，自ら政権の獲得をめざす団体である。 〈2008・本試〉

1 圧力団体…特殊利益の実現や擁護のために，政策決定過程に圧力をかける団体。政党とは異なり，政権獲得はめざさない。

2【圧力団体】 日本の圧力団体についての記述として正しいものを，次の①～④のうちから一つ選べ。
① 全国的な規模の経営者団体として，経済団体連合会と日本商工会議所が統一されて，経済同友会が設立された。
② 農業協同組合の全国組織である全国農業協同組合中央会は，農林水産省と共同で，農業政策を実施する行政委員会を設置した。
③ 圧力団体の意向を受けて国会議員に働きかける人々は，アメリカにならってロビイストと呼ばれ，両議院に登録されている。
④ 圧力団体の中には，特定分野の官庁の政策の形成や実行に影響を与えるために，族議員と呼ばれている国会議員との結びつきをもつものがある。 〈2003・本試〉

2 ロビイスト…圧力団体の利益実現のため，議会や政府のロビーなどで政党や議員，政府に対して圧力活動をする人のこと。アメリカで多くみられる。

3【利益集団（圧力団体）】 利益集団（圧力団体）についての記述として最も適当なものを，次の①～④のうちから一つ選べ。
① 政府や議会に働きかけて政策決定に影響を与え特定の利益を実現しようとする集団のことを，利益集団という。
② 政治的な主張の近い人々が集まって政権の獲得を目的として活動する集団のことを，利益集団という。
③ 日本においては，利益集団の代理人であるロビイストは国会に登録され活動が公認されている。
④ 日本においては，利益集団のニーズに応じて利益誘導政治を行うことが推奨されている。 〈2017・本試〉

4【自民党一党優位体制】 自民党一党優位体制に関連する記述として最も適当なものを，次の①～④のうちから一つ選べ。
① 55年体制が成立した当時は自民党と社会党による二大政党制であったが，1950年代末には野党の多党化が進行した。
② 1970年代には，与野党の勢力がほぼ均衡する伯仲時代を迎え，その状況は1980年代末まで続いた。
③ 自民党では，党内改革をめぐる不満はあったものの，国会議員が離党して新党を結成した例はみられなかった。
④ ロッキード事件，リクルート事件など構造汚職と呼ばれる事件が起こり，長期政権の下で進行した政・官・財の癒着が問題となった。 〈2001・本試〉

4 与野党伯仲…与党と野党の議員数が極めて接近している状況のこと。
ロッキード事件…アメリカのロッキード社が日本に自社の航空機を売り込もうとして，日本政界に賄賂攻勢をしかけた汚職事件。
リクルート事件… リクルート社が複数の政治家に対して，未公開株の譲渡や献金などを行った事件。

5【政界再編】 政界再編期にみられた日本の連立政権の枠組みに参加しなかった政党として正しいものを，次の①～④のうちから一つ選べ。
① 自民党 ② 公明党 ③ 社民党 ④ 共産党 〈2006・本試〉

58 第1編 現代の政治

6 【1990年代の日本の政治】 1990年代から政界再編期と呼ばれる変動の時代に入ったが，この時期の日本の政治の説明として最も適当なものを，次の①～④のうちから一つ選べ。

① 無党派知事が出現したため，官僚による地方自治体の支配が強化された。

② 政党内の派閥が解消されたため，選挙制度の改革が起こった。

③ 政党の離合集散が起こり，保守合同によって，自由党と保守党が合流し，自民党が成立した。

④ 政党の離合集散が起こり，日本新党や新生党など，現在では存在しない多くの政党が形成された。

〈2006・本試〉

6無党派知事…政党の支持や推薦を受けずに，無党派層の支持で当選する知事が出てきた。政党の枠にとらわれず，斬新な政治を行った。

7 【戦後の日本政治】 55年体制に関連して，戦後の日本政治についての記述として最も適当なものを，次の①～④のうちから一つ選べ。

① 社会党の再統一と保守合同による自民党の結成以降，55年体制が形成され，自民党と社会党の二大政党が政権交代を繰り返した。

② 中選挙区制の下では，同一選挙区内で同一政党の候補者が複数立候補することはないので，政党・政策中心の選挙が行われた。

③ 政治改革を求める世論を背景として細川連立政権が誕生した翌年に，衆議院議員選挙に，小選挙区比例代表並立制が導入された。

④ 自民党は細川連立政権崩壊以後で政権の座にあった時期，他の政党と連立を組んだことはなく，単独政権を維持し続けた。

〈2012・追試〉

8 【政治参加】 日本の政治に関する記述として正しいものを，次の①～④のうちから一つ選べ。

① 日本国憲法は，法案の採決の際に国会議員の投票行動を所属政党の方針に従わせる党議拘束を禁止している。

② 公職選挙法は，候補者が立候補を届け出る前の選挙運動である事前運動を認めている。

③ 政治資金規正法は，企業や団体による政党への献金を認めている。

④ 公職選挙法は，インターネットを利用した選挙運動を禁止している。

〈2016・追試〉

9 【選挙の原則と選挙制度】 選挙の原則や選挙制度の特徴に関する記述として適当でないものを，次の①～④のうちから一つ選べ。

① 秘密選挙とは，有権者の自由な意思表明を守るため，投票の内容を他人に知られないことを保障する選挙の原則を意味する。

② 小選挙区制は，大選挙区制と比べた場合，各党の得票率と議席占有率との間に差が生じにくい選挙制度とされる。

③ 普通選挙とは，納税額や財産にかかわりなく，一定の年齢に達した者に選挙権を与える選挙の原則を意味する。

④ 比例代表制は，小選挙区制と比べた場合，多党制が生じやすい選挙制度とされる。

〈2017・本試〉

9選挙制度…投票方法や選挙区制によって形態が分かれている。投票方法では，個人代表制と比例代表制がある。個人代表制には，小選挙区制と大選挙区制がある。

現代日本の政治

第4章　現代日本の政治　**59**

10 【選挙制度】 衆参両院の選挙制度の現状についての記述として正しいもの
を，次の①～④のうちから一つ選べ。
① 衆議院の選挙区選挙では，都道府県単位の選挙区ごとに1名以上の議
員を選出する。
② 衆議院の比例代表選挙では，政党名または候補者名のいずれかを記し
て投票する方式である。
③ 参議院の選挙区選挙では，比例代表選挙の名簿登載者も立候補できる。
④ 参議院の比例代表選挙では，全国を一つの単位として投票する方式で
ある。
〈2011・本試〉

11 【国会議員の選挙】 国会議員の選挙に関する日本国憲法の規定内容として
正しいものを，次の①～④のうちから一つ選べ。
① 参議院は，2年ごとに議員の3分の1が改選される。
② 各議院の議員は，同時に他の議院の議員に選ばれることはない。
③ 両議院はいずれも，選挙区の住民を代表する選挙された議員で組織さ
れる。
④ 議員定数や選挙区は，議院規則で定められている。
〈2009・追試〉

11 議院規則…衆参両議院は会議やそ
の他諸手続き，内部の規律等に関
して規則を制定することができる
（第58条2項）。議院規則制定権と
して憲法第41条（国会の立法権）の
例外の一つである。

12 【選挙制度】 日本の選挙制度に関する記述として正しいものを，次の①～
④のうちから一つ選べ。
① 衆議院議員選挙では，小選挙区制と全国を一つの単位とする比例代表
制とが組み合わされている。
② 参議院議員選挙では，選挙区と比例代表区の両方に立候補する重複立
候補が認められている。
③ 衆議院議員選挙と参議院議員選挙のいずれにおいても，比例代表選挙
ではドント式によって議席が配分されている。
④ 衆議院議員選挙と参議院議員選挙のいずれにおいても，満25歳以上の
日本国民に被選挙権が認められている。
〈2016・本試〉

12 ドント式…各党の得票数を整数で
割っていき，商の大きい順に当選
が決定する方式。ベルギーの法学
者ドントによって考案された。
重複立候補…一定の条件を満たせ
ば，小選挙区で落選しても比例区
で復活当選することがある。

13 【選挙制度と政党】 民主政治に関連して，日本における現在の制度の記述
として誤っているものを，次の①～④のうちから一つ選べ。
① 衆議院議員選挙では，複数の小選挙区に立候補する重複立候補が認め
られている。
② 投票日に投票できないなどの事情がある有権者のために，期日前投票
制度が導入されている。
③ 国が政党に対して，政党交付金による助成を行う仕組みがある。
④ 政治家個人に対する企業団体献金は，禁じられている。
〈2019・本試〉

14 【選挙制度】 日本の選挙制度についての記述として最も適当なものを，次の①〜④のうちから一つ選べ。

① 衆議院議員選挙においても参議院議員選挙においても，選挙運動の際の戸別訪問が認められている。

② 衆議院議員選挙においても参議院議員選挙においても，選挙区と比例代表の両方に立候補できる重複立候補が認められている。

③ 衆議院議員選挙では，かつて一つの選挙区から複数の代表が選出される中選挙区制が採用されていたことがある。

④ 衆議院議員選挙では，小選挙区比例代表並立制の導入により小選挙区間において一票の価値に差がなくなった。　　　〈2009・本試〉

15 【選挙制度】 有権者が投票しやすい制度の例とは言えないものを，次の①〜④のうちから一つ選べ。

① 海外在住の日本国民も投票できるようにする。

② 不在者投票の要件を緩和する。

③ 記名投票制度を導入する。

④ 投票時間を延長する。　　　〈2000・本試〉

15在外投票…海外在留の日本人有権者が，国政選挙に投票できる制度。衆議院の小選挙区と比例代表，参議院選挙区と比例代表の候補者へ投票することができる。

16 【選挙制度の特徴】 選挙制度の一般的な特徴についての記述として最も適当なものを，次の①〜④のうちから一つ選べ。

① 非拘束名簿式比例代表制は，小選挙区制よりも死票を生みやすい。

② 拘束名簿式比例代表制では，小選挙区制よりも，政党に属さない者が議席を獲得しやすい。

③ 小選挙区制は，大選挙区制よりも死票を生みやすい。

④ 大選挙区制では，議員の総定数が一定であれば，小選挙区制よりも選挙区の数が多くなりやすい。

〈2010・追試〉

16死票…落選者に投じられた票で，当選者への批判・反対票としての意味ももっている。

17 【選挙制度】 小選挙区制によって議員が選出される議会があり，その定員が5人であるとする。この議会の選挙で三つの政党A〜Cが五つの選挙区ア〜オでそれぞれ1人の候補者を立てたとき，各候補者の得票数は次の表のとおりであった。いま仮に，この得票数を用いて，五つの選挙区を合併して，各政党の候補者が獲得した票を合計し，獲得した票数の比率に応じて五つの議席をA〜Cの政党に配分する場合を考える。その場合に選挙結果がどのように変化するかについての記述として誤っているものを，次の①〜④のうちから一つ選べ。

選挙区	得　票　数			計
	A	B	C	
ア	45	35	20	100
イ	35	50	15	100
ウ	45	40	15	100
エ	50	15	35	100
オ	25	60	15	100
計	200	200	100	500

① 過半数の議席を獲得する政党はない。

② 議席を獲得できない政党はない。

③ B党の獲得議席数は増加する。

④ C党の獲得議席数は増加する。　　　〈2014・本試〉

現代日本の政治

第4章　現代日本の政治　**61**

18 【選挙制度】　選挙制度の一つとして，小選挙区制がある。ある議会の定員は５人であり，各議員はこの選挙制度で選出されるとする。この議会の選挙において，三つの政党Ａ〜Ｃが五つの選挙区ア〜オで，それぞれ１人の候補者を立てた。次の表は，その選挙での各候補者の得票数を示したものである。この選挙結果についての記述として正しいものを，下の①〜④のうちから一つ選べ。

選挙区	得　票　数			計
	Ａ党	Ｂ党	Ｃ党	
ア	45	30	25	100
イ	10	70	20	100
ウ	40	30	30	100
エ	10	50	40	100
オ	40	25	35	100
計	145	205	150	500

①　得票数の合計が最も少ない政党は，獲得した議席数が最も少ない。
②　Ｂ党の候補者の惜敗率（当選者の得票数に対するＢ党の候補者の得票数の割合）が50パーセント未満である選挙区はない。
③　Ｃ党の候補者の惜敗率（当選者の得票数に対するＣ党の候補者の得票数の割合）が50パーセント以上である選挙区はない。
④　得票数の合計が最も多い政党は，死票の数の合計が最も多い。

〈2018・追試〉

19 【選挙制度と日本の政党】　議院内閣制を採用する国では，原則として議会の議席の多数を占める政党・政党集団により内閣が組織される。議員を選出する方法である選挙制度および日本の政党をめぐる制度についての記述として最も適当なものを，次の①〜④のうちから一つ選べ。
①　小選挙区制では，少数派の意見が反映されない結果となりやすい。
②　比例代表制では，政党中心ではなく候補者中心の選挙となりやすい。
③　日本では，政党への企業・団体献金は，法律により禁止されている。
④　日本では，政党への助成金制度は，最高裁判所により違憲とされている。

〈2006・本試〉

19 企業・団体献金…政党への献金は，制限はあるが禁止されてはいない。政治家個人に対する献金は全面禁止になっている。
政党助成金…政党助成法で一定の要件を満たす政党へ交付される。

問題演習　3. 政治参加と世論

1 【構造改革】　1980年代と2000年代の日本における改革についての記述として正しいものを，次の①〜④のうちから一つ選べ。
①　1980年代に，日本電信電話公社や日本専売公社のほかに日本道路公団が民営化された。
②　1980年代に，特定地域に国家戦略特区が設けられ，規制緩和による民間企業のビジネス環境の整備がめざされた。
③　2000年代に，郵政三事業のうち郵便を除く郵便貯金と簡易保険の二事業が民営化された。
④　2000年代に，各地に構造改革特区が設けられ，教育や医療などの分野での規制緩和と地域活性化がめざされた。

〈2016・本試〉

1 国家戦略特区…安倍内閣によって打ち出され，地域を限定した規制緩和を進めて，ビジネスがしやすい環境づくりへとつなげることをめざしている。

62　第1編　現代の政治

2【行政改革】 1990年代以降日本で新たに導入された制度として**適当でない**ものを，次の①〜④のうちから一つ選べ。
① 指定管理者
② 独立行政法人
③ PFI（プライベート・ファイナンス・イニシアティブ）
④ 特殊法人
〈2007・本試〉

3【行政改革】 日本の行政改革に関する記述として正しいものを，次の①〜④のうちから一つ選べ。
① 行政活動の透明化のために，行政の許認可権が廃止される代わりに行政指導という政策手段が導入された。
② 国家公務員の幹部人事を，人事院によって一元的に管理する仕組みが導入された。
③ 行政の効率性を向上させることをめざして，独立行政法人制度とともに特殊法人制度が創設された。
④ 政府内の政策の総合調整を行う権限をもつ機関として，内閣府が創設された。
〈2016・追試〉

4【行政活動と公務員】 行政の活動にかかわる制度や行政を担う公務員についての記述として**誤っている**ものを，次の①〜④のうちから一つ選べ。
① 官僚主導による行政を転換し政治主導による行政を図るため，各省に副大臣や大臣政務官がおかれている。
② 内閣から独立して職権を行使する行政委員会の一つとして，中央労働委員会が設けられている。
③ 公務員の罷免については，何人も平穏に請願する権利が認められている。
④ 国家公務員の給与については，国会の勧告によって決められている。
〈2014・本試〉

5【公務員】 日本の国家公務員や地方公務員の制度と組織とに関する記述として正しいものを，次の①〜④のうちから一つ選べ。
① 住民は必要な数の署名により，副知事や副市町村長の解職を直接請求することができる。
② 一般職の公務員は，労働組合を結成して国や地方公共団体と労働条件を交渉することができない。
③ 公務員は，大日本帝国憲法（明治憲法）において全体の奉仕者であると定められていた。
④ 公務員制度の改革を推進するため，新たに内閣人事局を設置する代わりに人事院が廃止された。
〈2015・本試〉

6【主権者としての国民】 主権者としての国民が政府を監視する活動の例とは**言えない**ものを，次の①〜④のうちから一つ選べ。
① 行政の活動を適切に理解するために，行政文書の公開を請求する。
② 世論調査に注目し，高い支持率を得ている政党の候補者に投票する。
③ 地方自治体の公金支出について，監査請求をする。
④ 政府の人権抑圧的な政策を批判するために，抗議活動をする。
〈2005・本試〉

2独立行政法人…国民生活に必要ではあるが，国が直接実施する必要性がないものを効果的に行うために設置される法人。大学入試センターなども独立行政法人である。

3許認可権…各省庁がもつ権限で，業界や各種団体などに対して許可や認可などを通じて規制する。
行政指導…行政機関が所管している事務について他の行政機関や業界に対して指導や助言を与えるもので，政策目的を達成するためにある。

5内閣人事局…国家公務員制度改革基本法（2008年）に基づき，内閣府に設置され（2014年），各省庁の幹部人事を首相や官房長官によって一元的に管理する機関。政権による意図的な人事が行われるとする批判がある。

現代日本の政治

第4章 現代日本の政治 63

7 【情報技術の変化】 情報技術の革新的変化をめぐる記述として**適当でない**ものを，次の①〜④のうちから一つ選べ。
① メディア・リテラシーとは，高度情報社会に対応した，情報選別・判断能力のことである。
② サイバー・テロとは，情報システムの脆弱性を衝いたネットワークへの攻撃のことである。
③ デジタル・デバイドとは，コンピュータ技術によってもたらされる情報が一部の人々に悪用される危険性のことである。
④ SOHO（ソーホー）とは，インターネットなどの普及を背景として拡大してきた，小規模事務所や自宅で働く職場形態のことである。
〈2007・本試〉

7SOHO（ソーホー）…Small Office／Home Officeの略称。

8 【インターネット】 インターネットに関連する記述として最も適当なものを，次の①〜④のうちから一つ選べ。
① ユビキタス・ネットワーク社会とは，インターネットを利用して得られる情報量の格差が生じた社会をいう。
② 電子政府構想（e-Japan構想）は，IT（情報技術）を利用することにより，外国政府との折衝の迅速化を図ることを目的として登場した。
③ コーポレート・ガバナンスは，企業内のコンピュータに対する外部からの不正アクセスを防止するために導入されている。
④ 電子商取引（eコマース）には，携帯電話を利用してインターネットに接続する個人が，業者から商品を購入することも含まれる。
〈2009・本試〉

8IT（情報技術）…Information Technologyの略称で，1990年代半ば頃から主としてアメリカを中心に世界中に広まり，今日ではICT（Information Communication Technology）と呼ばれる。
電子商取引（eコマース）…企業間取引（B to B），企業と消費者間取引（B to C），消費者間取引（C to C）がある。

9 【高度情報化社会】 日本における高度情報化社会の現状や産業技術の発展をめぐる記述として**適当でない**ものを，次の①〜④のうちから一つ選べ。
① マイナンバー制度では，住民一人ひとりに番号を付すことで税と社会保障に関する情報を管理できるが，個人情報の流出に対する懸念もある。
② ドローンは，新たな産業の創出につながる可能性があるが，社会的な迷惑行為や犯罪に用いられる懸念もある。
③ 個人情報保護法では，ビッグデータの利用による産業の活性化を促進するために，民間事業者に対する規制はなされていない状態にある。
④ 不正アクセス禁止法では，ネットワーク環境に係る犯罪を防止するために，他人のパスワードを不正に使用することに対する罰則を定めている。
〈2018・追試〉

9マイナンバー制度…個人番号法として2013年に成立し，2016年から利用されることになった。
ビッグデータ…情報革命によって企業や人々の行動データが，大規模なデータベースとして蓄積されるようになっている。

10 【公的企業の民営化】 1990年代以降の日本における公的企業や特殊法人にかかわる改革についての記述として**適当でない**ものを，次の①〜④のうちから一つ選べ。
① 高速道路の建設・管理を行ってきた日本道路公団など道路関係4公団は，累積債務や事業の非効率性などへの批判を受けて，民営化された。
② 戦後の住宅難解決にあたった日本住宅公団は，住宅事情の改善もあり，現在では新規の分譲住宅建設事業を行わない都市再生機構に改組された。
③ 中央省庁改革の一環として，郵便事業を担う組織は，郵政省から郵政事業庁を経て日本郵政公社となった。
④ 衛星放送やケーブルテレビなど放送メディアが多様化したため，日本放送協会の特別の地位は廃止され，他の民間放送事業者と同等となった。
〈2006・本試〉

10公団…国や地方自治体から資金提供を受け，公共的な事業経営を行う特殊法人のこと。主として建設事業など，私企業に期待できない分野に多くみられた。
公社…政府の全額出資で，国家的事業経営を行う特殊法人のこと。かつての三公社（電電公社・専売公社・国鉄）はその典型的なものであった。

64 第1編 現代の政治

11 【行政国家】 行政国家についての記述として最も適当なものを，次の①〜④のうちから一つ選べ。
① 行政国家が出現した背景には，経済問題の解決のために，行政が市場に介入することに対する不信感があった。
② 行政国家の特徴として，委任立法の増大や行政裁量の拡大により，政策決定の中心が立法から行政に移ることが指摘されている。
③ 行政国家では，国家機能は，社会秩序の維持や外敵からの防衛に限定されていた。
④ 行政国家では，官僚制が衰退し，公務員の数が大幅に減少する「小さな政府」現象がみられる。
〈2005・本試〉

12 【オンブズマン】 日本における法制度としてのオンブズマンについての記述として正しいものを，次の①〜④のうちから一つ選べ。
① オンブズマンは，衆議院と参議院に置かれている。
② オンブズマンの例として，会計検査院の検査官が挙げられる。
③ 最高裁判所には，知的財産オンブズマンが置かれている。
④ 地方自治体の中には，オンブズマンを置く例がある。
〈2005・本試〉

13 【行政への民主的コントロール】 行政に対する民主的コントロールを強化する手法の例とは言えないものを，次の①〜④のうちから一つ選べ。
① 主要な行政官の任命について，議会の承認を必要とする。
② 行政情報の公開について，請求権者に一定の資格を要求する。
③ 行政機関の意思決定に先立ち，住民の意見を聞くようにする。
④ 政令や省令の制定に先立ち，議会に対して説明を行うこととする。
〈2005・追試〉

14 【官僚制】 日本の官僚制のもつ問題についての記述として**適当でないもの**を，次の①〜④のうちから一つ選べ。
① 日本の官僚制の問題として縦割り行政があり，複数の省庁の間で情報の共有が不十分であった例が指摘されている。
② 日本の官僚制の問題として秘密主義があり，官僚の保有する情報が国民に隠されたことで問題が大きくなった例が指摘されている。
③ 形式主義とは，書類記入などの手続が自己目的化することを意味し，特殊法人や民間企業への天下りがその典型例である。
④ 法律万能主義とは，民主的統制の手段である法律を逆手にとる支配を意味し，機械的，高圧的に法律を適用する「お役所」的態度がその典型例である。
〈2004・追試〉

15 【行政サービス】 1990年代以降の行政の組織や活動の状況についての記述として正しいものを，次の①〜④のうちから一つ選べ。
① 行政活動の評価を通じ，不要な事務事業の縮小や必要な事務事業の拡大を進めることを目的として，行政手続法が制定された。
② 政策の企画立案機能と実施機能とを統合することを目的として，独立行政法人が設立されるようになった。
③ 公益事業のうち，電力やガスの事業を行う公社は，地域的に分割されるとともに株式会社に改組されて，その株式が市場で売却された。
④ 地方自治体が民間企業と共同出資で設立した第三セクターの中には，経営破綻したものもあり，行政の責任が問われた。
〈2003・本試〉

11行政国家…行政府の役割や担当分野が拡大した現代の国家をいう。社会保障，教育，公共事業など広い分野を担当する。また，行政国家では行政機関が強い権限を持つことになるので，委任立法（法律で大綱を決定し，細かい内容は命令に委ねること）が増大する。

12知的財産権…著作・発明・デザインなどに対する権利で，知的所有権ともいう。

14官僚制…行政の合理的・機能的運営をめざす管理システム。上下の指揮命令，セクショナリズム，秘密主義，権威主義，法律のみに準拠する法律万能主義などを特徴とする。

15第三セクター…国，地方自治体（第一セクター）と民間企業（第二セクター）が，それぞれ資金を出して設立した企業で，公共的な事業を行う。

現代日本の政治

第4章　現代日本の政治　65

16 【官僚機構】 官僚支配の弊害の防止が，現代民主政治の大きな課題となっている。官僚制への統制を強化する主張とは言えないものを，次の①〜④のうちから一つ選べ。
①　内閣総理大臣が閣僚や省庁に対して強力なリーダーシップを発揮できるようにするため，首相公選制を導入すべきである。
②　国会は，行政を監督する責任を果たすため，国政調査権などの権限を用いて行政各部の活動をチェックすべきである。
③　各議院は，テクノクラートのもつ専門知識を有効に活用するため，法律案の作成や審議への政府委員の参加機会を拡大すべきである。
④　国民が直接行政を監視し，政策過程に参加するため，情報公開制度を活用したり，オンブズマン制度を設けたりすべきである。〈2006・本試〉

17 【行政の透明性】 行政の透明性を高める効果があると考えられる，現在の日本に存在する制度についての記述として最も適当なものを，次の①〜④のうちから一つ選べ。
①　行政手続法は，行政機関が行う許認可や行政指導を禁止することを目的としている。
②　情報公開法は，地方公共団体が保有する文書の内容を公開するための法律である。
③　オンブズマンは，住民からの苦情をうけて行政活動の問題点を調査し，改善勧告を行うことができる。
④　監査委員は，住民からの直接請求をうけて行政事務の執行を監査し，その結果を国会に報告しなければならない。　　　　　　〈2010・本試〉

18 【国民の意見表明】 国民が政治や行政に関して意見を表明したり伝達したりするための手段や制度，経路にはさまざまなものがある。日本の場合に当てはまる記述として最も適当なものを，次の①〜④のうちから一つ選べ。
①　日本国憲法では，法律の制定・廃止に関する請願権が定められている。
②　利益集団(圧力団体)とは，国民の多様な意見や利害を集約して政策案を策定し，その実現のため，政権の獲得をめざして活動する組織のことを指す。
③　地方自治体で，市町村合併に関する住民投票が行われた例は存在しない。
④　政治献金は，政治家や政党の政治活動を国民が支えるための重要な手段の一つであるため，政治献金に対する規制は，行われていない。
　　　　　　　　　　　　　　　　　　　　　　　　　〈2013・本試〉

19 【国民全体での論議】 国民全体での論議を行うためには情報の収集や発信の自由が保障されている必要がある。国民の情報の収集や発信に関する法制度についての記述として最も適当なものを，次の①〜④のうちから一つ選べ。
①　インターネットを利用した情報発信は，紙媒体による情報発信とは異なり，名誉毀損やプライバシー侵害に関する法規制を受けない。
②　テレビ放送による報道は，新聞や雑誌による報道よりも社会的影響力が大きいため，表現の自由が保障されない。
③　青少年が携帯電話でインターネットを使用する場合には，有害情報のフィルタリングサービスの利用がその保護者に法律で義務付けられている。
④　国家秘密であるという理由で行政が公開しないと決めた情報でも，裁判所は開示を命じることができる。　　　　　　　　〈2011・本試〉

---

16 テクノクラート…専門的知識をもつ専門的技術官僚のこと。
オンブズマン…おもに行政に対して国民・市民の立場から，業務上の不正が行われていないか監督・調査する人をいう。川崎市の市民オンブズマンなどが知られている。

17 行政手続法…官庁の許認可や行政指導に対する規制を定めている。
情報公開法…国の行政機関に対する情報公開を規定している。

18 請願権…国や地方自治体などの公的機関に対して，一定の施策を求める権利。

19 表現の自由…憲法第21条第1項で保障されている。
国家秘密…安全保障などに関する機密情報の漏えいをした人への罰則を強化する法律である特定秘密保護法が，2014年に成立した。

20 【世論の反映】 国民の意見を国の政治に反映させる手段についての記述として適当でないものを，次の①～④のうちから一つ選べ。

① 圧力団体（利益集団）とは，特定の利害関心に基づく意見を国の政治に反映させることを目的とする団体である。

② 世論調査結果についてマスメディアが行う報道は，調査の対象となった問題に対する意見を国の政治に反映させる機能をもつ。

③ 族議員とは，特定の政策分野に限定することなく，その議員を支持する者の意見を国の政治に反映させることを目的とする議員である。

④ 大衆運動は，国政選挙における特定の勢力の支援を目的としない場合でも，運動に参加した者の意見を国の政治に反映させる機能をもつ。

〈2010・本試〉

21 【行政国家化】 行政国家化の一般的な特徴として最も適当なものを，次の①～④のうちから一つ選べ。

① 委任立法が増大する。

② 行政裁量が縮小する。

③ 議員定数の配分が不均衡となる。

④ 公務員の任免が政党により行われるようになる。

〈2008・追試〉

22 【官僚制】 国家の役割の増大に伴い官僚制が整備・強化されたが，このことはやがて現代日本の政治や行政運営などに弊害をもたらしたとの指摘もある。この弊害やそれへの対応についての記述として最も適当なものを，次の①～④のうちから一つ選べ。

① 立法権に対して行政権が優越する状態を批判して，両者の対等な関係をめざす立場を，セクショナリズムという。

② 官僚と民間企業や業界団体などとが癒着する状態を批判して，それらとの関係を払拭した政治家を，族議員という。

③ 官庁の許認可や行政指導などの不透明性を是正する目的で，行政手続法が制定された。

④ 民間企業や業界団体などへの官僚の天下りを防止する目的で，各省庁内に行政委員会が設置された。

〈2011・追試〉

23 【官僚】 官僚をはじめとする日本の国家公務員に関連する制度や実態についての記述として最も適当なものを，次の①～④のうちから一つ選べ。

① 中央省庁では長年の慣行として，官僚が退職後に職務と関係の深い民間企業や業界団体などに再就職する「天下り」が行われてきた。

② 国家公務員である自衛官には，労働者の基本的権利の一つである団体行動権（争議権）が法律によって認められている。

③ 各府省の事務次官は，官僚ではなく国会議員の中から任命される。

④ 人事院は，中央省庁再編時に内閣府の創設に伴って廃止された。

〈2012・追試〉

24 【NPO法人】 特定非営利活動法人（NPO法人）についての記述として最も適当なものを，次の①～④のうちから一つ選べ。

① 特定の政党を支持することを目的として設立できる。

② 国や地方公共団体と協働して事業を行うことができる。

③ 公企業の民営化によって設立されなければならない。

④ 法人格は民法に基づいて付与されなければならない。

〈2010・本試〉

---

22 セクショナリズム…組織内の各部署が自らの組織に関係ある権限や利害を保持しようとして，他の部署や外部組織からの関わりや干渉を排除しようとすること。

行政指導…行政機関による指導，勧告，助言などの行為。

現代日本の政治

第4章 現代日本の政治 67

25【マスメディアと世論】 政治権力に対する監視にとっては，マスメディアや世論が重要である。マスメディアや世論についての記述として**適当でない**ものを，次の①〜④のうちから一つ選べ。

① 世論調査の結果は，同じ事柄について尋ねたものであっても，マスメディア各社で同じであるとは限らない。

② マスメディアは，国民に多くの情報を提供する能力を有しており，世論形成に重要な役割を果たしている。

③ 世論調査の結果は，選挙における有権者の投票行動に影響を与えることがある。

④ マスメディアは，これまで政治権力による報道の統制に従ったことはない。　　　　　　　　　　　　　　　　　　　〈2009・本試〉

25世論…社会における，一般的に合意された意見のこと。討議や熟慮などを経た意見は輿論といわれる。

26【情報メディアの現状】 日本における情報メディアのあり方の現状についての記述として最も適当なものを，次の①〜④のうちから一つ選べ。

① 中立的な報道を行うために，新聞社は自社の見解を紙面を通して伝えていない。

② 記者クラブの排他性への批判もあり，一部の官庁ではフリーのジャーナリストが記者会見から排除されていない。

③ 報道被害に対する懸念から，新聞社は犯罪報道において被疑者の実名報道を行っていない。

④ プライバシー保護の観点から，内閣総理大臣の面会者についての報道は行われていない。　　　　　　　　　　　　　　　〈2011・追試〉

26記者クラブ…大手メディアで構成される任意の組織で，閉鎖的，排他的との批判があった。
実名報道…事件などの報道で，関係者の実名を出して報道すること。報道によって関係者に被害を及ぼすという指摘がある。

27【大衆操作】 徹底的な大衆操作を行った例としてしばしば言及される，ドイツのナチス党についての記述として正しいものを，次の①〜④のうちから一つ選べ。

① ゲルマン民族の優越を説く極端な排外主義や人種理論を掲げて，全体主義の克服を主張した。

② 暴力的手段を使って反対勢力を威嚇する一方で，選挙によって第一党となり，政権の座に着いた。

③ 政権獲得後は，テレビなどのマスメディアを政府の管理下におき，組織的な政治宣伝を行った。

④ 第二次大戦末期に行われた選挙において，戦局の悪化の責任を問われて大敗し，政権の座を追われた。

〈2000・本試〉

28【承認の政治】 一つの国家内で複数の民族が共存を達成するための政策として，最近では多文化主義が考慮されるようになっている。その特徴として，少数民族のもつ独自の文化などの価値を認め，そのような差異を配慮することが平等のために必要だとする「承認の政治」の考え方が登場したことがあげられる。「承認の政治」の例として**適当でない**ものを，次の①〜④のうちから一つ選べ。

① 少数民族が独自の自治政府を設立し，一定の範囲で自分たちにかかわる事柄を決定する権利を認める。

② 少数言語を使用する個人が公用語を習得するのを援助し，一定の習得度に達した者に，参政権や市民権を与える。

③ 保護されている野生動物のうち，少数民族が伝統的に捕獲してきた種については，その民族に限って捕獲を認める。

④ 少数民族の子どもたちが通う公立学校で，少数民族の歴史や民間伝承などを教える授業を設ける。　　　　　　　　　〈2003・本試〉

28多文化主義…マルチカルチュアリズムともいう。一国の社会の中で複数の人種や民族，言語や文化を認め合い，そのための政策を積極的に推し進めるという考え方。

現代日本の政治

29【国民と政治】 国民と政治のかかわり方についての記述として最も適当なものを，次の①～④のうちから一つ選べ。
① 利益集団(圧力団体)とは，国民の中に存在する特定の利益を実現するために，政治や行政に対して働きかける集団のことである。
② 国民は，報道機関を通じて提供された政治に関する情報を批判的な視点をもって活用する「第四の権力」と呼ばれている。
③ 多数決による決定ではなく，意見の異なる政治勢力の間の合意を重視する民主政治のあり方を，多数者支配型民主主義という。
④ 政治指導者が大衆迎合的な政策を掲げて世論を動員しようとすることを，直接民主制と呼ぶ。

〈2016・追試〉

29利益集団(圧力団体)…経団連，日本医師会，連合，全国農業協同組合中央会(全中)などがある。

30【情報公開】 情報公開について，日本の制度の記述として**適当でないもの**を，次の①～④のうちから一つ選べ。
① 国民は，情報公開法に基づき，国の行政機関が保有する行政文書に記載された個人情報の開示・訂正を求めることができる。
② 行政文書の開示請求をした者は，開示請求に対する不開示などの決定に不服がある場合，その決定を裁判所で争うことができる。
③ 情報公開制度は，国による導入に先駆けて，まず地方自治体によって導入された。
④ 情報公開制度は，国民には政府などに対して情報の開示を求める「知る権利」があるとの主張を背景として，導入された。

〈2013・本試〉

31【NPOとボランティア】 日本におけるNPOやボランティア活動についての記述として**誤っているもの**を，次の①～④のうちから一つ選べ。
① NPO法(特定非営利活動促進法)が制定され，NPOによる法人格の取得が容易となった。
② NPOはボランティアを基礎としているので，有給の職員を雇うことは禁じられている。
③ NPOは知事の指定を受けて，介護保険法に基づく在宅介護サービスを提供することができる。
④ 阪神・淡路大震災はボランティア活動の重要性を認識させる大きな出来事となった。

〈2003・本試〉

31NPO…非営利組織。営利を目的としないで，社会的な活動をする民間団体をいう。

32【市民運動と住民運動】 日本における市民運動や住民運動についての記述として**誤っているもの**を，次の①～④のうちから一つ選べ。
① 公害に反対する市民運動の要求を受けて，1970年前後に一連の公害対策立法が行われた。
② 市民運動の要求で米軍基地の整理・縮小に対する賛否を問う住民投票を実施した地方公共団体があり，その結果が国政へも影響を与えた。
③ 産業廃棄物処分場建設に対する賛否を問う住民投票を実施した地方公共団体があるが，建設が中止された例はない。
④ 河川の可動堰を建設することの是非について，法的な拘束力をもつ住民投票が実施された例はない。

〈2010・本試〉

現代日本の政治

第4章 現代日本の政治 69

第1編　第5章——現代の国際政治

1　国際政治の特質と国際法　　Check ＆ Answer

① 国際社会と国際法

(1) 国際社会の成立と展開

① 三十年戦争終結のため史上初の国際会議〔❶　　　　　　　〕の開催(1648) → 〔❷　　　　　　　〕の成立

② 国際社会の発展

- a．19世紀ヨーロッパ…近代的な主権国家体制 → 内政の民主化，議会政治の確立 → 国民国家
- b．アジア・アフリカ地域…欧米の植民地分割競争の対象
- c．第一次世界大戦後…〔❸　　　　　　〕の成立(1920)，社会主義国ソ連の誕生(1922)
- d．第二次世界大戦後…〔❹　　　　　　〕が成立，冷戦，アジア・アフリカ諸国の独立(1960年代)

③ 現在の国際社会

- a．相互依存関係の変化…経済(ヒト・モノ・カネ・情報など)のグローバル化
- b．行動主体の変化…EUなどの地域的な経済統合の拡大，多国籍企業，NGOなどの活動

(2) 国際法の成立と発展

① オランダの〔❺　　　　　　〕…自然法思想の立場から国際法の理論化

　　　　　　主著『海洋自由論』(1609)，『戦争と平和の法』(1625) → 〔❻　　　　　　〕と呼ばれる

② 国際法の分類及び国際法と国内法の比較

成立・形式による分類			国際法	国内法
〔❼　　　　　〕…国家間の合意に基づき成文化 → 協定，協約，宣言，憲章，覚書など		法の主体	主に国家	主に個人・企業
		立法機関	なし	議会
国際慣習法…多数の国家間の長年の慣習，合意 → 〔❽　　　　〕の原則，外交特権など		司法機関	国際司法裁判所	裁判所(強制管轄)
		行政機関	なし	政府

③ 国際裁判所

- a．〔❾　　　　　〕(ICJ)…紛争当事国の合意で，国際法を裁判基準として適用
- b．〔❿　　　　〕(2002, ICC)…ハーグに設置，〔⓫　　　　　〕の非人道的な戦争犯罪，集団殺害などを裁く常設の裁判所 → アメリカは未加盟(日本の加盟，2007)

2　国際連合と国際協力

① 国際平和の構想と国際連盟

(1) 国際平和の構想

① サン・ピエール…『永久平和案』(1713) → すべての国が加盟する国際平和機構

② 〔❶　　　　　　〕…『永久平和のために』(1795) → 国際平和機構の構想

③ アメリカ大統領ウィルソン…平和原則14か条 → 国際連盟の成立に貢献

(2) 国際連盟の成立と崩壊

① 国際連盟の発足(1920)…史上初の国際平和機構。原加盟国は42か国

② 平和維持の方式…勢力均衡方式に代わって〔❷　　　　　〕方式を採用

③ 機構

主要機関	総会…全加盟国で構成する最高決定機関，〔❸　　　　　〕，事務局
付属機関	常設国際司法裁判所，国際労働機関(ILO)

④ 国際連盟の欠陥

- a．〔❹　　　　　〕制…総会・理事会ともに有効な決定ができなかった
- b．大国の不参加…〔❺　　　　　〕は不参加，ソ連は遅れて加盟，日・独・伊の脱退
- c．制裁…経済的制裁のみ(軍事的制裁はできなかった)

② 国際連合

(1) 国際連合の成立過程と目的

① 〔❻　　　　　〕(1941) → 〔❼　　　　　〕会議(1944, 国連憲章の原案作成) → サンフランシスコ会議(1945, 国連憲章の採択，原加盟国は51か国) → 現在，193か国が加盟

② 国連の目的…国際社会の平和及び安全の維持，諸国間の友好関係の発展，経済的・社会的・文化的・人道的国際問題の解決など

70　第1編　現代の政治

③ 国連の6つの主要機関

総　会	・全加盟国で構成…各国が1票の表決権をもつ， 　　　　　　　多数決制（重要事項の議決は3分の2の多数決），勧告を行う ・補助機関…国連人権理事会など　　　・その他…国際原子力機関（IAEA）など
〔❽　　　　　　〕	・5常任理事国（米・英・仏・ロ・中）と10非常任理事国（半数の5か国は毎年改選） ・5常任理事国は〔❾　　　　　　〕をもつ（大国一致の原則） 　→〔❾　　　　　　〕の行使で機能停止の場合 　→〔❿　　　　　　〕（1950）に基づき緊急特別総会の招集 ・軍事的制裁を含む強制措置が可能…決定には法的拘束力がある
〔⓫　　　　　　〕	・経済的・社会的・文化的・人道的な国際問題に関する研究や勧告 　→ 最近は，NGOとの協力関係を強化（国連NGO） ・専門機関…ILO，WHO，IMF，UNESCO，FAOなど
信託統治理事会	・未独立地域の独立の支援 → パラオの独立で活動の停止（1994）
事務局	・国連の運営に関するすべての事務を行う ・各国からの利害を離れ，中立的な立場で国連の運営にあたる ・事務総長…〔❽　　　　　　〕の勧告により総会が任命（現在，アントニオ・グテーレス）
国際司法裁判所	・オランダのハーグに設置 ・〔⓬　　　　　　〕しかなく，裁判を行うには関係当事国の〔⓭　　　　　　〕が必要 　→ 訴訟当事者は国家に限定される

(2) 国際連合の課題
① 国連改革…1国1票制への大国の不満，国連分担金の滞納問題など
② 〔❽　　　　　　〕の改革…理事国の拡大，〔❾　　　　　　〕の廃止と制限など

(3) 国連の平和維持活動（PKO）
① 〔⓮　　　　　　〕…国連憲章の規定に基づく正規のものは，いまだ編成されたことはない
② PKOの原則
　a．関係国，特に受け入れ国の要請や〔⓭　　　　　　〕が必要
　b．紛争当事国に対する公正な第三者としての立場の堅持…受け入れ国の〔⓯　　　　　　〕をしない
　c．武器使用は隊員の自衛の場合のみに限定
③ PKOの歴史
　a．国連憲章に明確な規定がない → 6章の勧告と7章の強制措置の中間 → 〔⓰　　　　　　〕
　b．活動状況…非武装の停戦監視活動，軽武装の平和維持活動，文民による選挙監視活動
　c．PKOの変質と挫折…冷戦終結後，兵力引き離しや非武装地帯の確保の実施
　　　→ PKF（平和維持軍）…ソマリア，旧ユーゴスラビアでの失敗
④ 多国籍軍…〔❽　　　　　　〕の決議や勧告を受けて，各国が合同で編成する軍隊
　→ 例としては湾岸戦争（1991）の際のアメリカ軍を中心とした多国籍軍

(4) 国連の国際協力
① 人権問題…〔⓱　　　　　　〕（1948）→〔⓲　　　　　　〕（1966）により法的拘束力を持たせる
② 難民問題…難民条約（1951），〔⓳　　　　　　〕（UNHCR）の設置と活動など
③ 環境問題…〔⓴　　　　　　〕（1972）→ 国連環境開発会議（地球サミット，1992）
　　　　　　→ 環境・開発サミット（2002）→ 国連持続可能な開発会議（2012）につながる
④ その他の条約…人種差別撤廃条約（1965），〔㉑　　　　　　〕（1979），子どもの権利条約（1989），
　　　　　　　死刑廃止条約（1989），〔㉒　　　　　　〕（2006），ハラスメント禁止条約（2019）など
　　　　　　　ジェノサイド条約（1948）…日本は未署名

解答　1 ❶ウェストファリア会議　❷主権国家　❸国際連盟　❹国際連合　❺グロチウス　❻国際法の父　❼条約
　　❽公海自由　❾国際司法裁判所　❿国際刑事裁判所　⓫個人
　　2 ❶カント　❷集団安全保障　❸理事会　❹全会一致　❺アメリカ　❻大西洋憲章　❼ダンバートン・オークス
　　❽安全保障理事会　❾拒否権　❿平和のための結集決議　⓫経済社会理事会　⓬任意管轄権　⓭合意　⓮国連軍
　　⓯内政干渉　⓰6章半活動　⓱世界人権宣言　⓲国際人権規約　⓳国連難民高等弁務官事務所
　　⓴国連人間環境会議　㉑女性差別撤廃条約　㉒障害者権利条約

第5章　現代の国際政治　71

3 現代の国際政治の動向

1 第二次世界大戦後の国際政治の動向

(1) 東西冷戦の成立

西側（アメリカを中心とする資本主義国）		東側（ソ連を中心とする社会主義国）	
1946	チャーチルの「〔❶　　　　　　〕」演説	1947	コミンフォルム結成
1947	トルーマン・ドクトリン	1948	〔❸　　　　　　〕の実施
1948	マーシャル・プラン	1949	COMECONの発足
1949	〔❷　　　　　　〕結成	1950	中ソ友好同盟相互援助条約締結
1955	西ドイツのNATOへの加盟	1955	ワルシャワ条約機構（WTO）

(2) アメリカの封じ込め政策

① トルーマン・ドクトリン…ギリシア・トルコへの軍事的・経済的援助による共産主義封じ込め政策

② マーシャル・プラン…ヨーロッパ復興計画（後に，軍事援助的性格を強める）

2 冷戦構造

(1) 冷戦の激化

① 〔❸　　　　　　〕…1948年6月から翌年5月までソ連が東西ベルリンの全面封鎖

② 朝鮮戦争…北朝鮮が南進して戦争が勃発（1950） → 38度線をはさんで〔❹　　　　　〕状態

③ 〔❺　　　　　　〕…アメリカの北爆開始（1965） → 和平協定（1973）

(2) 分断国家の成立と統一

① 西ドイツと東ドイツ…西に統一されてドイツ連邦共和国の成立（1990）

② 北ベトナムと南ベトナム…北に統一されてベトナム民主共和国の成立（1975）

③ 北朝鮮（朝鮮民主主義人民共和国）と大韓民国…現在も〔❹　　　　　〕状態が継続

(3) 平和共存

① 〔❻　　　　　　〕（緊張緩和）

1955	ジュネーブ四巨頭会談（米・英・仏・ソ）…雪解けへの第一歩
1956	ソ連首相フルシチョフによる〔❼　　　　　　〕…平和共存路線へ
1962	〔❽　　　　〕危機…米ソの核戦争の回避 → ホットライン設置（1963）

② 多極化…二極化から多極化へ

　a．西側…フランスが〔❷　　　　　　〕の軍事機構から離脱（1966），2009年に復帰

　b．東側…〔❾　　　　〕 → 両国の共産党の運動路線の違いが表面化 → 国境紛争（1969）
　　　　　　東欧諸国の反ソ運動（ハンガリー動乱，プラハの春など）

③ 第三世界の台頭

　a．中国の周恩来とインドのネルー…平和5原則の発表（1954）

　b．〔❿　　　　　〕（1955，インドネシアのバンドン）…平和10原則の採択

　c．国連総会で植民地独立付与宣言の発表（1960）…植民地主義廃絶の決意を表明

　d．アフリカの年（1960）…17の独立国の誕生 → 国連に加盟

　e．第1回〔⓫　　　　　〕（1961，ユーゴスラビアのベオグラード）

(4) 冷戦の終結とその後

① 新冷戦…ソ連のアフガニスタン侵攻（1979） → 西側世論の反発，米ソ対立の再燃

② 冷戦の終結（1985 〜 91）

　a．ソ連に〔⓬　　　　　〕政権誕生（1985） → 〔⓭　　　　　　〕，グラスノスチ，新思考外交の展開

　b．INF全廃条約（1987）…米ソ間で中距離核兵器に関する初めての全廃条約，米ロ間で失効（2019）

　c．ソ連のアフガニスタンからの撤退（1988）

　d．東西ドイツの分離・対立の象徴であった〔⓮　　　　　〕の崩壊（1989） → ドイツ統一（1990）

　e．冷戦結束宣言…〔⓯　　　　〕（1989）…〔⓬　　　　　〕（ソ連），ブッシュ（父）大統領（アメリカ）

　f．ソ連の解体（1991） → 独立国家共同体（CIS）の発足

　g．全欧安全保障協力会議を全欧安全保障協力機構に改称（1995，56か国）…対立・分断の終結

解答 3 ❶鉄のカーテン ❷北大西洋条約機構（NATO） ❸ベルリン封鎖 ❹休戦 ❺ベトナム戦争 ❻デタント
❼スターリン批判 ❽キューバ ❾中ソ対立 ❿アジア・アフリカ（AA）会議 ⓫非同盟諸国首脳会議
⓬ゴルバチョフ ⓭ペレストロイカ ⓮ベルリンの壁 ⓯マルタ会談

72　第1編　現代の政治

4 核軍縮と軍縮

① 核軍縮

(1) 核をめぐる問題…核抑止論：侵略や核戦争の断念 → 核戦略による「〔❶　　　　〕」

・国連を中心とする核廃絶・核軍縮	
1963	米・英・ソが〔❷　　　　〕(PTBT)調印…フランス・中国は参加せず
1968	〔❸　　　　〕(NPT)調印…米・英・ソ・仏・中の5か国にのみ核兵器保有を認める
1978	第1回国連軍縮特別総会 → 第2回(1982)，第3回(1988)
1996	国際司法裁判所が「核兵器は一般的に国際法違反」と勧告的意見を出した
1996	〔❹　　　　〕(CTBT)採択…米・中は未批准，インド・パキスタン・北朝鮮は未署名
2017	核兵器禁止条約採択…核保有国，日本，NATO諸国は参加せず(2021発効)

・米ソ(ロ)間の核軍縮	
1972	戦略兵器制限交渉(SALTⅠ)調印 → SALTⅡ(1979) → ソ連のアフガン侵攻により失効
1987	〔❺　　　　〕(INF)全廃条約調印(初の核軍縮) → アメリカ離脱表明 → 失効(2019)
1991	戦略兵器削減条約(STARTⅠ)調印 → STARTⅡ(1993，未発効)
2002	戦略攻撃兵器削減条約(モスクワ条約，SORT)…STARTⅡに代わるもの
2010	新START…STARTⅠに代わって結ばれた条約

・NGOや発展途上国による軍縮	
1955	ラッセル・アインシュタイン宣言…核戦争での人類滅亡のおそれを指摘
1957	第1回〔❻　　　　〕…原子物理学者による国際会議(湯川秀樹なども参加)，毎年開催
1997	対人地雷全面禁止条約調印…NGOの活動が国際世論を動かして条約の調印

5 人種・民族問題

① 民族・地域対立の激化

(1) 紛争・対立の主な事例

① 旧ユーゴスラビア内戦 → コソボ紛争 → 難民の発生

② 〔❶　　　　〕…ソ連の解体 → ロシア連邦からの分離独立

③ パレスチナ問題…パレスチナ人の抵抗運動とイスラエルの弾圧

④ イラクのクウェート侵攻(1990) → 湾岸戦争(1991) → 米英によるイラク攻撃(2003)

⑤ アメリカ世界貿易センターなどへの〔❷　　　　〕(2001.9.11) → 単独行動主義への傾斜

(2) 難民問題

① 地域紛争や〔❸　　　　〕的迫害 → 難民や国内避難民の発生

② 難民条約…「難民の地位に関する条約」(1951)，「難民の地位に関する議定書」(1967)

③ 難民の保護…国連難民高等弁務官事務所(UNHCR)設置(1951)

④ 難民を迫害するおそれのある国への送還禁止…〔❹　　　　〕の原則

6 国際政治と日本

① 日本の外交政策

(1) 戦後の日本外交

① 〔❶　　　　〕(1951)で国際社会への復帰，同時に〔❷　　　　〕締結…アメリカと同盟関係

② 日ソ共同宣言(1956)…ソ連との国交回復(領土関係は未解決) → 国連への加盟が実現

③ 日韓基本条約(1965)…「韓国が朝鮮にある唯一の合法的な政府」(日韓基本条約第3章)

④ 〔❸　　　　〕(1972)…中国との国交回復(台湾と断交) → 日中平和友好条約(1978)

⑤ 日本外交の三原則…西側諸国との協調，国連中心主義，〔❹　　　　〕としての立場を堅持

⑥ 領土問題(北方領土，尖閣諸島，竹島など)，戦後処理の解決などの課題がある

解答　4 ❶恐怖の均衡　❷部分的核実験禁止条約　❸核不拡散(核拡散防止)条約　❹包括的核実験禁止条約
　　　❺中距離核戦力　❻パグウォッシュ会議
　　　5 ❶チェチェン紛争　❷同時多発テロ　❸政治　❹ノン・ルフールマン
　　　6 ❶サンフランシスコ平和条約　❷日米安全保障条約　❸日中共同声明　❹アジアの一員

第5章　現代の国際政治　73

問題演習 1. 国際政治の特質と国際法

1 【主権国家】 主権国家体制に関連する記述として**誤っているもの**を，次の①〜④のうちから一つ選べ。
① ウェストファリア条約は，ヨーロッパにおいて，主権国家を構成単位とする国際社会の成立を促した。
② 主権国家の領空には，排他的経済水域の上空が含まれる。
③ 国際組織を創設することによる集団安全保障制度は，国際連盟と国際連合で採用された。
④ 国際法には，条約などの成文国際法と，慣習国際法(国際慣習法)とがある。
〈2012・本試〉

2 【主権国家体制】 主権国家体制についての記述として最も適当なものを，次の①〜④のうちから一つ選べ。
① 第一次世界大戦の後に開催されたパリ講和会議で，初めて各国の主権と平等とが確認された。
② 主権国家は，共通通貨の発行という形で，主権の一部を国家の連合体に委ねることもある。
③ 主権国家は，自国の利害に反することについては，国連加盟国であっても国連安全保障理事会の決定に従う義務はない。
④ 主権国家間の戦争を違法とする国際法の拘束力が強まった結果，国家による武力行使は不可能になった。
〈2013・追試〉

3 【国際慣習法】 国際慣習法(慣習国際法)についての記述として**適当でないもの**を，次の①〜④のうちから一つ選べ。
① 国際慣習法とは，諸国の慣行の積み重ねにより形成された法である。
② 国際慣習法において，輸入品に関税を課すことが禁じられている。
③ 国際慣習法は，条約の形に成文化されることがある。
④ 国際慣習法により，公海自由の原則が認められている。
〈2015・本試〉

4 【条約】 条約についての記述として正しいものを，次の①〜④のうちから一つ選べ。
① 京都議定書は，締約国間における温室効果ガスの排出量の売買を禁止している。
② 経済的，社会的及び文化的権利に関する国際規約(A規約)は，締約国が規約を批准する際に留保を行うことを禁止している。
③ 化学兵器禁止条約は，化学兵器の使用を禁止しているが，その生産と保有については認めている。
④ 国連海洋法条約は，沿岸国が領海の外側に一定の範囲で排他的経済水域を設定することを認めている。
〈2016・追試〉

1主権国家…いかなる国の支配や干渉をも受けずに，自国に関することを自主的に決定することができる国家をいう。
ウェストファリア条約…三十年戦争を終結させた条約。主権国家で構成される社会が誕生した。
国際法…長い間の慣習に基づく国際慣習法と国家間の合意に基づいた成文国際法(条約など)がある。

2パリ講和会議…第一次世界大戦の戦勝国のみで行われた会議で，ドイツの賠償責任などを討議した。

3国際慣習法…国際法の分類の一つで，国際法には国際慣習法と条約がある。

4条約…二国間や多国間における合意を成文化したものが条約で，協定，規約，議定書，宣言，覚書などの名称を使うこともある。

74 第1編 現代の政治

5 【国際社会】 冷戦期における国際社会の動きについての記述として**誤って**いるものを，次の①～④のうちから一つ選べ。
① アジア，アフリカ，中南米の一部の国は，非同盟・中立を掲げて，外交を展開した。
② ソ連を中心とする社会主義諸国は，ワルシャワ条約機構を設立して，NATO（北大西洋条約機構）に対抗した。
③ 国連は，マーシャル・プランに基づき，米ソ間の緊張緩和をめざす努力を続けた。
④ アメリカとソ連は，戦略兵器開発競争に歯止めをかけるために，戦略兵器制限交渉（SALT）を進めた。
〈2009・本試〉

5 非同盟国・中立国…大国支配の世界に対して，中立・平和共存・反植民地主義などを掲げる国。
ワルシャワ条約機構…ソ連を中心とした東側陣営の軍事組織。
NATO…アメリカを中心とする西側の軍事組織。
SALT…アメリカ・ソ連間で行われた戦略兵器の上限を決めた交渉だが，内容は真の軍縮とはほど遠いものであった。

6 【勢力均衡】 勢力均衡は安全保障の一つの方法である。これについての記述として最も適当なものを，次の①～④のうちから一つ選べ。
① 対立する国を含め，相互に侵略しないことを約束し，違反国に対しては共同で制裁を加えて戦争を防ごうとする方法である。
② 国家群の間の力関係を同盟によってほぼ対等にすることで，強力な国や国家群からの攻撃を防ごうとする方法である。
③ 国家の権限をさまざまな国際機関に分散させることで，武力の行使を相互に抑制させる方法である。
④ 国際政治において他を圧倒する唯一の超大国が，核兵器を利用した抑止力によって，戦争を防ぐ方法である。
〈2010・本試〉

7 【国際平和の実現】 国際平和の実現のための制度や取組みについての記述として正しいものを，次の①～④のうちから一つ選べ。
① 日本がポツダム宣言を受諾した年に開催されたサンフランシスコ会議では，国連憲章が採択された。
② 常設仲裁裁判所は，国際連合の主要機関の一つである。
③ 国際連盟は，勢力均衡の理念に基づく国際組織である。
④ 冷戦終結後に開催されたウェストファリア会議では，欧州通常戦力条約が採択された。
〈2018・追試〉

7 常設仲裁裁判所…特定の紛争ごとに関係国間の合意に基づき，紛争を解決する裁判所。いずれの国際機関からも独立している。
欧州通常戦力条約…NATOとWTOとの間で，核兵器以外の通常戦力の管理・縮小をめざした。

8 【国際社会の秩序】 主権尊重の原則と国際社会の秩序維持との関係についての記述として正しいものを，次の①～④のうちから一つ選べ。
① 国際司法裁判所（ICJ）は，紛争当事国の同意がなくても，国家間紛争の裁判を行うことができる。
② 国際原子力機関（IAEA）は，核拡散防止条約で核兵器保有を認められた国の核関連施設であっても，強制的に査察することができる。
③ 国際連合に加盟している国家は，自衛のためであっても，武力の行使を慎む義務がある。
④ 国際連合に加盟している国家は，自国の利益に反する内容であっても，国連安全保障理事会の決定に従う義務がある。
〈2016・追試〉

8 国際原子力機関…原子力の平和的利用の促進と，軍事的利用への転用を防ぐことを目的に，国連の関連機関として設置されている。

現代の国際政治

第5章 現代の国際政治 75

問題演習 **2. 国際連合と国際協力**

1 【国連憲章】 国連憲章についての記述として最も適当なものを，次の①～④のうちから一つ選べ。
① 植民地主義を非難して，すべての植民地を直ちに独立させるよう求めた。
② 国際司法裁判所を設置して，国際紛争の裁判による解決を義務づけた。
③ 安全保障理事会が軍事的強制措置を含む決議を行うことを認めていない。
④ 総会において単独の加盟国が拒否権を行使することを認めていない。
〈2012・追試〉

2 【国際連合】 国際社会の平和に重要な役割を担っている国際連合についての記述として正しいものを，次の①～④のうちから一つ選べ。
① 国連安全保障理事会の常任理事国は，9か国で構成されている。
② 国連安全保障理事会の非常任理事国は，2年任期で選出される。
③ 国連憲章では，集団的自衛権の行使は認められていない。
④ 国連の平和維持活動は，国連憲章に基づく国連軍により遂行されている。
〈2018・追試〉

3 【国際連合】 国際連合についての記述として誤っているものを，次の①～④のうちから一つ選べ。
① 第二次世界大戦中に，制度の構想については合意できたが，後に冷戦が本格化すると集団安全保障については構想どおりの活動が難しくなった。
② 国際の平和と安全の維持のみならず，社会的進歩や生活水準の向上を促進することなども目的として設立された。
③ 信託統治理事会は，冷戦後の新たな信託統治地域の設定に伴い，活動範囲を拡大している。
④ 経済社会理事会と提携関係にある専門機関として，世界保健機関（WHO）や国際開発協会（IDA）などが設置されている。
〈2011・本試〉

4 【国際社会】 国際社会の平和と安全を維持するための国連（国際連合）の仕組みに関する記述として正しいものを，次の①～④のうちから一つ選べ。
① 国連安全保障理事会が侵略国に対する制裁を決定するためには，すべての理事国の賛成が必要である。
② 国連憲章は，国連加盟国が安全保障理事会決議に基づかずに武力を行使することを認めていない。
③ 国連が平和維持活動を実施できるようにするため，国連加盟国は平和維持軍を編成するのに必要な要員を提供する義務を負っている。
④ 国連憲章に規定されている本来の国連軍は，これまでに組織されたことがない。
〈2017・本試〉

1 国連憲章…国際社会における平和と安全の維持，国際協力の推進を基調とする。1945年のサンフランシスコ会議において，51か国の調印によって成立した。
拒否権…国連の安保理を構成する常任理事国は，重要事項決議の場合，優越的な権限を有している。

2 集団的自衛権…同盟関係にある他国が武力攻撃を受けたとき，その国と共同して防衛行動をとる権利のこと。

3 制度の構想…1941年8月，大西洋上の船の中で，アメリカ大統領F・ローズベルトとイギリス首相チャーチルが会談し，戦争拡大への対処，第二次世界大戦後の国際政治，平和機構の再建などに関する構想が外交文書として示された。
集団安全保障…国際連盟・国際連合の採用している安全保障の方式で，勢力均衡方式に対する考え方である。

4 制裁…国連安保理の主要任務の一つで，国際平和と安全の維持に関する経済制裁，軍事的強制措置などを含む。

現代の国際政治

5 【国連加盟】　今日，国際連合には世界のほとんどの国が加盟しているが，国連加盟をめぐる状況についての記述として正しいものを，次の①〜④のうちから一つ選べ。

① ドイツは，東西に分断されていた時代には，米ソの相互牽制（けんせい）のために加盟を認められず，統一達成後になって加盟した。

② ソ連の消滅後，安全保障理事会常任理事国の地位をはじめとするソ連の国連加盟国としての地位は，ロシアが引き継いでいる。

③ スイスは，永世中立国であり，国連に加盟していない。

④ 日本が国連への加盟を承認されたことをうけて，日ソ共同宣言が調印された。
〈2001・本試改〉

5日ソ共同宣言…1956年に調印された，日ソ間の戦争状態を終結させ，国交を回復するための宣言。

6 【国連の活動】　安全保障理事会を中心とする集団安全保障体制が，冷戦期には安全保障理事会の常任理事国の拒否権行使により機能しないことが多かった。これに対処するために国連が発展させてきた活動についての説明として最も適当なものを，次の①〜④のうちから一つ選べ。

① 事務総長の命令に基づき，多国籍軍を派遣した。

② 「平和のための結集」決議に基づき，NATO(北大西洋条約機構)軍を派遣した。

③ バンドン会議(アジア・アフリカ会議)における「平和10原則」に基づき，UNF(国連軍)を派遣した。

④ 安全保障理事会の決議に基づき，PKF(国連平和維持軍)を派遣した。
〈2008・追試〉

6多国籍軍…国連憲章で規定されている国連軍とは異なり，多くの国の軍隊で組織されたもの。

バンドン会議…1955年にインドネシアのバンドンで開かれた。

平和10原則…基本的人権や国連憲章の尊重，人種と国家の平等などを掲げている。

国連平和維持軍(PKF)…国連の平和維持活動を助け，治安維持にあたる部隊。軽火器などの武器の使用は認められるが，自衛の場合に限られる。

7 【安全保障理事会】　国連安全保障理事会における表決についての次の事例A〜Cのうち，決議が成立するものとして正しいものはどれか。当てはまる事例をすべて選び，その組合せとして最も適当なものを，下の①〜⑦のうちから一つ選べ。

A　実質事項である国連平和維持活動の実施についての決議案に，イギリスが反対し，ほかのすべての理事会構成国が賛成した。

B　手続事項である安全保障理事会の会合の議題についての決議案に，フランスを含む5か国が反対し，ほかのすべての理事会構成国が賛成した。

C　実質事項である国際紛争の平和的解決についての決議案に，すべての常任理事国を含む9か国が賛成した。

① A　　　② B　　　③ C
④ AとB　　⑤ AとC　　⑥ BとC
⑦ AとBとC
〈2019・本試〉

7手続事項…国連総会，安保理での決議事項には実質事項と手続事項とがある。

8 【国際裁判所】　紛争を平和的に解決するための国際裁判所に関する記述として正しいものを，次の①〜④のうちから一つ選べ。

① 日本は，国際司法裁判所(ICJ)で裁判の当事国となったことがない。

② 日本は，国際刑事裁判所(ICC)に加盟していない。

③ 国際司法裁判所は，紛争当事国双方の同意がない限り，国家間の紛争を裁判することはできない。

④ 国際刑事裁判所は，人道に対する犯罪などの処罰をめぐる国家間の紛争を裁判する機関であって，個人を裁くための裁判所ではない。
〈2017・本試〉

8国際刑事裁判所…大量殺害や戦争犯罪などの個人の犯罪を裁くための常設の国際裁判所。オランダのハーグに置かれている。

現代の国際政治

第5章　現代の国際政治　77

9【国際連合】 国際連合の制度についての記述として**誤っているもの**を，次の①〜④のうちから一つ選べ。
① 安全保障理事会は，表決手続として全会一致制を用いる。
② 経済社会理事会は，教育や文化に関する専門機関と連携関係をもつ。
③ 総会は，安全保障理事会の勧告に基づいて事務総長を任命する。
④ 総会は，安全保障理事会の非常任理事国を選出する。〈2012・本試〉

9 専門機関…国際協力を目的に，政府間の協定に基づいて創設された機関で，経済・社会・文化・教育・保健などに関する分野で，国連と連携している国際機関をいう。

10【国際社会の共存・協力】 国際関係における共存・協力の方策に関連して，平和維持のためのさまざまな構想・政策の説明として最も適当なものを，次の①〜④のうちから一つ選べ。
① アメリカのウィルソン大統領は，自国の国際連盟への加盟によって国際秩序の維持に関与した。
② イギリスのチャーチル首相は，SALT（戦略兵器制限交渉）を主導して東西の緊張緩和を推進した。
③ グロチウスは，自然法に基づいて，国家間の関係を律する国際法の発展の基礎を築いた。
④ ボーダンは，人間が自然状態から脱し平和を創り出すために，契約により国際機構を創るべきであるとした。〈2008・本試〉

10 ボーダン…フランスの政治思想家。『国家論』で「主権」の概念を明確にした。主権とは国家の絶対的・永続的な権力であり，市民に対する最高の権力であると主張した。

11【戦争の違法化】 戦争の違法化を推し進めた条約A〜Cと，その内容についての説明ア〜ウとの組合せとして正しいものを，下の①〜⑥のうちから一つ選べ。

　　A　国際連盟規約　　　B　不戦条約　　　C　国際連合憲章

　　ア　集団安全保障の考え方を基礎とする初めての国際機構の設立を定めた。
　　イ　加盟国との間の特別協定に基づいて創設される軍により，軍事的強制措置をとることを認めた。
　　ウ　アメリカのケロッグとフランスのブリアンが提唱したものであり，国家の政策の手段としての戦争を放棄することを定めた。

① A−ア　B−イ　C−ウ　　② A−ア　B−ウ　C−イ
③ A−イ　B−ア　C−ウ　　④ A−イ　B−ウ　C−ア
⑤ A−ウ　B−ア　C−イ　　⑥ A−ウ　B−イ　C−ア
〈2008・本試〉

11 不戦条約…1928年にパリで調印された，戦争放棄に関する条約。

12【国連改革】 国連改革をめぐっては，さまざまな議論が行われている。国連の現状についての記述として**誤っているもの**を，次の①〜④のうちから一つ選べ。
① 分担金の滞納によって，財政危機に陥っている。
② 安全保障理事会では，常任理事国に拒否権が認められている。
③ 内部機関の活動については，権限の重複が存在する。
④ 総会では，議決について加重投票制がとられている。〈2006・追試〉

12 分担金…国連は加盟国からの分担金で財政をまかなっている。分担の金額は，おもにその国の経済力が基準とされる。

13【人間の安全保障】 人間の安全保障の実践例として**適当でないもの**を，次の①〜④のうちから一つ選べ。
① 人々を感染症から守るため，ある政府が他国の公衆衛生分野に援助を行う。
② 他国による侵略を防ぐため，複数の国の軍隊が共同で訓練する。
③ 森林の環境を守るため，NGO（非政府組織）が植林活動や環境教育を行う。
④ 民族紛争における人権侵害を防ぐため，国連が紛争当事者の行為を監視する。〈2014・本試〉

13 人間の安全保障…差別や貧困・戦争・大規模災害・環境破壊など，人間の生存・尊厳を脅かすものに対して国際的な取り組みを行おうとする考え方をいう。
NGO…国連の経済社会理事会が認めた民間組織をNGOとよんでいたが，現在では，国連の活動分野で国境を越えて活動する民間団体を，国連NGOというようになった。

78　第1編　現代の政治

3. 現代の国際政治の動向　　4. 核軍縮と軍縮
5. 人種・民族問題　　6. 国際政治と日本

1【戦後の国際政治】 第二次世界大戦後の国際政治に関連した記述として誤っているものを，次の①～④のうちから一つ選べ。
① アメリカはトルーマン・ドクトリンなど，東側陣営を封じ込めるための政策を実施し，共産主義勢力の拡大を阻止することに努めた。
② 日本は戦争の放棄を国家理念として掲げたが，国際政治の変化の中で日米安全保障条約により警察予備隊を創設した。
③ アメリカとの緊張関係にある中で，ソ連のフルシチョフが平和共存路線を掲げた。
④ 相次いで独立を果たした旧植民地諸国はバンドン会議で「平和10原則」を発表し，内政不干渉，国際紛争の平和的解決などを主張した。
〈2010・本試〉

1 トルーマン・ドクトリン…アメリカ大統領トルーマンによる共産圏に対する封じ込め政策。

2【冷戦】 冷戦に関連して，1980年代前半は米ソ関係の緊張が一時的に高まった時期であり，80年に開催されたモスクワ・オリンピックにおいて西側諸国のボイコットなども起こった。緊張が高まるきっかけの一つとなった事件として最も適当なものを，次の①～④のうちから一つ選べ。
① 米ソ間でキューバ危機が発生した。
② 東ドイツがベルリンで東西を分ける壁を構築した。
③ ソ連がアフガニスタンに侵攻した。
④ アメリカがビキニ環礁で水爆実験を行った。
〈2015・本試〉

2 ベルリンの壁…東ドイツから西ドイツへの亡命者が増加したため，西ベルリンの周囲に東ドイツが壁を築いた。
ビキニ環礁…アメリカは，戦後も核実験を続け，中部太平洋マーシャル諸島のビキニ環礁を実験場に使った。

3【平和のための結集決議】 1950年に，国連総会にも国際の平和と安全のための集団的措置に関する権限が与えられたが，その内容を示すものとして最も適当なものを，次の①～④のうちから一つ選べ。
① 総会は，朝鮮戦争を契機に，「平和のための結集」決議を採択した。
② 総会は，キューバ危機を契機に，ソ連の除名決議を採択した。
③ 総会は，ベトナム戦争の解決のため，インドシナ半島への国連軍の派遣を決定した。
④ 総会は，カンボジア紛争の解決のため，START(戦略兵器削減条約)を締結した。
〈2005・本試〉

3 平和のための結集決議…安全保障理事会が常任理事国の拒否権行使により機能停止に陥ったとき，総会が代わりにその機能を行使できるようにする決議。
START…米ソ(ロ)間での戦略兵器削減をめざした条約。

4【米ソ関係】 第二次世界大戦以後の米ソ関係についての記述として正しいものを，次の①～④のうちから一つ選べ。
① 1945年のポツダム会談以後，アメリカのニクソン大統領がソ連を訪問するまで，東西間で首脳会談は開かれなかった。
② 1960年代に，ベルリンの壁が構築されたことを発端として，東西ベルリンにおいて米ソ両軍による直接的な軍事衝突が発生した。
③ 1970年代初頭にソ連の支援を受けて南北ベトナムが統一されると，ソ連と対立するアメリカはベトナムでの軍事行動を本格化させていった。
④ アメリカは，ソ連の核戦力に対抗して，1980年代前半に，レーガン大統領の下でSDI(戦略防衛構想)を打ち出した。
〈2003・追試〉

4 SDI…アメリカのレーガン大統領が打ち出した戦略防衛構想。スターウォーズ構想ともいわれ，迎撃ミサイルなどを使って，アメリカの領土に向けて発射された大陸間弾道ミサイルを宇宙空間で打ち落とすというものであった。クリントン政権は1993年にこの計画を中止した。

第5章　現代の国際政治　79

5 【大国間の外交】 アメリカやソ連，中国などの諸大国間の外交についての記述として最も適当なものを，次の①～④のうちから一つ選べ。

① 1950年の朝鮮戦争の際，ソ連と中国が国際連合の安全保障理事会において拒否権を行使したため，アメリカは単独で軍事行動に踏み切った。

② 1950年代半ばに「雪解け」と呼ばれる東西間の緊張緩和の動きが見られたが，同年代末からベルリンをめぐる対立などが激化し，緊張緩和は停滞した。

③ 1960年代末にソ連の勢力圏にあったチェコスロバキアで改革運動が発生した際，アメリカはその動きを支援するために，直接の軍事介入を行った。

④ 1972年にアメリカのニクソン大統領が中国との国交樹立を実現した結果，中国とソ連との関係が悪化し，中ソ国境紛争に発展した。

〈2004・本試〉

6 【冷戦下の民主化】 冷戦終結に関連する出来事についての記述として**誤っ**ているものを，次の①～④のうちから一つ選べ。

① ベルリンの壁が崩壊し，東西ドイツの統一が実現した。

② マルタで米ソ首脳会談が行われ，冷戦の終結が謳われた。

③ ハンガリー動乱が起こり，それから半年の間に東欧諸国の社会主義体制が相次いで崩壊した。

④ ソビエト連邦を構成していた大部分の共和国が独立国家共同体(CIS)を結成した。

〈2019・本試〉

7 【国際紛争の処理】 国際紛争の処理について説明したものとして正しいものを，次の①～④のうちから一つ選べ。

① 国際司法裁判所(ICJ)が裁判を行うには，紛争当事国双方の同意が必要とされる。

② 侵略国に対する国連の安全保障理事会の決議では，経済制裁はできない。

③ 国連のPKOは，加盟国が自発的に人員を提供するものではない。

④ 国連憲章に規定されている国連軍は，多発する地域紛争に備えて常設されている。

〈2014・本試〉

8 【非同盟諸国】 第1回非同盟諸国首脳会議に関連する記述として正しいものを，次の①～④のうちから一つ選べ。

① この会議では，インドのネルー(ネール)首相の尽力によって，開発援助委員会(DAC)が設置された。

② この会議は，当時のユーゴスラビアの首都であったベオグラードで開催された。

③ この会議での議論をきっかけとして，コメコン(経済相互援助会議)が発足した。

④ この会議では，キューバ危機における米ソの行動を非難する決議が採択された。

〈2002・本試〉

---

5 雪解け…冷戦が緩むことを雪解けと呼んだ。
チェコスロバキアの改革運動…チェコスロバキアで，民主化要求運動が起こり，「プラハの春」と呼ばれる状況までになったが，ソ連を中心とするワルシャワ条約機構軍に弾圧された。
中ソ国境紛争…同じ社会主義政権の国でありながら，路線の違いが明確になり，国境をめぐる対立が表面化した。

7 国際司法裁判所…オランダのハーグに設置され，裁判の当事者は国である。
PKO…国連平和維持活動のことで，国連憲章に規定はない。

8 非同盟諸国首脳会議…西側・東側いずれにも属さず，非同盟・中立を貫き，反植民地主義・平和共存をめざす国の首脳が集って開いた会議。1961年，第1回を開催。

9【民族紛争】 民族紛争に伴って発生する事態や，それに対処するための国際的な枠組みについての記述として最も適当なものを，次の①～④のうちから一つ選べ。
① 冷戦終結後の時期において，国の一部の地域が民族的な抑圧を理由として分離独立を宣言するに至ったことはない。
② 民族紛争における負傷者の救護は国家間の枠組みを通じて行われるため，NGO（非政府組織）が関与することはない。
③ 民族紛争の過程で発生した重大な人道上の犯罪について，それに関与した個人を裁くための国際的な仕組みは存在しない。
④ 紛争地域で行われる国連のPKO（平和維持活動）に要員を提供することは，国連加盟国の義務ではない。
〈2012・追試〉

9 NGO…非政府組織。平和・人権・環境問題など，国際的に活動している民間の団体や組織をいう。国連NGOの認定を受けているものもある。

10【民族紛争】 民族，国家，ナショナリズムについての記述として最も適当なものを，次の①～④のうちから一つ選べ。
① 最近の民族紛争の中には，国家よりも小さな集団に分かれて抗争し他民族の住民を強制的に排除するなど，排他主義を主張する集団がみられる。
② 今日の主要な国民国家は，国民が単一の民族によって構成されており，内部に少数民族を含まない。
③ ナショナリズムはその復古的主張のゆえに，近代化の進んだ19世紀以降は衰退したが，最近になって復活する傾向がみられる。
④ アメリカのような多民族国家では，国民全体に共有される文化的特徴が乏しいため，ナショナリズムは成立しない。
〈2004・追試〉

10 排他主義…自民族の優越性を唱えながら国家の統合を図り，他民族を軽視・蔑視・差別する考え。
ナショナリズム…国民主義，国家主義，民族主義などと訳される。民族の独立や国民の政治的統合をめざす思想や行動のこと。

11【難民】 難民に関連する記述として正しいものを，次の①～④のうちから一つ選べ。
① 難民条約上の難民には，貧困から逃れるために国境を越えてきた人々も含まれる。
② 日本は，難民条約に加入していない。
③ 難民と並んで国内避難民も，国連難民高等弁務官事務所は支援の対象としている。
④ 難民条約は，第一次世界大戦と第二次世界大戦の間の時期に採択された。
〈2018・追試〉

11 国内避難民…人種・宗教・国籍などを理由に迫害を受けている人の中で，国外に逃げずに国内にとどまっている人々。
国連難民高等弁務官事務所…難民問題の解決を図ることを目指し，1950年の国連総会で設立された。

12【難民条約】 難民条約についての記述として正しいものを，次の①～④のうちから一つ選べ。
① 経済的理由で国外に逃れた人々は，難民条約で保護の対象となる。
② 国内避難民は，難民条約で保護の対象となる。
③ 難民条約は，冷戦終結後に多発した紛争による難民問題に対応するために締結された。
④ 難民条約は，迫害されるおそれのある国に難民を送還してはならないと定めている。
〈2016・本試〉

12 難民…難民の定義は，人種，宗教，国籍，政治的意見または特定の社会集団に属するなどの理由で，自国にいると迫害を受ける，あるいは迫害を受ける恐れがあるために他国に逃れた人々とされる（難民条約）。

現代の国際政治

13 【難民問題】 大量虐殺や難民問題が発生した国名A〜Cと，それぞれの国で発生した戦争ないし紛争についての記述ア〜ウの組合せとして正しいものを，下の①〜⑥のうちから一つ選べ。

A　アフガニスタン　　　B　東ティモール　　　C　ルワンダ

ア　1976年に隣国に軍事併合され，抵抗活動への弾圧が長年続き，多くの犠牲者を出してきたが，住民投票の結果，2002年に独立を達成した。
イ　1979年の大国による侵攻から内戦に発展し，難民が流出したが，2001年の国際的介入によって，人権を抑圧してきた政権が崩壊した。
ウ　1990年に多数派と少数派との対立が内戦に発展し，1994年に大量虐殺が起こり，その混乱の中で難民が流出した。

① A−ア B−イ C−ウ　　② A−ア B−ウ C−イ
③ A−イ B−ア C−ウ　　④ A−イ B−ウ C−ア
⑤ A−ウ B−ア C−イ　　⑥ A−ウ B−イ C−ア
〈2005・追試〉

13 アフガニスタン…1979年のソ連軍の侵攻，軍事占領があり，1988年に和平協定が結ばれた。
東ティモール…インドネシアとの間で独立運動が起こった。

14 【民族紛争】 民族紛争の例である次のA〜Cと，それらの説明である下のア〜ウとの組合せとして正しいものを，下の①〜⑥のうちから一つ選べ。

A　コソボ紛争　　　B　パレスチナ問題　　　C　チェチェン紛争

ア　多民族が暮らす連邦の解体過程で建国された共和国の自治州で，内戦が発生し，アルバニア系住民に対する迫害が行われた。
イ　ロシア南部のカフカス地方で，独立を宣言した少数民族に対し，ロシアが独立を認めず軍事侵攻した。
ウ　国家建設をめぐる民族間の紛争が発端となり，数次にわたる戦争や，インティファーダという抵抗運動が起こるなど，争いが続いてきた。

① A−ア B−イ C−ウ　　② A−ア B−ウ C−イ
③ A−イ B−ア C−ウ　　④ A−イ B−ウ C−ア
⑤ A−ウ B−ア C−イ　　⑥ A−ウ B−イ C−ア
〈2016・本試〉

14 インティファーダ…アラビア語で民族蜂起を意味する。

15 【民族自決】 民族自決権や，民族自決を求める団体についての記述として正しいものを，次の①〜④のうちから一つ選べ。
①　民族自決権は，アメリカのF・D・ルーズベルト大統領によって初めて主張された。
②　民族自決権は，「経済的，社会的及び文化的権利に関する国際規約（国際人権規約A規約）」では明文で規定されていない。
③　民族自決を求める団体は，国際会議への参加資格を得たり，国際機構でのオブザーバーの地位を認められたりすることがある。
④　民族自決を求める団体は，国連の信託統治理事会の管理下で独立を準備することができ，今日では武力による民族紛争にいたる事例はほとんどない。
〈2003・本試〉

15 民族自決…各民族は他国からの干渉を受けず，政治的な事柄に関して自己の判断で決定できること。
信託統治理事会…自立が困難な地域が独立を達成するまで信託統治理事会が管理してきた。

16 【植民地支配からの独立】 植民地支配から独立した諸国が植民地主義を批判し，「平和10原則」を唱えた会議として正しいものを，次の①〜④のうちから一つ選べ。
① 京都会議　　　② サンフランシスコ会議
③ パグウォッシュ会議　　④ バンドン会議
〈2006・追試〉

16 平和10原則…インドのネルー，中国の周恩来による平和5原則を受け，A・A会議（アジア・アフリカ会議）で採択された。

17【安全保障の機関】 安全保障を主たる目的としている，現存する国際的な機関として正しいものを，次の①〜④のうちから一つ選べ。
① EC（欧州共同体）　　　② ICC（国際刑事裁判所）
③ NATO（北大西洋条約機構）　④ WTO（ワルシャワ条約機構）

〈2014・追試〉

18【民族・宗教】 民族・宗教を原因とする対立として最も適当なものを，次の①〜④のうちから一つ選べ。
① カシミール紛争　　　　　② 朝鮮戦争
③ フォークランド（マルビナス）紛争　④ 湾岸戦争

〈2006・追試〉

18カシミール紛争…1947年のインド・パキスタンの分離独立の際，帰属が決まらず，印パ戦争の火種になったカシミールをめぐる紛争。

19【国際機構】 発展途上国の経済発展のために国際機構が行ったことの記述として誤っているものを，次の①〜④のうちから一つ選べ。
① 国連の経済社会理事会で，下部組織としてDAC（開発援助委員会）が設置された。
② 国連の資源特別総会で，NIEO（新国際経済秩序）の樹立に関する宣言が採択された。
③ 南北問題についての協議を行うために，UNCTAD（国連貿易開発会議）が創設された。
④ 発展途上国への技術協力と開発のための資金援助を行うために，UNDP（国連開発計画）が創設された。

〈2011・追試〉

19NIEO（新国際経済秩序）…GATT体制は，先進工業国に有利になっており，発展途上国には不利だとして，途上国がもつ天然資源に対する恒久主権の確立などを求めた。
UNDP（国連開発計画）…発展途上国への開発援助をおこなう国連の機関。

20【朝鮮戦争・ベトナム戦争】 朝鮮戦争やベトナム戦争に関連する記述として誤っているものを，次の①〜④のうちから一つ選べ。
① 朝鮮戦争の勃発は，トルーマン・ドクトリンが宣言される契機となった。
② ベトナムへのアメリカの軍事介入は，1965年になってから本格化した。
③ 朝鮮戦争をきっかけとして，日本では，警察予備隊が創設され，軍事物資などに対する特需が発生した。
④ ベトナム戦争の長期化に伴い，アメリカでは，大幅な財政赤字や，経常収支の悪化などが問題となった。

〈2001・追試〉

20アメリカの財政赤字・経常赤字…財政赤字と貿易赤字とで，双子の赤字と呼ばれた。

21【国際紛争】 A〜E国のすべてが加盟する国連の集団安全保障体制の下において，ある軍事同盟（A，Bが加入）と別の軍事同盟（C，Dが加入）とが併存し，さらにいずれの軍事同盟にも加入していないE国も存在している状況があるとする。ある時，A国とC国との対立が激化し，国連安全保障理事会はA国がC国を軍事的に侵略したと決議した。このとき，国連憲章下の集団安全保障体制の枠組みの中で，それぞれの国連加盟国がとる行動として適当でないものを，次の①〜④のうちから一つ選べ
① 国連安全保障理事会が必要な措置をとるまでの間，C国がA国の武力行使から自国を防衛する。
② 国連安全保障理事会が必要な措置をとるまでの間，D国がC国との同盟に基づいて，C国と共同でA国の武力行使からC国を防衛する。
③ B国がA国との同盟に基づいて，A国の武力行使に参加する。
④ E国がA国への国連による軍事的な強制措置に協力する。

〈2015・追試〉

21集団安全保障…対立国などすべての国を含めた国際機構を組織し，相互に武力攻撃をしないことをルール化し，このルールに違反した国が出た場合には国際機構により対処する方式。

現代の国際政治

第5章　現代の国際政治　83

22 【地域紛争】 次の地図は第二次世界大戦後に発生した，いくつかの地域紛争の位置を記したものである。地図上の紛争地点A〜Dで起きた紛争についての記述として正しいものを，下の①〜④のうちから一つ選べ。

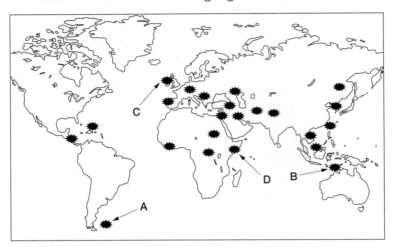

① 地点Aの紛争は，この地域の大国の一つが，植民地時代にフランスに占領されたままの，近くの島の返還を求めて占領したことに始まる。
② 地点Bでは，軍事介入していた隣国の核超大国が撤退した後，民族や宗教の違いなどから内戦が激化した。
③ 地点Cでは，それまで国をもたなかった民族が第二次世界大戦後に国家を建設し，4次にわたる戦争を経て和平が模索された。
④ 地点Dの紛争では，国連のPKF（平和維持軍）が派遣されたが，内戦の複雑な状況に巻き込まれ，事態の収拾に失敗した。

〈2003・追試〉

23 【発展途上国の国際的取組み】 発展途上国が関係する国際的な取組みに関する記述として最も適当なものを，次の①〜④のうちから一つ選べ。
① 国連は，発展途上国の天然資源に対する恒久主権の確認を目的として，NIEO（新国際経済秩序）宣言を国連資源特別総会で採択した。
② トラテロルコ条約は，アフリカ諸国が加盟する非核地帯条約である。
③ 国連は，発展途上国への開発援助を活性化するために，DAC（開発援助委員会）を創設した。
④ ペリンダバ条約は，東南アジア諸国が加盟する非核地帯条約である。

〈2014・追試〉

23 非核地帯…核兵器の製造・取得・保有をせず，核保有国もこの地域に核兵器を配備しないとしている地域。

24 【核兵器】 核兵器についての記述として誤っているものを，次の①〜④のうちから一つ選べ。
① 核拡散防止条約（NPT）は，非核兵器国が原子力の平和利用を行うことを禁止していない。
② パキスタンは，一方的に宣言して，自国の核実験を禁止している。
③ 部分的核実験禁止条約（PTBT）は，核兵器国が地下核実験を行うことを禁止していない。
④ 東南アジア諸国は，条約を締結して，締約国の核実験を禁止している。

〈2018・本試〉

24 原子力の平和利用…1953年の国連総会で，アメリカのアイゼンハワー大統領による『Atoms for Peace』と呼ばれる演説が行われた。1950〜1960年代は，世界各国で「原子力の平和利用」が始められた期間で，日本でも原子力基本法が成立した(1955)。

25 【日本の外交】 日本は1957年に外交の三原則を掲げた。これについての記述として**適当でないもの**を，次の①～④のうちから一つ選べ。

① アジアの一員として，アジアの地位向上に努める。
② 唯一の被爆国として，核抑止体制を主導する。
③ 国際連合を平和維持の中心とし，その使命達成のために努力する。
④ 自由主義諸国と協調し，共産主義諸国に対する団結の一翼を担う。

〈2018・本試〉

26 【日本の外交】 日本の外交についての記述として正しいものを，次の①～④のうちから一つ選べ。

① 日本は，日華平和条約により，中華人民共和国との国交を正常化した。
② 日本は，日韓基本条約により，大韓民国との国交を正常化した。
③ 日本は，国際連合の安全保障理事会において，常任理事国を務めたことがある。
④ 日本は，国際連合の通常予算に関して，加盟国の中で最も高い分担率を引き受けている。

〈2017・追試〉

27 【国家間の協調】 国家間の協調的政策の実現について考えるために，次の表であらわされる国家間ゲームを考える。このゲームでは，A国とB国の二つの国家が，互いに相談できない状況で，「協調的」もしくは「非協調的」のいずれか一方の政策を1回のみ同時に選択する。そして，各国は表中の該当するマスに示された点数をえる。ここで各国は自国の点数の最大化だけに関心をもつとする。このゲームの表から読みとれる内容として最も適当なものを，下の①～④のうちから一つ選べ。

		B 国	
		協調的	非協調的
A 国	協調的	A国に4点 B国に4点	A国に1点 B国に5点
	非協調的	A国に5点 B国に1点	A国に2点 B国に2点

① A国とB国がともに「協調的」政策を選ぶことがゲームの結果となるので，国家間の協調的政策が実現する。
② A国が「協調的」政策を，B国が「非協調的」政策を選ぶことがゲームの結果となるので，国家間の協調的政策の実現には新たな仕組みが必要である。
③ A国が「非協調的」政策を，B国が「協調的」政策を選ぶことがゲームの結果となるので，国家間の協調的政策の実現には新たな仕組みが必要である。
④ A国とB国がともに「非協調的」政策を選ぶことがゲームの結果となるので，国家間の協調的政策の実現には新たな仕組みが必要である。

〈2011・本試〉

27 国家間ゲーム…この考えは相手の行動を予想して，自分の得点を最大限高くし，失点を極力少なくする方策を求めるゲームに例えられる。複数の主体が相互依存の関係のもとで，いかなる行動をとるべきかを考察するが，お互いの状況がわからない中で進められるので，ゲーム理論といわれる。軍事面では，軍備の拡張や，経済面での競争（値下げ競争）などにおいて見られる。最終的に，軍事衝突，企業の倒産消滅にまでいたる可能性をもっている。

現代の国際政治

第5章　現代の国際政治　85

第2編 第1章——経済社会の変容

1 資本主義経済の発展

Check & Answer

1 経済活動と経済社会の発達

(1) 経済活動

① 経済の定義

a．経済…人間の生活や社会に必要なヒト・モノ・カネ・サービスなどを〔❶　　　　〕・分配・
　　　　消費する活動のこと → 機械設備や工場などの〔❷　　　　〕の使用など

b．経済主体(経済活動の担い手)…企業・〔❸　　　　〕・政府

c．経済循環…経済主体間における資金(カネ)を仲立ちとした財やサービスの取引

② 財とサービスの分類

自由財	空気など，人間に必要なものではあるが，〔❹　　　　〕を払う必要がない
経済財	人間に必要なもので，量が限られているものは〔❺　　　　〕の対象となる
消費財	消費者が必要とし，日常生活で消費される財(耐久消費財・非耐久消費財)
生産財	他の財を生産するために使われる財…原料・燃料・機械・土地・工場など
公共財	道路・公園・警察など，〔❻　　　　〕が租税をもとに提供する財・サービス
私的財	企業が提供し，必要な人が対価を払って所有する財・サービス → 需要と供給

※ 公共財のもつ非競合性と非排除性

非競合性…不特定多数の人が同時に利用できる，非排除性…対価を支払わない人も排除できない

(2) 経済社会の発達

① 生産の三要素

a．〔❼　　　　〕…財・サービスの生産活動を担う労働者

b．資本…生産の元手になる生産手段(機械設備・工場・原材料など)

c．土地…農地・工場敷地・森林・水・資源など

② 経済社会の変容と発達(マルクスの歴史観)

a．原始共同体…剰余が少なく，生産手段は共同所有

農業の普及 → 生産力の向上 → 生産手段を所有する者と所有できない者との分離

b．奴隷制社会(古代ギリシア・ローマなど)…剰余は奴隷主のもの

c．封建制社会…〔❽　　　　〕の所有者である領主が剰余を取得

d．資本主義社会の成立 → 革命を経て，社会主義社会・共産主義社会に発展

2 現代資本主義経済の特質

1 資本主義経済の特徴と経済思想

(1) 資本主義経済の発展

① 独占資本主義の成立…資本の集積・集中 → 少数の大企業が市場を支配 → 寡占・独占

② 独占形態の成立…〔❶　　　　〕・トラスト・コンツェルン

③ 〔❷　　　　〕政策…独占，金融資本の形成 → 海外市場を求め，植民地の拡大を図る

(2) 資本主義経済の変容

① 景気循環や経済的不平等が避けられない → 資本主義経済の弊害を除去する必要性

a．〔❸　　　　〕の修正…資本主義の弊害(景気循環や失業，経済的不平等など)を緩和

b．国家の役割…「小さな政府」・「夜警国家」から「大きな政府」・「〔❹　　　　〕」へ

② ケインズ…〔❺　　　　〕の創出(政府の行う公共事業などで，実際に貨幣の支出をともなう)

→ 〔❺　　　　〕を創出し，完全雇用の実現をめざす。主著『〔❻　　　　〕』

a．世界大恐慌(1929) → F・ローズベルト大統領による〔❼　　　　〕の実施

b．自由放任政策との決別 → 政府による積極的な財政・経済政策(「大きな政府」への転換)

③ ケインズ理論への批判…「小さな政府」への復帰を主張

a．フリードマン…〔❽　　　　〕 → 市場の価格調整メカニズムに任せるべき。主著『選択の自由』

b．1970年代…石油危機後のスタグフレーションへの対応力の無さが表面化

c．1980年代 ┬ 〔❾　　　　〕(英)…規制緩和(金融面では〔❿　　　　〕)，民営化の推進

　　　　　　├ レーガノミックス(米)…減税，規制緩和，歳出配分転換(強いアメリカ)

　　　　　　└ 中曽根(日)…三公社民営化

86 第2編 現代の経済

d．近年，スティグリッツによる，新自由主義(小さな政府)への批判。主著『公共経済学』

(3) 資本主義経済の特徴と貨幣の役割

① 資本主義経済の特徴

a．私有財産制…生産手段の私的所有(資本家の私有財産)，〔⓫　　　　　〕と労働者の形成

b．〔⓬　　　　　〕の自由，居住・移転の自由

c．商品生産…財・サービスは〔⓭　　　　　〕として生産される → 労働力も〔⓭　　　　　〕

d．〔⓮　　　　　〕…利潤の追求で生産は無政府状態になり好景気・不景気の発生

② 貨幣の役割

a．〔⓯　　　　　〕…商品に対する価値(社会的評価)は交換される貨幣の量で示す

b．交換手段…必要な商品を手に入れる(交換する)手段になる

c．〔⓰　　　　　〕…税金の納入，取り引きなど債権・債務の決済の手段になる

d．富の貯蔵手段…貨幣を蓄えておいて，必要な商品をいつでも入手できる

(4) 経済思想の歩み

① 資本主義の萌芽

a．重商主義…トマス・マン → 外国貿易が富(金・銀)を増大させる

b．重農主義…ケネー → 農業労働が富を生む → 〔⓱　　　　　〕(レッセ・フェール)を主張

② 資本主義の成立

a．古典派経済学…18 ～ 19世紀の〔⓲　　　　　〕を中心とする経済思想

| アダム・スミス | 労働価値説を中心に，自由競争・自由放任をとなえる…『〔⓳　　　　　〕』
→ 国家は国防・治安の維持など最小限の役割を果たす〔⓴　　　　　〕で十分 |
| リカード | 〔㉑　　　　　〕を提唱し，自由貿易の優位性を主張 |

b．歴史学派…リスト → 経済発展段階説に基づく〔㉒　　　　　〕を主張
　　　　　　　　　　 → 発展途上段階の国は，育成段階の国内産業の保護が避けられない

② 社会主義経済の特徴と問題点の背景

(1) 社会主義経済の特徴

① 生産手段の社会的所有(公有)…生産手段の私的所有を認めず，利潤の追求も否定

② 〔㉓　　　　　〕…財・サービスの生産・分配，労働力の配置・移転などを政府が指令

(2) 旧ソ連の社会主義経済

① 軍事・国防・重化学工業優先 → 軽工業・農業・消費財生産の非効率化

② 官僚主義によるノルマ達成の要請 → 勤労意欲・労働生産性の低下

③ リーベルマンの提唱による〔㉔　　　　　〕の導入(1965，企業への報奨金)

④ ゴルバチョフによる〔㉕　　　　　〕(改革・見直し)・グラスノスチ(情報公開)
　　　 → 複数政党制，市場経済の導入 → ソ連の解体・崩壊(1991) → CIS(独立国家共同体)

③ 社会主義の新しい動き

(1) 中国における変化

① 自力更生から改革開放へ…毛沢東の文化大革命以後，鄧小平の改革開放政策への転換

② 4つの現代化…農業・工業・国防・〔㉖　　　　　〕の近代化をめざす

③ 改革開放政策…〔㉗　　　　　〕の設置による外国資本や技術の導入

④ 〔㉘　　　　　〕…社会主義と資本主義の両立をめざす → 「世界の工場」から「世界の市場」へ

⑤ WTO(世界貿易機関)への加盟(2001)，AIIB(アジアインフラ投資銀行)の設立(2015)

(2) ベトナムの変化

① 〔㉙　　　　　〕(刷新)…市場経済の導入による経済政策で，外国資本の積極的投資の受け入れ

② ASEAN(東南アジア諸国連合)に加盟(1995)

③ WTOへの加盟(2007)

解答　1 ❶生産　❷生産手段　❸家計　❹対価　❺売買　❻国(地方自治体)　❼労働　❽土地

2 ❶カルテル　❷帝国主義　❸自由競争　❹福祉国家　❺有効需要　❻雇用・利子および貨幣の一般理論

❼ニューディール政策　❽マネタリズム　❾サッチャリズム　⓾金融ビッグバン　⓫資本家　⓬契約

⓭商品　⓮自由競争　⓯価値尺度　⓰支払手段　⓱自由放任　⓲イギリス　⓳国富論(諸国民の富)

⓴夜警国家　㉑比較生産費説　㉒保護貿易　㉓計画経済　㉔利潤動機方式　㉕ペレストロイカ

㉖科学技術　㉗経済特区　㉘社会主義市場経済　㉙ドイモイ

第1章　経済社会の変容　87

問題演習 経済社会の変容

1【機会費用】 経済学ではある選択に対してさまざまな費用がかかると考えられている。いま，1,500円の料金を支払ってカラオケで遊ぶことができる。同じ時間を使って，アルバイトで1,800円の給与を得ることや，家事を手伝うことで1,000円の小遣いを得ることもできる。この三つの選択肢のうち一つしか選べない場合，機会費用を含めたカラオケで遊ぶ費用はいくらになるか。正しいものを，次の①～④のうちから一つ選べ。

① 1,500円　② 2,500円　③ 3,300円　④ 4,300円

〈2017・追試〉

2【公共財】 公共財は，非競合性と非排除性とを有している財・サービスと定義される。非競合性についての記述として最も適当なものを，次の①～④のうちから一つ選べ。

① 他の人々の消費を減らすことなく複数の人々が同時に消費できる。
② 需要が減少しても価格が下がらない。
③ 対価を支払わない人によっても消費される。
④ 生産を拡大すればするほど単位当たりの生産費用が低下する。

〈2016・本試〉

3【経済体制】 経済は，歴史的に大きく変容してきた。人類史上のさまざまな経済体制の一般的特徴についての記述として**誤っている**ものを，次の①～④のうちから一つ選べ。

① 古代ギリシャ・ローマにみられた奴隷制の下では，労働力の商品化による賃金労働が広範に行われていた。
② ヨーロッパや日本にみられた封建制の下では，農民は身分制度に縛られ，職業や居住地を選択する自由がなかった。
③ 社会主義経済の下では，生産手段の社会的な所有による計画的な資源配分がめざされていた。
④ 資本主義経済の下では，景気循環による失業の発生を伴いつつも，生産力の拡大が達成されてきた。

〈2012・本試〉

4【自由主義】 自由主義に関連する学説を展開したアダム・スミスに関する記述として正しいものを，次の①～④のうちから一つ選べ。

① 『国富論（諸国民の富）』を著し，市場の調整機能を「見えざる手」と呼んで重視した。
② 国防や司法などに活動を限定している国家を「夜警国家」と呼び，自由主義国家を批判した。
③ 新製品の開発や新たな生産方法の導入などのイノベーション（技術革新）が，経済発展の原動力であるとした。
④ 『経済学および課税の原理』において国際分業に関する比較生産費説を展開し，自由貿易を行うことが各国の利益になると主張した。

〈2015・追試〉

---

1 機会費用…どれかを採用すればどれかをあきらめざるを得ないというトレードオフの状況下で，あきらめたことで失われた最大の利益を機会費用という。

3 生産手段…財・サービスの生産に必要な土地・工場・設備などの労働手段と，原材料などの労働対象とからなる。

4「見えざる手」…市場における価格機構をさす。需要と供給に基づいて，価格が落ち着くところで落ち着くことを意味する。

夜警国家…国は治安の維持と国防を中心とした分野を担えば足りるとする国家観で，ラッサールが名付けた。

比較生産費説…それぞれの国が生産費の安いものに生産を特化（専門化）し（国際分業），お互いの国同士が自由に輸出・輸入をする（自由貿易）ことで，全体として生産量が増え，経済が発展するという理論。

88 第2編 現代の経済

5 【ケインズ革命】 ケインズの経済理論は，経済政策にも大きな影響を与えた。ケインズの学説についての記述として最も適当なものを，次の①～④のうちから一つ選べ。
① 金融政策による貨幣量の操作を重視することから，その考えはマネタリズムと呼ばれた。
② 労働市場では労働力の需要が円滑に調整されるので，自然に完全雇用が達成されると考えた。
③ 供給されたものは必ず需要されるとする考えを否定し，政府が有効需要を創出する必要性を指摘した。
④ 自生的に望ましい秩序を生み出していく市場の機能を重視し，政府の役割を「市場の失敗」を克服することに限定すべきであると説いた。
〈2012・本試〉

5 マネタリズム…政府の経済介入を最小限にし，経済を自由な市場に委ねるという市場機構を重視する考え方。
完全雇用…働く意思と能力をもつ人が全員雇用されている状態。
有効需要…貨幣の支出をともなう需要のこと。
市場の失敗(限界)…市場機構の欠如や市場機構に限界があること。

6 【修正資本主義】 修正資本主義的政策およびその批判をめぐる記述として誤っているものを，次の①～④のうちから一つ選べ。
① イギリスでは，大きな政府による社会保障支出の増大と下方硬直的な賃金に批判が高まり，1970年代末に保守党のサッチャー政権が成立した。
② 1970年代には，インフレーションと景気の停滞が並存するというスタグフレーションが，先進諸国において広くみられた。
③ アメリカでは，1960年代末から1970年代にかけて裁量的な財政・金融政策への批判が高まり，マネタリストの主張がその後の政策に影響を与えた。
④ アメリカのレーガン政権は，規制緩和を中心とした一連の経済の自由化政策を行い，これにより1980年代後半には連邦財政が黒字化した。
〈2004・追試〉

6 修正資本主義…自由放任の結果，失業・貧困・倒産などが増大し，資本主義の危機が生じてきたので，その危機を経済活動に対する国の介入で解消していくという考え。
レーガン政権…強いアメリカをめざしたが，経済面では財政赤字と貿易収支の赤字である双子の赤字を生み出した。

7 【マルクス】 マルクスが説いた考えとは言えないものを，次の①～④のうちから一つ選べ。
① 資本主義には恐慌や失業が存在し，この問題は資本主義の発展とともに深刻化するとした。
② 資本主義の一部に計画経済を導入し，市場を計画が補完することによって，労働問題が解決されるとした。
③ 資本主義では貧富の格差が存在するだけではなく，資本主義が発展すればするほどその格差が拡大するとした。
④ 労働者と資本家との階級対立が頂点に達し，社会主義の確立によってそれが解消されるとした。
〈2004・追試〉

7 計画経済…社会主義の国では，経済全体を国の計画に基づいて動かしていく。かつてのソ連では，国家計画委員会(ゴスプラン)が5か年計画などをつくっていた。

8 【社会主義】 20世紀末に生じた社会主義諸国の市場経済化をめぐる記述として正しいものを，次の①～④のうちから一つ選べ。
① 中国では，改革・開放政策への転換以降，急速に貿易が拡大し，1990年代後半に大幅な貿易収支黒字を実現した。
② 1990年代の東欧諸国は，コメコン(経済相互援助会議)のもとで地域的経済協力を進めながら市場経済化を推進した。
③ 1990年代後半に，北朝鮮は「ドイモイ(刷新)」政策をスローガンに掲げて，集権的管理体制の是正に乗り出した。
④ ロシアでは，1990年代末，プーチン大統領が，共産党一党支配を維持したまま市場経済化を進めた。
〈2003・追試〉

8 改革・開放政策…人民公社の解体，農業の生産責任制，企業自主権の拡大のほか，個人の経済活動など，社会主義の枠の中での市場経済(社会主義市場経済)の導入のこと。
ドイモイ…ベトナムの見直し・改革政策。外国資本の導入など，市場経済の導入が行われはじめた。

経済社会の変容

第1章 経済社会の変容 89

第2編　第2章──現代経済のしくみ

1　市場機構　　　　　　　　　　　Check ＆ Answer

1　市場機構のしくみと役割

(1)　市場機構と価格の決定

① 市場…財・サービスの需要者(買い手)と供給者(売り手)とが出会い，取引する場

② 種類…商品市場(生産物)，〔❶　　　　　〕(労働力)，金融市場(資金の貸し借り)，
　　　　　証券市場(公債，社債，株式などの取引)，外国為替市場(外国為替の取引)など

③ 市場機構(価格メカニズム)…価格によって需要と供給が調整されるしくみ

　a．完全競争市場(自由競争市場)…参入も退場も自由で，市場機構が機能している

　b．不完全競争市場(寡占・独占市場)…価格決定に大きな影響力をもつ企業が存在する

④ 価格の形成…自由競争の下では市場機構が機能し，価格が形成される → 〔❷　　　　　　　〕

　a．需要の法則…需要量は価格が下がれば増大し，価格が上がれば減少する

　b．〔❸　　　　　　〕…供給量は価格が下がれば減少し，価格が上がれば増大する

　c．〔❹　　　　　　〕…自由競争市場では，価格変動によっ
　　て商品の需給が調整され，資源の適正配分が実現され
　　る → アダム・スミスは，「〔❺　　　　　　〕」と表現

⑤ 価格の種類

　a．〔❷　　　　　　〕…自由競争市場での価格

　b．〔❻　　　　　　〕…寡占(独占)企業が決めた価格
　　→ 市場価格より高くなり消費者には不利益をもたらす

　c．〔❼　　　　　　〕…市場支配力をもつ企業が〔❽
　　　　　〕として価格を設定し，他の企業が追随して決まる価格

　d．統制価格…政策の必要性から，政府が統制して決ま
　　る価格で，公共料金などがある

⑥ 〔❾　　　　　　〕…協調的寡占市場においては，大企業は
　価格競争をせず，広告・宣伝・アフターサービス・モデ
　ルチェンジなどでの競争を展開 → 宣伝費などのコスト
　高による価格への上乗せや無駄な消費につながり，消費者にとってはマイナス面が多い

(2)　寡占・独占市場の特徴

① 〔❿　　　　　　〕…寡占市場では，いったん設定された価格は，技術開発による合理化，原材料費の低
　　　　　　　　　　　下などでコストが下がっても，価格の低下に結びつかない傾向が強い

② 価格競争…寡占・独占市場でも，〔⓫　　　　　　〕などではシェア拡大のため価格競争がみられる

③ 〔⓬　　　　　　〕(1947年制定，正式名称は「私的独占の禁止及び〔⓭　　　　　　〕の確保に関する法律」)
　　　　　　　　　　…寡占・独占による国民生活への悪影響を防止し，不当・不公正な取引を禁止している

　a．〔⓮　　　　　　〕…〔⓬　　　　　　〕の運用を担当する監視機関。悪質なものは刑事告発する

　b．不況カルテルと〔⓯　　　　　　〕…1953年改正で認められたが，1999年に禁止された

　c．〔⓰　　　　　　〕…1997年の法改正で解禁となり，さまざまな業種で導入が進められている

④ 独占の諸形態…消費者の利益を損なうため，独占禁止法で禁止されている

カルテル	同一産業の複数企業による価格や生産量などに関する協定
〔⓱　　　　　〕	同一業種の複数企業による合併(独立性がなくなる)
コンツェルン	株式保有などにより異業種産業を傘下におさめる(戦前の財閥など)

(3)　市場の失敗

① 市場の失敗(市場機構の限界・欠陥をいう)

　a．寡占・独占価格の形成…大企業による価格支配力の強化 → 資源配分の効率性を失う

　b．公共財・公共サービス…政府や地方自治体による提供にたよらざるをえない

　c．〔⓲　　　　　　〕…市場を経ないで，第三者に不利益を与える公害・環境破壊など

　d．寡占・独占の市場でも，技術革新が早い業界などでは競争が起きやすい

　e．〔⓳　　　　　　〕…市場における財・サービスの品質などに対する情報量の格差

② 市場の失敗への対応…政府による政策の実行を通じての解決

　a．環境破壊に対しては〔⓴　　　　　　〕など法整備で対応

　b．社会的不平等に対しては社会保障制度の充実で対応

90　第2編　現代の経済

2 現代の企業

1 経済主体と現代の企業

(1) 経済主体

① 企業…〔❶　　　　　〕の主体で，財・サービスを生産

　a．最大限の〔❷　　　　　〕を追求

　b．〔❷　　　　　〕の一部は利子・配当として配分し，他は
　　企業の内部留保となる → 再投資の原資にもなる

② 〔❸　　　　　〕…〔❹　　　　　〕が主であるが，企業・政
　府に生産要素（労働・資本・土地）を提供 → 所得の一部は
　貯蓄され，企業に貸し付け，投資・経営の資金となる

③ 〔❺　　　　　〕…生産・消費，経済全体の調整役として
　〔❻　　　　　〕を行う → 教育・警察などの公共サービス，
　道路・港湾などの公共設備・施設（公共財）の提供

(2) 現代の企業

① 企業の種類…出資者，所有者による分類

　―私企業…利潤の追求が主目的。合名・合資・合同・株式会社が中心
　―公企業…国や地方自治体が所有・経営
　―〔❼　　　　　〕…国と民間からの出資 → 第三セクターなど

② 株式会社の特徴

　a．〔❽　　　　　〕の株主が出資，〔❾　　　　　〕が最高議決機関，1株1票の議決権

　b．株式会社の機関…〔❾　　　　　〕，取締役，〔❿　　　　　〕（会計処理の監査を担当）らで構成

　c．株主…〔⓫　　　　　〕を受け取るほか，キャピタルゲインなどを得る

　d．〔⓬　　　　　〕…会社の実質的経営権は株主ではなく取締役がもつ

　e．株主代表訴訟…株主による，経営責任追及や損害賠償請求の制度

　f．〔⓭　　　　　〕の施行（2006）…有限会社の新設を認めず株式会社に一本化

　　　　　　　　　　→ 株主総会を必要としない合同会社の新設

③ 企業の資本調達と現代の企業

　a．〔⓮　　　　　〕…株式・内部留保・各種引当積立金

　b．他人資本…社債，金融機関などからの借入金

　c．自己資本比率…借入金に頼らない自己資本の充実（BIS（国際決済銀行）規制がある）

　　　　　　　　　　→ 経営の安定性の指標

　d．融資や〔⓯　　　　　〕，役員の派遣など → 企業集団の形成

　e．〔⓰　　　　　〕…多くの国に子会社・支店をもち，世界規模で活動

　f．コングロマリット（複合企業）…異業種の企業を合併・買収（〔⓱　　　　　〕）で巨大化

④ 企業の社会的責任（CSR）

〔⓲　　　　　〕	企業の社会的貢献活動のうち，特に芸術・文化活動に対するもの
フィランソロピー	公益目的の寄付行為やボランティア活動などの支援
コンプライアンス	法令遵守（順守）の意味で，遵守の対象は社会規範も含まれる
〔⓳　　　　　〕	情報開示の意味で，内部告発に対する保護も図られている
アカウンタビリティー	本来は会計責任の意味であるが，広く説明責任の意味で使う
コーポレートガバナンス	企業の利害関係者（ステークホルダー）による企業統治
トレーサビリティ	食品などの生産・流通の履歴情報を消費者が追跡することができる

解答 1 ❶労働市場　❷市場価格　❸供給の法則　❹価格の自動調節機能　❺（神の）見えざる手　❻寡占（独占）価格
❼管理価格　❽プライスリーダー（価格先導者）　❾非価格競争　❿価格の下方硬直性　⓫通信機器産業
⓬独占禁止法　⓭公正取引　⓮公正取引委員会　⓯合理化カルテル　⓰持株会社　⓱トラスト　⓲外部不経済
⓳情報の非対称性　⓴環境基本法
2 ❶生産活動　❷利潤　❸家計　❹消費活動　❺政府　❻財政活動　❼公私合同企業　❽有限責任　❾株主総会
❿監査役　⓫配当　⓬所有と経営の分離　⓭会社法　⓮自己資本　⓯株の持ち合い　⓰多国籍企業　⓱M&A
⓲メセナ　⓳ディスクロージャー

3 国民所得と経済成長

1 国富と国民所得

(1) 国富
- ① 国富…一国におけるある時点での過去からの資産の合計 → 〔❶　　　　　　〕の概念
- ② 国富＝金融資産(現預金，株式など)を除く実物資産(土地，建物，機械設備など)＋〔❷　　　　　　　〕
- ③ 日本の国富…〔❸　　　　　　〕が欧米に比べ立ち遅れ，資産に占める〔❹　　　　　　〕の割合が高い

(2) 国内総生産と国民所得(すべて〔❺　　　　　　〕の概念)

① 国内の総生産額…一国内で1年間に生産された生産額の総計	**国内の総生産額**
② 国内総生産(GDP) ＝国内の総生産額−〔❻　　　　　〕の価額	**国内総生産(GDP)**
③ 国民総所得〔❼　　　　〕 ＝GDP＋〔❽　　　　　〕(海外からの所得−海外への支払)	**国民総所得(GNI)**
④ 国民純生産(NNP) ＝GNI−〔❾　　　　　〕	**国民純生産(NNP)**
⑤ 国民所得(NI) ＝NNP−(間接税−〔❿　　　　　〕)	**生産国民所得(NIP)**

国内の総生産額 ― 国内総生産〔❻〕

国内総生産(GDP) ― 国内の総生産額−中間生産物

国民総所得(GNI) ― 〔❽〕／国民純生産／〔❾〕

国民純生産(NNP) ― 国民所得／(間接税−〔❿〕)

生産国民所得(NIP) ― 第1・2・3次産業／〔❽〕

- ⑥ 〔⓫　　　　　　〕の原則…国民所得は，生産・分配・支出の3つの側面からとらえることができ，その額は理論上等しくなる
  - a. 生産国民所得(生産者の所得合計) ＝第1次産業所得＋第2次産業所得＋第3次産業所得＋海外からの純所得
  - b. 分配国民所得(生産者に分配される所得) ＝雇用者報酬＋財産所得＋企業所得
  - c. 支出国民所得(所得の支出先) ＝民間・政府消費支出＋民間・政府投資支出＋経常海外余剰

分配国民所得(NID) ― 雇用者報酬／財産所得／企業所得

支出国民所得(NIE) ― 投資／消費／経常海外余剰

※ 「国民」と「国内」の定義の違い

	国民	国内
国内での日本人による生産・所得	含まれる　(○)	含まれる　(○)
海外での日本人による生産・所得	含まれる　(○)	含まれない(×)
国内での外国人による生産・所得	含まれない(×)	含まれる　(○)

2 経済指標と豊かさ

(1) GDPの限界
- ① 「経済大国」日本…世界第〔⓬　　　　　　〕位の実質GDP
- ② GDPの限界…市場で取り引きされるものだけが計上される
  - a. 所得配分の状況やストックの規模を示していない
  - b. 環境対策費もGDPに計上
  - c. 余暇や家事労働，〔⓭　　　　　　〕活動などは含まれない
- ③ 真の豊かさが実感されない…〔❸　　　　　　〕の立ち遅れ，〔⓮　　　　　　〕は外国に比べて長い

(2) 新しい経済指標
- ① 〔⓯　　　　　　〕(NNW)…余暇や家事労働などをプラス評価し，公害などをマイナス評価した新たな福祉指標
- ② 〔⓰　　　　　　〕…環境に配慮した経済指標
- ③ 最近の幸福度指標…国民総幸福(GNH)，人間開発指数(HDI)，持続可能性指標など

解答　❶ストック　❷対外純資産　❸生活関連社会資本　❹土地　❺フロー　❻中間生産物　❼GNI
❽海外からの純所得　❾固定資本減耗(減価償却費)　❿補助金　⓫三面等価　⓬3　⓭ボランティア
⓮年間総労働時間　⓯国民純福祉　⓰グリーンGDP

3 経済成長と物価変動

(1) 経済成長
① 一国の経済活動の規模が拡大すること（経済成長率で示される）
② 〔⓱　　　〕の上昇による見せかけの経済成長がみられることもある
③ 経済成長は一国の〔⓲　　　〕に変化を与える → 国民生活の向上，所得格差

(2) 経済成長率
① 対前年度GDPの増加率で表す
② 〔⓳　　　〕…GDPの数値だけでみた経済成長率
③ 〔⓴　　　〕…〔⓱　　　〕の変動を考慮した経済成長率
　対前年度GDP増加率 ＞ 対前年度物価上昇率 → プラス成長
　対前年度GDP増加率 ＝ 対前年度物価上昇率 → ゼロ成長
　対前年度GDP増加率 ＜ 対前年度物価上昇率 → マイナス成長

$$[⓳] = \frac{G_1 - G_0}{G_0} \times 100 (\%)$$
$$[⓴] = \frac{G_{1x} - G_0}{G_0} \times 100 (\%)$$
※ G_0＝昨年度のGDP　G_1＝今年度のGDP
$$G_{1x} = \frac{G_1}{対前年度物価指数}$$
※対前年度物価指数…昨年の物価を1としたときの今年度の物価

④ 高度経済成長期（1955〜1970年代初め）には約10％の成長率
⑤ 1973年の石油危機で，1974年に戦後初の〔㉑　　　〕→ 先進国にはスタグフレーションが発生
⑥ 安定成長期（1970年代半ば）〜バブル期（1980年代）…約4％の〔⓴　　　〕
⑦ 1990年〜2008年は約1〜2％ → 1993，98，2001年はマイナス成長
⑧ リーマン・ショック（2008）後，世界金融危機で低迷 → 2008，09，14，19，20年はマイナス成長

(3) 物価の種類と動き
① 消費者物価…消費者が財・サービスを購入する際の価格
② 企業物価（以前は卸売物価）…企業間での取引価格
③ インフレーション…好況期には，一般的に物価が持続的に〔㉒　　　〕する（通貨の価値は下落）
　a．原因による分類
　　・ディマンド・プル・インフレ…総需要＞総供給
　　・コスト・プッシュ・インフレ…費用の増加が価格に転嫁されて生じる
　b．物価上昇率の高さによる分類
　　・クリーピング・インフレ…年率2〜3％の物価上昇率が継続
　　・ギャロッピング・インフレ…年率10％程度の物価上昇率が継続
　　・ハイパー・インフレ…物価が急上昇する超インフレ（第一次世界大戦後のドイツ）
④ デフレーション…不況期には，一般的に物価が持続的に〔㉓　　　〕する（通貨の価値は上昇）
　→ デフレ・スパイラル（景気の悪循環に陥ること）
⑤ スタグフレーション…〔㉔　　　〕にもかかわらず物価が上昇すること（1970年代）

4 景気変動

(1) 景気変動の局面…〔㉕　　　〕→ 後退 → 〔㉔　　　〕→ 回復　の4つの局面
① 〔㉕　　　〕…「投資が投資を呼ぶ」時期
② 後退…〔㉖　　　〕→ 企業収益の悪化
③ 〔㉔　　　〕…倒産や失業が大量に発生
④ 回復…設備投資の再開
⑤ 〔㉗　　　〕…急激な景気の後退
　（1929年の世界大恐慌が代表的 → アメリカのニューディール政策，ケインズ理論の導入 → 政府による金融・財政政策の実現をめざす）

(2) 景気循環のパターン

	周期	要因
〔㉘　　　〕の波（短期波動）	約3〜4年	在庫投資
ジュグラーの波（中期波動）	約10年	〔㉚　　　〕
クズネッツの波（建築循環）	約20年	建設投資
〔㉙　　　〕の波（長期波動）	約50年	〔㉛　　　〕

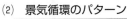

解答 ⓱物価　⓲経済活動　⓳名目経済成長率　⓴実質経済成長率　㉑マイナス成長　㉒上昇　㉓下降　㉔不況　㉕好況　㉖過剰生産　㉗恐慌　㉘キチン　㉙コンドラチェフ　㉚設備投資　㉛技術革新

4 金融のしくみ

① 貨幣と通貨制度

(1) 貨幣

① 4つの機能…価値尺度，交換手段，〔❶　　　　　　〕，価値蓄蔵手段

② 通貨…〔❷　　　　　　〕(銀行券，硬貨)と〔❸　　　　　　〕(普通預金や当座預金)

(2) 通貨制度

① 〔❹　　　　　　〕…中央銀行の金の保有量に応じて通貨を発行する制度

　a．〔❺　　　　　　〕銀行券を発行…金と交換可能

　b．貨幣価値は安定していたが，景気変動に応じた通貨量の増減が困難

② 〔❻　　　　　　〕…中央銀行の金の保有量に制約されずに通貨を発行する制度

　a．〔❼　　　　　　〕銀行券を発行…金と交換できない

　b．中央銀行・政府により通貨発行量を管理できる → 景気の調整

③ 〔❽　　　　　　〕…経済全体における通貨の供給量を示す指標

　a．M_1 ＝〔❷　　　　　　〕＋〔❸　　　　　　〕

　b．M_2 ＝ M_1 ＋ 国内銀行などに預けられた定期性預金(ゆうちょ銀行を除く) ＋ CD(譲渡性預金)

　c．M_3 ＝ M_1 ＋ 準通貨(すべての金融機関の定期性預金など) ＋ CD

② 金融と金融政策

(1) 金融の種類

① 自己金融…内部留保などの自己資金からの資金調達

② 〔❾　　　　　　〕…株式・社債の発行による資金調達……

③ 〔❿　　　　　　〕…金融機関を介しての資金調達…………

	他人資本	自己資本
	社債	株式
	借入金	

④ 金融市場…〔⓫　　　　　　〕(返済期間が１年未満)，〔⓬　　　　　　〕(返済期間が１年以上)

(2) 中央銀行と金融政策

① 日本銀行の役割…金融政策の主体

〔⓭　　　　〕	日本銀行券(紙幣)を発行する
銀行の銀行	市中銀行に対して，当座預金の受け入れ・貸し付けを行う
政府の銀行	国庫金の出納を行う

② 金融政策…通貨量を調整し，物価・景気を安定させる

金融政策	内容	不況時	景気過熱時
〔⓮　　　　〕操作	市中銀行との間で国債や手形などの有価証券を売買する	有価証券を買う 資金供給オペレーション	有価証券を売る 資金吸収オペレーション
金利政策 (〔⓯　　　　〕操作※)	市中銀行への貸付金利である政策金利を上下させる	〔⓯　　　　〕を 下げる	〔⓯　　　　〕を 上げる
預金準備率操作※	預金準備率を上下させる	預金準備率を 下げる	預金準備率を 上げる

※日本では現在行われていない

(3) 銀行の機能

① 資金仲介業務…家計などから〔⓰　　　　　　〕を集め，企業などへ〔⓱　　　　　　〕を行う

② 決済機能…当座預金や普通預金などの要求払い預金の振り替えによる

③ 〔⓲　　　　　　〕機能…預金と貸出の繰り返しにより，最初の預金の何倍もの預金通貨を創り出す

$$最初の預金額 \times \frac{1}{支払準備率} － 最初の預金額$$

(4) 金融行政の変化

① 規制や保護で，経営体力の弱い金融機関を破綻させない〔⓳　　　　　　〕の廃止

② 〔⓴　　　　　　〕…銀行・証券・保険会社の相互参入 → フリー・フェア・グローバル

　→ 金利の自由化，〔㉑　　　　　　〕などの自由化がすすんだ

③ 預金の保護…〔㉒　　　　　　〕解禁 → １つの金融機関につき元本1,000万円とその利息を保護

解答 ❶支払手段 ❷現金通貨 ❸預金通貨 ❹金本位制度 ❺兌換 ❻管理通貨制度 ❼不換 ❽マネーストック ❾直接金融 ❿間接金融 ⓫短期金融市場 ⓬長期金融市場 ⓭発券銀行 ⓮公開市場 ⓯公定歩合 ⓰預金 ⓱貸出 ⓲信用創造 ⓳護送船団方式 ⓴日本版金融ビッグバン ㉑金融業務 ㉒ペイオフ

94　第２編　現代の経済

5 財政のしくみ

■1 財政の役割と財政政策

(1) 財政の役割

① 資源配分機能…公共財を供給（市場の限界に対応）

② 〔❶　　　　　　　〕機能…可処分所得格差の是正

  a. 〔❷　　　　　　〕…所得の多い人ほど高率の税金を納める

  b. 〔❸　　　　　　〕の充実…生活保護・公的年金など

③ 景気調整機能

  a. 〔❹　　　　　　〕…裁量的補整的財政政策

  b. 〔❺　　　　　　〕…財政に組み込まれた景気の自動安定化装置

		不況時	インフレ時
	財政政策	減税	増税
	社会保障費	拡大	縮小

不況期	税収減少・社会保障費支出増加 → 通貨量の増大を図ることで〔❻　　　　　　〕の拡大
好況期	税収増加・社会保障費支出減少 → 通貨量の減少を図ることで〔❻　　　　　　〕の縮小

  c. 〔❼　　　　　　〕…財政政策や金融政策などを組み合わせた経済政策

(2) 財政のしくみ

① 一会計年度における全収入＝歳入，一会計年度における全支出＝歳出

  a. プライマリーバランス(PB，基礎的財政収支)＝(歳入－新規国債発行額)－(歳出－国債費)

  b. 国家予算…〔❽　　　　　　〕予算・特別会計予算・政府関係機関予算などからなる

    〔❽　　　　　　〕の歳入…租税・印紙収入，公債金など

    〔❽　　　　　　〕の歳出…〔❾　　　　　　〕・国債費，地方財政費など

② 予算の種類

  a. 本予算…国会の審議・議決を経て新年度から実施する予算（内閣が編成）

  b. 〔❿　　　　　　〕…年度途中で，国会の議決を経て修正される予算

  c. 暫定予算…年度始めまでに予算が成立していないときに組む予算（本予算成立で失効）

③ 〔⓫　　　　　　〕…「第二の予算」と呼ばれる。〔❽　　　　　　〕予算の約2～3割規模

  → 政府関係機関は原則として資金を市場から調達（財投機関債，財投債）

(3) 租税

① 租税の種類

  a. 〔⓬　　　　　　〕…納税者と担税者が同一

  b. 〔⓭　　　　　　〕…納税者と担税者が異なる

  c. 消費税…3％(1989) → 5％(1997) → 8％(2014)

      → 10％(2019，軽減税率の導入)

  d. 直間比率…〔⓬　　　　　　〕と〔⓭　　　　　　〕の比率

	〔⓬　　　　　〕	〔⓭　　　　　〕
国税	所得税	消費税
	法人税など	酒税・関税など
地方税	住民税	地方消費税
	事業税	地方たばこ税
	固定資産税など	など

② 負担公平の原則

  a. 〔⓮　　　　　　〕的公平…負担能力に応じて課税（所得税の累進税率）

  b. 〔⓯　　　　　　〕的公平…同じ所得に対し公平に課税（所得捕捉率の違いを是正）

③ 租税法律主義…租税の徴収は議会が制定した法律に基づく（憲法第84条）

(4) 公債

① 国債…租税で国の歳入をまかなえない場合，必要な資金調達のために発行

  a. 〔⓰　　　　　　〕…財政法で認められ，公共事業費などの財源に用いる(1966年度～)

  b. 〔⓱　　　　　　〕…財政法で，国債依存度を増し，〔⓲　　　　　　〕につながるので発行が禁止されて
    いるが，特例法を毎年制定して発行(1975年度～，但し1990～93年度を除く)

  c. 国債依存度…〔❽　　　　　　〕予算の歳入の中に国債が占める割合

② 公債発行の原則と問題点

  a. 〔⓳　　　　　　〕の原則…インフレ防止のため，日本銀行の国債引き受けを禁止（財政法第5条）

  b. クラウディング・アウト…公債発行により民間投資が圧迫されること

解答 ❶所得再分配 ❷累進課税 ❸社会保障制度 ❹フィスカル・ポリシー ❺ビルト・イン・スタビライザー ❻有効需要 ❼ポリシー・ミックス ❽一般会計 ❾社会保障関係費 ❿補正予算 ⓫財政投融資 ⓬直接税 ⓭間接税 ⓮垂直 ⓯水平 ⓰建設国債 ⓱赤字(特例)国債 ⓲財政の硬直化 ⓳市中消化

第2章　現代経済のしくみ　95

問題演習 **1. 市場機構　　2. 現代の企業**

1【市場経済】　市場経済に関連する記述として誤っているものを，次の①～④のうちから一つ選べ。

①　市場機構における価格決定の例外として，公的機関の規制を受ける公共性の高い財・サービスの価格や料金を，公共料金という。

②　企業の広告・宣伝などによって，消費者の購買意欲がかきたてられることを，依存効果という。

③　日本では，市場における私的独占や不公正な取引を防止するために，公正取引委員会が設置されている。

④　完全競争市場で，ある財に対する需要量が供給量を上回る場合，その財の価格が下落する。

〈2005・追試〉

1依存効果…アメリカの経済学者であるガルブレイスが使った言葉で，個人の消費行動は企業の広告・宣伝などの影響を受けること。

2【会社法】　会社法は2005年に制定された法律である。この法律の内容について正しいものを，次の①～④から一つ選べ。

①　有限責任社員を出資者として合名会社を設立できる。

②　1000万円以上の資本金がないと株式会社を設立できない。

③　合資会社という新しい種類の会社を設立できる。

④　有限会社を新たに設立できない。

〈2010・本試〉

2会社法…会社に関する規定は商法，有限会社法などに分散していたが，経済のグローバル化が進む中，さまざまな規定をまとめた「会社法」という名称の法律が，明治以来初めて2005年に制定された。

3【経済主体】　次の図は，三つの経済主体間における経済循環の基本構造を示したものである。図中の矢印は財やお金の流れを示している。図中のA～Cに当てはまるものの組合せとして最も適当なものを，下の①～⑥のうちから一つ選べ。

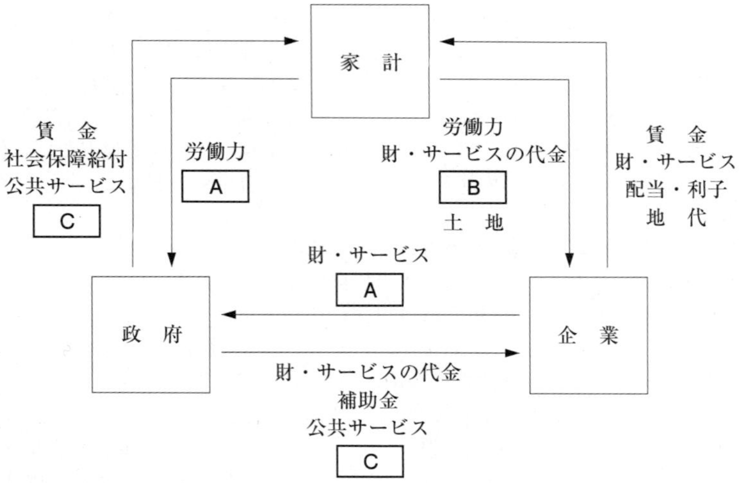

3経済主体…企業・家計・政府の3つの経済主体があり，企業は生産・流通面を，家計は労働力の提供や消費活動面を，政府は公共サービスをはじめとして経済活動全体の調整面をそれぞれ担当する。

①　A 資　本　　　　B 租税・社会保険料　C 社会資本
②　A 資　本　　　　B 社会資本　　　　　C 租税・社会保険料
③　A 社会資本　　　B 資　本　　　　　　C 租税・社会保険料
④　A 社会資本　　　B 租税・社会保険料　C 資　本
⑤　A 租税・社会保険料　B 資　本　　　　C 社会資本
⑥　A 租税・社会保険料　B 社会資本　　　C 資　本

〈2017・本試〉

96　第2編　現代の経済

4 【経済主体】 経済主体について，家計・企業・政府の三部門からなる経済の循環に関する記述として**誤っているもの**を，次の①～④のうちから一つ選べ。
① 家計は，労働力を提供して賃金を受け取り，企業に社会保険料を支払う。
② 企業は，政府に租税を支払い，家計から財・サービスの代金を受け取る。
③ 企業は，労働力と原材料・機械を用い，財・サービスを生産する。
④ 政府は，租税を徴収し，公共サービス提供のため支出を行う。
〈2009・追試〉

5 【企業や家計】 企業や家計についての記述として最も適当なものを，次の①～④のうちから一つ選べ。
① 家計は，他の条件が一定である場合，その保有する資産の価格が上昇すると消費額を増やす傾向にある。
② 企業は，他の条件が一定である場合，銀行の貸出金利が低下すると設備投資を減少させる傾向にある。
③ 日本の家計を全体でみると，消費支出のうち食料費よりも保健医療費の方が多い。
④ 日本の従業者を全体でみると，中小企業で働く人数よりも大企業で働く人数の方が多い。
〈2016・本試〉

5設備投資…企業は生産活動の拡大をめざして，機械設備，工場などへ資金を投入する。このような資金は主に，金融機関からの借り入れでまかなう。

6 【均衡点】 次の図は，ガソリンの需要曲線と供給曲線を表したもので，当初の均衡点がAであることを示している。出荷に際しガソリンに炭素税を課す場合，消費者の事情に変化がないとすれば，課税後の新たな均衡点はどこになるか。最も適当なものを，図中の①～⑥のうちから一つ選べ。

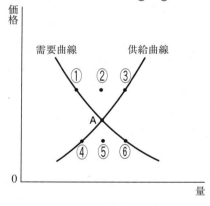

〈2010・本試〉

6均衡点…価格も生産・販売量も需要と供給の大きさにより決まる。需要と供給がつり合っている点を均衡点という。そのときの価格が均衡価格，数量が均衡数量となる。

7 【市場機能】 市場機能を重視した学説を展開した人に，アダム・スミスがいる。スミスについての記述として**適当でないもの**を，次の①～④のうちから一つ選べ。
① 政府の支出は，国防，司法，教育などに限定すべきであると主張した。
② 「見えざる手」という用語で，市場における政府の調整能力を表現した。
③ 『国富論』(『諸国民の富』)を著して，保護貿易などの重商主義政策を批判した。
④ 産業革命初期のイギリス資本主義の発達を背景にして，経済学体系を構築した。
〈2003・追試〉

7重商主義…国家財政の基礎を流通過程の増大振興に求め，貨幣を唯一の富の源泉とみる経済思想。16～18世紀に盛んに採用された。

8【需要・供給曲線】 労働移動の自由化が実現していない産業のX国内とY国内の労働市場について考える。次の図のD_X, D_YとS_X, S_Yは，各国内の需要曲線と供給曲線である。この産業の生産物は両国間で貿易ができないものとする。他の条件は一定として，この産業だけで二国間の労働移動が自由化された場合，新たな均衡点の組合せとして最も適当なものを，下の①〜④のうちから一つ選べ。

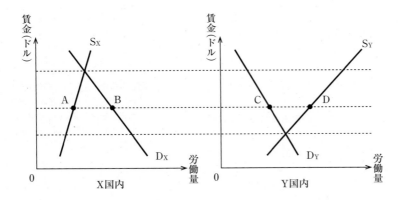

	X国	Y国
①	A	C
②	A	D
③	B	C
④	B	D

〈2011・本試〉

8 労働移動の自由化…X・Yの二国間で賃金水準に違いがあり，労働者の移動が生じること。その結果，均衡点が移動すると考える。

9【市場取引】 市場取引に関連して，企業や市場についての記述として**適当でないもの**を，次の①〜④のうちから一つ選べ。
① 日本では，資金調達などの面で大企業と中小企業との間に格差があり，法律や制度などによって，中小企業の保護・育成が図られてきた。
② 完全競争市場では価格の自動調節機能に従い，財の需要量が供給量を，上回る場合は価格が下落し，下回る場合は価格が上昇する。
③ 寡占市場では，企業は，品質やデザイン，広告などの面で，他企業と競争を行うこともある。
④ 日本では，乗用車などで，生産額の上位3社の合計が，その市場の生産額合計の50パーセントを超えている市場がある。

〈2013・本試〉

9 完全競争市場…売り手と買い手が多数いて，どちらも価格決定に影響力をもたない市場。価格の自動調節機能がはたらく。

10【非価格競争】 市場における非価格競争の例として最も適当なものを，次の①〜④のうちから一つ選べ。
① 同業他社との間でカルテルを締結して，生産量の割当てを行う。
② 人気俳優をテレビ広告に起用して，製品の販売拡大を図る。
③ 他社と同じ性能をもつ製品を，より安い値段で発売する。
④ 政府が定めた価格で，決められた規格の商品を販売する。

〈2017・追試〉

10 カルテル…同一産業部門の各企業が，独立性を保ったまま生産量や価格などに関する協定を結ぶ独占形態で，独占禁止法では禁止されている。

11 【需要・供給曲線】 次の図にはある財の完全競争市場における需要曲線と供給曲線とが描かれている。このとき，市場がもつ価格の自動調節機能についての記述として正しいものを，次の①～④のうちから一つ選べ。

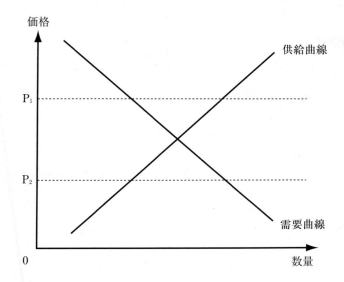

① 価格がP_1であれば，需要が供給を上回るため，超過需要を減少させるように価格が下落する。
② 価格がP_1であれば，需要が供給を下回るため，超過供給を減少させるように価格が上昇する。
③ 価格がP_2であれば，需要が供給を上回るため，超過需要を減少させるように価格が上昇する。
④ 価格がP_2であれば，需要が供給を下回るため，超過供給を減少させるように価格が下落する。

〈2016・追試〉

12 【市場】 市場についての記述として最も適当なものを，次の①～④のうちから一つ選べ。
① 完全競争市場では，需要者と供給者の間に情報の非対称性がある。
② 寡占市場では，単一の企業が製品やサービスの供給を行う。
③ 消費財市場では，贅沢品の需要の価格弾力性は生活必需品より大きい。
④ 労働市場では，求職者数が需要量であり求人数が供給量である。

〈2017・本試〉

13 【寡占市場】 寡占市場がもつ特徴についての記述として適当でないものを，次の①～④のうちから一つ選べ。
① 管理価格とは，市場メカニズムによらずに，価格支配力をもつプライス・リーダーが人為的に決定する価格のことである。
② 価格の下方硬直性とは，生産技術の向上などで生産コストが低下しても，価格が下方に変化しにくくなることである。
③ 非価格競争とは，デザイン，広告・宣伝といった手段を用いて，価格以外の競争が行われることである。
④ カルテルとは，資本の集中・集積が進み，同一産業内での企業合併が起こることである。

〈2015・本試〉

---

12 情報の非対称性…対象になっている情報内容や保有量に違いがあること。
価格弾力性…価格の変動によって需要や供給がどれだけ変動するかを示すこと。

13 プライス・リーダー…寡占市場では，実質的にマーケット・シェア（市場占有率）1位の企業が価格設定に大きな影響力をもっている。その企業をプライス・リーダーという。

14【市場メカニズムと政策】 市場メカニズムが適切に働かないと考えられる場合の例A〜Cと，それらに対応するための政府の施策の例ア〜ウとの組合せとして最も適当なものを，下の①〜⑥のうちから一つ選べ。

A 市場が寡占状態にある場合
B 財の生産に外部不経済が伴う場合
C 財が公共財の性質をもつ場合

ア 生産の制限　　　イ 政府による供給　　　ウ 新規参入の促進

① A−ア　B−イ　C−ウ　　② A−ア　B−ウ　C−イ
③ A−イ　B−ア　C−ウ　　④ A−イ　B−ウ　C−ア
⑤ A−ウ　B−ア　C−イ　　⑥ A−ウ　B−イ　C−ア

〈2009・本試〉

15【市場メカニズム】 完全競争市場の特徴を表す記述として最も適当なものを，次の①〜④のうちから一つ選べ。
① 価格協定や生産調整が行われる。
② 品質やデザインにより製品の差別化が行われる。
③ 売り手も買い手も多数存在している。
④ 商品の価格の下方硬直性が存在する。

〈2008・本試〉

15 価格の下方硬直性…寡占・独占状態になった市場では，いったん設定された価格は人件費・原材料費などが下がっても，価格にはほとんど影響せず，下がりにくくなる。

16【需要・供給曲線】 次の図は，ある財の市場における需要曲線と供給曲線を実線で示しており，また，価格P_0で需給が均衡することを示している。いま，政府によってこの財の価格の上限がP'に規制されたとき，取引される財の数量についての記述として最も適当なものを，下の①〜④のうちから一つ選べ。

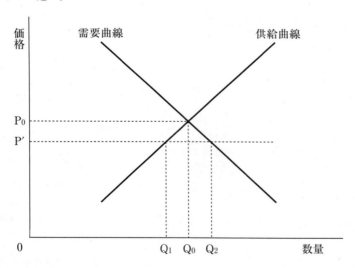

① 取引される財の数量はQ_0になる。
② 取引される財の数量はQ_1になる。
③ 取引される財の数量はQ_2になる。
④ 取引される財の数量は0になる。

〈2018・本試〉

17【需要・供給曲線】 次の図は，ある財の輸出前と輸出後における価格および取引量を表している。まず，輸出を開始する以前は，1個当たりの価格P（350円），取引量Q（400個）で均衡していた。このとき，財の総取引額は，1個当たりの価格と取引量との積である面積部分APEQに相当する。次に，貿易が開始され，この財が輸出されるようになったとき，国際価格と国内価格は1個当たり500円，総取引量は700個となり，国内生産者による供給と国内需要との差だけ輸出されるようになった。このとき，輸出量と輸出額の組合せとして正しいものを，下の①〜④のうちから一つ選べ。

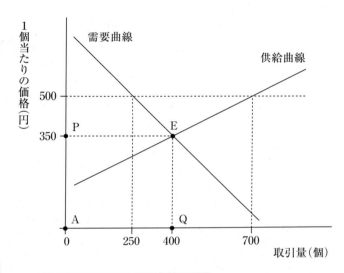

	輸出量	輸出額
①	250個	125,000円
②	300個	150,000円
③	450個	225,000円
④	700個	350,000円

〈2018・追試〉

18【企業】 企業についての記述として正しいものを，次の①〜④のうちから一つ選べ。
① 日本の会社法に基づいて設立できる企業に，有限会社がある。
② 企業の経営者による株主の監視を，コーポレート・ガバナンスという。
③ 日本の中央銀行である日本銀行は，政府全額出資の企業である。
④ 企業による芸術や文化への支援活動を，メセナという。

〈2017・本試〉

18 コーポレート・ガバナンス…企業の内部チェックの仕組みや不正行為の防止機能をいう。企業統治。

19【企業の法令遵守】 コンプライアンス（法令遵守）についての記述として適当でないものを，次の①〜④のうちから一つ選べ。
① 企業が遵守すべき法には，条約のような国際的な規範が含まれる。
② 企業が遵守すべき法には，地方自治体の制定する条例が含まれる。
③ この理念は，大企業による不祥事が相次いで発覚し，その必要性がいっそう高まった。
④ この理念は，企業で働く従業員に内部告発をさせないことを，その内容の一つとしている。

〈2008・本試〉

19 コンプライアンス（法令遵守）…具体的な法令に限らず，社会的な規範も含んだ法令遵守をいい，企業の社会的責任を表す。

20【企業の資金調達】 企業の資金調達についての記述として正しいものを，次の①〜④のうちから一つ選べ。
① 同じ企業集団に属するメインバンクからの借入れによる資金調達は，直接金融である。
② 証券会社を通して家計が購入した新規発行株式による資金調達は，間接金融である。
③ 利益の社内留保によって調達された資金は，自己資本である。
④ 株式発行によって調達された資金は，他人資本である。〈2006・本試〉

20直接金融…個人・企業から株式・社債などで資金を調達すること。
間接金融…企業が銀行などの金融機関を通じて，融資の形で資金を調達すること。

21【企業間関係】 日本の企業間関係についての記述として最も適当なものを，次の①〜④のうちから一つ選べ。
① 財閥とは，種々の産業部門に属する諸企業を，役員の相互派遣や共同事業の推進によって統合したコンツェルン（企業連携）である。
② 下請け企業とは，親会社が発行する株式の引受けや債務の保証によって，親会社の資金調達を請け負っている会社である。
③ トラスト（企業合同）とは，ある産業における市場占有率の合計が50パーセントを上回る企業間の合併である。
④ 持株会社とは，別会社の事業活動を支配することを目的として株式を所有する企業である。 〈2006・本試〉

21持株会社…傘下の複数の企業の株を保有し，自らは事業を行わない，そのグループの中核会社のこと。1997年に解禁され，合併と同じ効果をもつといわれる。

22【株式会社】 日本における株式会社についての記述として正しいものを，次の①〜④のうちから一つ選べ。
① 独占禁止法の下では，事業活動を支配することを目的として，他の株式会社の株式を保有することが禁止されている。
② 会社法の下では，株式会社の設立にあたって，最低資本金の額が定められている。
③ 株式会社のコーポレート・ガバナンスに関しては，バブル経済の崩壊以降，株主の権限の制約が主張されている。
④ 株式会社の活動によって生じた利潤は，株主への配当以外に，投資のための資金としても利用されている。 〈2014・本試〉

22株主の権限…配当を受ける権利，株主総会での議決権，増資の際の新株引き受け権，会社が解散したとき，残った財産の分配を受ける権利などがある。

23【利潤】 利潤についての記述として正しいものを，次の①〜④のうちから一つ選べ。
① 企業内部に蓄えられた利潤は，設備投資のような企業規模の拡大のための原資として用いられることがある。
② 国民経済計算では，企業の利潤は雇用者報酬に分類される。
③ 企業の利潤は，賃金や原材料費などの費用に，生産活動により得られた収入を付け加えたものである。
④ 株式会社の場合，利潤から株主に支払われる分配金は出資金と呼ばれる。 〈2016・本試〉

23国民経済計算…雇用者報酬や企業所得など一国全体の所得の分配，支出に関する計算を表す。所得面からとらえた全体を国民所得と呼ぶ。

24【企業活動】 企業の経営や生産活動についての記述として正しいものを，次の①〜④のうちから一つ選べ。
① 金融機関からの借入れが増えると，自己資本額は増大する。
② 利潤のうち株主への分配が増えると，内部留保は増大する。
③ 関連産業が同じ地域に多数立地することで得られる正の経済効果を，集積の利益という。
④ 経営者に代わり株主が経営を行うようになることを，所有と経営の分離という。 〈2016・追試〉

24内部留保…社内留保ともいい，企業内部に蓄積されている利益（利潤）のこと。

現代経済のしくみ

102 第2編 現代の経済

25【外部経済・外部不経済】 外部経済や外部不経済の例として**適当でない**ものを，次の①〜④のうちから一つ選べ。
① 商店街の電器量販店が割引セールを行ったので，商店街の他の電器店の売上げが減少した。
② 住宅街に緑豊かな公園が整備されたので，近隣住民の気持ちが和んだ。
③ 養蜂家が開業したので，近隣のリンゴ園の収穫が増加した。
④ 住宅街に高層マンションが建設されたので，近隣住民の日当たりが悪くなった。
〈2012・追試〉

25外部不経済…ある経済主体の活動が，市場における取引を経ずに他の経済主体に不利益を与えることをいう。公害（環境破壊）がその典型例といえる。

26【市場の失敗】 市場の失敗の例として最も適当なものを，次の①〜④のうちから一つ選べ。
① アパレル業者が，正規品として販売できないB級品をアウトレットショップで安く販売した。
② スマートフォンなどの普及に伴い情報を簡単に取得できるようになったため，電子辞書の専用機器を製造する工場が閉鎖された。
③ 高級フルーツの人気が国外で高まり，その果物の作付面積が拡大して生産量と輸出量が増加した。
④ 周囲の反対運動にもかかわらずショッピングモールが建設され，自然豊かな里山が失われた。
〈2018・追試〉

26市場の失敗…市場経済において，市場メカニズムが有効に機能しないこと。
アパレル業者…アパレル(apparel)とは衣料品の意味で，製品だけではなく，製造する企業（メーカー）もアパレルと呼ぶことがある。
里山…人里に隣接し，そこで生活している人たちが日常的に手入れをしてきた山や森林など。

問題演習 **3. 国民所得と経済成長**

1【国民経済指標】 国民経済の指標についての記述として最も適当なものを，次の①〜④のうちから一つ選べ。
① 国民所得とは，ある時点で蓄積されている国富の額をいう。
② 三面等価とは，国民所得の生産・分配・支出の三面の大きさが等しいことをいう。
③ GNP（国民総生産）とは，ある国である期間に生産された生産物の額を合計したものをいう。
④ GDP（国内総生産）とは，GNPから輸入を引いたものをいう。
〈2008・本試〉

1国富…一時点におけるその国の実物資産（建物や道路，耐久消費財など）と対外純資産（対外資産から対外負債を引いたもの）の合計で，ストックの概念である。

2【社会資本】 日本の社会資本をめぐる記述として**誤っている**ものを，次の①〜④のうちから一つ選べ。
① 社会資本には，生産に関連するものと，生活に関連するものとがある。
② 社会資本の整備を目的として国債を発行することは，禁じられている。
③ 社会資本の整備を実施するために，財政投融資が財源の一つとして利用されている。
④ 社会資本の整備の際に，土地を収用されることによって財産上の損失を被った国民は，その損失の補償を求めることができる。
〈2014・本試〉

2社会資本…国民経済全体に欠かせない道路，港湾，上下水道，公園，河川，ダムなどの総称。

現代経済のしくみ

第2章 現代経済のしくみ 103

3【所得】 所得を把握するための諸指標に関する記述として**誤っているもの**を，次の①～④のうちから一つ選べ。
① 分配面からみた国民所得（NI）の要素には，雇用者報酬が含まれる。
② 支出面からみた国民所得の要素には，民間投資と政府投資が含まれる。
③ 国民総所得（GNI）は，国民純生産（NNP）から，固定資本減耗を差し引いたものである。
④ 国民総所得は，国民総生産（GNP）を分配面からとらえたものであり，両者は等価である。

〈2015・本試〉

4【市場取引とGDP】 市場での取引とGDP（国内総生産）との関係について述べた記述として正しいものを，次の①～④のうちから一つ選べ。
① 市場における株式の取引額は，GDPに計上される。
② 市場で取引されない環境破壊による損失は，GDPに計上されない。
③ 輸出される財・サービスは，国内の市場で取引されていないため，その額はGDPに計上されない。
④ 通貨は，市場取引で用いられるため，家計や企業が保有する通貨量はGDPに計上される。

〈2016・本試〉

5【国富】 経済的豊かさの指標の一つである国富を構成するものとして**誤っているもの**を，次の①～④のうちから一つ選べ。
① ある世帯がもっている現金
② ある民間企業がもっている機械
③ あるNPO（非営利組織）が所有している建物
④ ある地方自治体が所有している森林

〈2014・本試〉

6【GNP, NNP, NI】 国民経済全体の活動水準を測るフローの諸指標がある。次の表は，ある年のそれらの諸指標の項目と金額との組合せの数値例を表したものである。表の数値例をもとにした場合に，諸指標Ａ～Ｃと，金額ア～ウとの組合せとして正しいものを，下の①～⑥のうちから一つ選べ。

項　　　　目	金額
国内総生産（GDP）	500
海外からの純所得	20
間接税 − 補助金	40
固定資本減耗	100

Ａ　国民純生産（NNP）
Ｂ　国民総生産（GNP）
Ｃ　国民所得（NI）

ア　380　　イ　420　　ウ　520

① Ａ－ア　Ｂ－イ　Ｃ－ウ　　② Ａ－ア　Ｂ－ウ　Ｃ－イ
③ Ａ－イ　Ｂ－ア　Ｃ－ウ　　④ Ａ－イ　Ｂ－ウ　Ｃ－ア
⑤ Ａ－ウ　Ｂ－ア　Ｃ－イ　　⑥ Ａ－ウ　Ｂ－イ　Ｃ－ア

〈2013・本試〉

3固定資本減耗…企業の機械・設備などは年数を経るごとにその利用価値が減る。利用価値がゼロになると，機械・設備の入れ替えが必要になるため，企業はその費用を売上金（利潤）の中から積み立てておく。

6海外からの純所得…日本人の海外居住者が受け取った所得から外国人の日本居住者に支払われた所得を引いたもの（「海外からの所得－海外への所得」）。

7【国民所得】 次の図は，1980年以降における日本の名目国民所得を雇用者所得（雇用者報酬），財産所得および企業所得に区分して，それぞれの所得金額の推移を示したものである。図中のA～Cに当てはまる所得の組合せとして正しいものを，下の①～⑥のうちから一つ選べ。

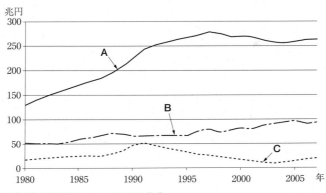

（資料）内閣府Webページにより作成。

① A 雇用者所得　B 財産所得　　C 企業所得
② A 雇用者所得　B 企業所得　　C 財産所得
③ A 財産所得　　B 雇用者所得　C 企業所得
④ A 財産所得　　B 企業所得　　C 雇用者所得
⑤ A 企業所得　　B 雇用者所得　C 財産所得
⑥ A 企業所得　　B 財産所得　　C 雇用者所得

〈2011・追試〉

7 雇用者所得…労働力を提供した者が受け取る賃金などの所得。
財産所得…資本や土地を提供した者が受け取る利子・配当・地代など。
企業所得…経済活動の結果，企業が得た利潤のこと。

8【物価】 物価に関連する記述として正しいものを，次の①～④のうちから一つ選べ。
① インフレーションの下では，貨幣の価値は上昇する。
② デフレーションの下では，債務を抱える企業や家計にとって債務返済の負担は重くなる。
③ 自国通貨の為替相場の下落は，国内の物価を引き下げる効果をもたらす。
④ デフレスパイラルとは，景気後退と物価上昇が相互に影響し合って進行する現象をいう。

〈2016・追試〉

8 為替相場の下落…日本円と米ドルの場合，1ドル＝100円が1ドル＝120円になるような円安のこと。

9【景気】 景気について，景気循環の各局面において一般的にみられる現象として最も適当なものを，次の①～④のうちから一つ選べ。
① 好況期には，生産が拡大し，雇用者数が増加する。
② 景気後退期には，商品の超過供給が発生し，在庫が減少する。
③ 不況期には，労働需要が労働供給に対し過大になり，失業率が上昇する。
④ 景気回復期には，在庫が減少し，投資が縮小する。

〈2018・追試〉

10【実質経済成長率の推移】 不況期には経済成長率の低下がみられる。次の図は1970年から2010年にかけての日本の実質経済成長率の推移を示したものである。図中のA～Dの時期に生じた出来事についての記述として最も適当なものを，次の①～④のうちから一つ選べ。

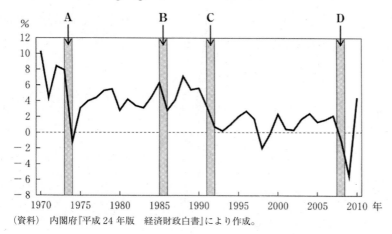

（資料）内閣府『平成24年版　経済財政白書』により作成。

① Aの時期に，土地や株式の価格が暴落したことにより，不良債権を抱えた金融機関が相次いで破綻した。
② Bの時期に，円高・ドル安が急速に進んだことにより，輸出産業が打撃を受けた。
③ Cの時期に，アメリカでサブプライム・ローン問題が生じたことをきっかけに，金融不安が拡がった。
④ Dの時期に，原油価格が上昇したことをきっかけに，スタグフレーションが生じた。
〈2014・本試〉

11【景気循環】 さまざまな景気循環の類型についての説が存在する。次の類型A～Cと，それぞれの循環を引き起こす原因についての記述ア～ウとの組合せとして正しいものを，下の①～⑥のうちから一つ選べ。

A 短期波動（キチンの波）
B 中期波動（ジュグラーの波）
C 長期波動（コンドラチェフの波）

ア 技術革新や大規模な資源開発
イ 設備投資の変動
ウ 在庫投資の変動

① A-ア B-イ C-ウ　② A-ア B-ウ C-イ
③ A-イ B-ア C-ウ　④ A-イ B-ウ C-ア
⑤ A-ウ B-ア C-イ　⑥ A-ウ B-イ C-ア
〈2009・本試〉

12【経済発展】 経済発展の原動力として，新技術の開発や新たな生産方式の導入といったイノベーションの重要性を強調した経済学者は誰か。最も適当なものを，次の①～④のうちから一つ選べ。
① アダム・スミス　② シュンペーター
③ マルサス　④ リカード
〈2018・本試〉

---

10 実質経済成長率…GDP（国内総生産）の伸び率を算出するのに物価水準の変動で調整したもの。
サブプライム・ローン問題…アメリカにおいて，低所得者層に貸し出された高い金利の住宅ローンが金融証券化され，それが不良債権化することで，世界的金融危機をまねいた問題。

11 技術革新…イノベーションともいう。コスト低減・利潤拡大を生むオートメーションなど，新しい科学技術の導入・新たな経営方式の導入などをいう。シュンペーターは，「創造的破壊」という言葉で技術革新を経済発展の原動力だとした。

問題演習 4. 金融のしくみ

1 【通貨制度】 通貨制度についての記述として最も適当なものを，次の①〜④のうちから一つ選べ。
① 金本位制の下では，中央銀行は金の保有量と無関係に兌換銀行券を発行できた。
② 金本位制の下では，外国為替取引は市場の自由な取引に委ねられ，為替レートは大きく変動した。
③ 管理通貨制の下では，中央銀行は金の保有量と一定の比例関係を保ちつつ兌換銀行券を発行できる。
④ 管理通貨制の下では，景気調整のための経済政策の自由度が確保しやすくなる。 〈2011・本試〉

1 金本位制…一国が発行できる通貨量が金の保有量の範囲内におかれている通貨制度。
為替レート…自国通貨と他国通貨との交換比率のこと。

2 【貨幣】 貨幣に関する記述として正しいものを，次の①〜④のうちから一つ選べ。
① 貨幣には，取引の仲立ちを行う価値貯蔵手段としての機能がある。
② マネーストックとは，中央政府が保有する貨幣残高のことである。
③ 管理通貨制度の下では，通貨発行量は中央銀行の保有する金の量によって制限されない。
④ 預金通貨は，財・サービスの対価の支払手段として用いられることはない。 〈2017・本試〉

2 マネーストック…2008年に定義が見直され，マネーサプライがマネーストックに変更された。
預金通貨…現金通貨が金融機関に預けられると預金通貨になる。

3 【管理通貨制】 金本位制と比べた管理通貨制の特徴についての記述として最も適当なものを，次の①〜④のうちから一つ選べ。
① 通貨政策において国際協力や国際協定の締結を行う必要がなくなった。
② 金準備に拘束されることなく，国内の金融政策の発動が可能になった。
③ 国際商取引を，自国通貨により最終的に決済することが常態となった。
④ 兌換銀行券が流通して，インフレーションが激しくなった。 〈2005・本試〉

3 兌換銀行券…金本位制度の下で発行され，金と交換できる銀行券。

4 【日本銀行】 日本銀行についての記述として誤っているものを，次の①〜④のうちから一つ選べ。
① 日本銀行は，発行した日本銀行券と金との交換を保証している。
② 日本銀行は，金融政策を通じて物価の安定を図る。
③ 日本銀行は，「最後の貸し手」として金融システムの安定を図る。
④ 日本銀行は，「政府の銀行」として国庫金の管理を行う。 〈2016・追試〉

4 最後の貸し手…日本銀行は，銀行の銀行といわれるように，銀行業務において，最後までお金の貸し出しや払い出しを担っている。

5 【金融政策】 金融政策についての記述として最も適当なものを，次の①〜④のうちから一つ選べ。
① 預金準備率の引上げは，市中金融機関による企業への貸出しを増加させる効果をもつ。
② 買いオペレーションは，通貨量（マネーストックあるいはマネーサプライ）を減少させる効果をもつ。
③ 日本銀行は，2000年代の前半に，景気対策を目的として，ゼロ金利政策や量的緩和政策を行った。
④ 日本銀行は，1990年代の後半から，政府が発行する赤字国債を継続的に引き受けて，政府に資金の提供を行ってきた。 〈2012・追試〉

5 ゼロ金利政策…政策金利を0〜0.25％までに誘導するオペレーション。
量的緩和政策…金利の引き下げによる方法ではなく，日銀が金融機関から手形や国債などを買い入れ，金融機関が日銀にもっている無金利の日銀当座預金の残高を増やして，金融機関の貸し出しの拡大を狙う政策。

第2章 現代経済のしくみ 107

6 【金融】 金融に関連する記述として誤っているものを，次の①～④のうちから一つ選べ。
① 基準割引率および基準貸付利率は，公開市場操作の手段として用いられる金利である。
② マネーストックとは，金融機関を除く経済主体が保有している通貨量のことである。
③ 信用創造とは，市中金融機関が貸付けを通じて預金を創出することである。
④ 量的緩和は，買いオペレーション（買いオペ）によって行われる政策である。

〈2014・本試改〉

7 【金融政策】 中央銀行が実施する政策や業務についての記述として正しいものを，次の①～④のうちから一つ選べ。
① デフレーション対策として，国債の売りオペレーションを行う。
② 自国通貨の為替レートを切り下げるために，外国為替市場で自国通貨の売り介入を行う。
③ 金融緩和政策として，政策金利を高めに誘導する。
④ 金融機関による企業への貸出しを増やすために，預金準備率を引き上げる。

〈2016・本試〉

7政策金利…市場の金利を経済の実態と見合った水準に誘導するため，中央銀行が定める基準金利。かつては「公定歩合」が代表的な政策金利であった。

8 【バブル崩壊後の日本の金融】 バブル崩壊後の日本の金融についての記述として最も適当なものを，次の①～④のうちから一つ選べ。
① 銀行の所有している土地の価格が下がって含み損が発生したため，銀行の不良債権問題が生じた。
② バブル崩壊後，大量の不良債権を抱えた銀行が企業への貸出しを抑制したことが，「貸し渋り」として批判された。
③ 日本版ビッグバンの背景には，東京の金融市場から日本の各地の金融市場へと取引が分散する「金融の空洞化」現象があった。
④ ゼロ金利政策の実施により，銀行は最優遇の企業に対して，一定期間無利子で貸出しを行うことが義務付けられた。

〈2004・本試〉

8不良債権…金融機関が融資した貸出金のうち，回収が困難，不能になった債権。
金融の空洞化…産業の空洞化に伴って生じる。金融市場の資金が海外の金融市場へと移動する現象のこと。

9 【金融】 日本の金融機関についての記述として最も適当なものを，次の①～④のうちから一つ選べ。
① 巨額の不良債権を抱え込んだ結果，1990年代の後半に破綻が相次いだ。
② ノンバンクは，預金を受け入れて融資を行っている。
③ 銀行は，コール市場において手形，国債，株式の売買を行っている。
④ バブル崩壊後，経営再建のために護送船団方式が採用された。

〈2010・本試〉

9コール市場…金融機関同士が短期間（最短で即日返済）で資金（短期資金）を調達する市場。日銀の金融政策の金利誘導水準として使われている。

10 【金融機関】 日本の金融機関についての記述として誤っているものを，次の①～④のうちから一つ選べ。
① 日本銀行は，市中銀行に対して貸出しを行うことができる。
② 市中銀行は，コール市場で相互に短期資金を融通し合うことができる。
③ 証券会社は，有価証券の売買ができるが，その引き受けはできない。
④ ノンバンクは，貸出しができるが，預金の受入れはできない。

〈2012・本試〉

現代経済のしくみ

108 第2編 現代の経済

11 【信用創造】　次の表のように，銀行Ａが，5,000万円の預金を受け入れ，支払準備率を10パーセントとして企業に貸し出すとする。さらにこの資金は，取引を経た後，銀行Ｂに預金される。銀行の支払準備率をすべて10パーセントで一定とすると，この過程が次々と繰り返された場合，信用創造で作り出された銀行全体の貸出金の増加額として正しいものを，下の①〜④のうちから一つ選べ。

銀行	預　金	支払準備金	貸出金
A	5,000万円	500万円	4,500万円
B	4,500万円	450万円	4,050万円
C	4,050万円	405万円	3,645万円
⋮	⋮	⋮	⋮

①　2億5,000万円　　②　3億5,000万円
③　4億5,000万円　　④　5億5,000万円　　〈2005・本試〉

11 支払準備率…銀行は，払い戻しに備えて預金の一部を手元に置いておくが，その割合のこと。さらに銀行は，受け入れた預金のうち一定割合を日本銀行に預けなければならない。

12 【金融の仕組みと制度】　日本の金融の仕組みや制度についての記述として最も適当なものを，次の①〜④のうちから一つ選べ。
①　BIS規制では，国内業務のみを行う銀行は，国際業務を行う銀行よりも，高い自己資本比率が求められている。
②　日本のペイオフ制度では，金融機関が破綻した場合に，預金保険機構によって，預金の元本のみが全額払い戻される。
③　銀行による信用創造で創出される預金額は，資金の需要が一定であるならば，支払準備率が小さいほど大きくすることができる。
④　企業が社債を発行することにより，金融市場で資金調達を行うことは，間接金融の方式に当たる。　　〈2013・本試〉

12 ペイオフ…金融機関が破綻した場合に，預金の払い戻し保証が一定限度に制限されること。2005年から全面実施され，元金1000万円とその利子が上限となった。
BIS規制…銀行の自己資本比率の最低基準に関する国際決済銀行による規制のこと（バーゼル合意）。

13 【金融】　金融に関する記述として最も適当なものを，次の①〜④のうちから一つ選べ。
①　物価の安定は中央銀行の政策目標に含まれない。
②　銀行の自己資本比率に対する国際的な規制は存在しない。
③　金利の自由化が進み，中央銀行の貸付利率の操作は政策としての効果を失っている。
④　市場のグローバル化の影響を小さくするため，金融ビッグバンと呼ばれる金融規制の強化が行われている。　　〈2011・本試改〉

13 中央銀行の貸付利率の操作…以前行われていた公定歩合操作のこと。
金融ビッグバン…金融の大改革のことで，1986年にイギリスで始められ，日本でも90年代後半にフリー・フェア・グローバルをスローガンに実施された。

14 【金融機構】　金融機構についての記述として最も適当なものを，次の①〜④のうちから一つ選べ。
①　預金準備率は，市中銀行における預金量に対する自己資本の比率のことである。
②　公開市場操作は，株式の売買により通貨量の調節を図る金融政策である。
③　コールレートとは，市中銀行が優良企業に無担保で貸出しをする際の金利である。
④　信用創造とは，金融機関が貸付けを通して預金通貨をつくることである。　　〈2011・追試〉

14 自己資本…企業が調達した資金で，株式発行によるものや内部留保など返済義務のない資金をいう。

第2章　現代経済のしくみ　109

15【金融の自由化】　日本で進められた金融の自由化の内容についての記述として**適当でないもの**を，次の①〜④のうちから一つ選べ。
① 特定の業務分野に活動が限定されてきた金融機関が，子会社を通じて他の金融業務に進出できるようになった。
② 外国為替取引の自由化など金融の国際化が進められた。
③ 預金のうちの一定割合を日本銀行に預けることを義務づけられてきた銀行が，義務づけがなくなり貸出し量を自由に決められるようになった。
④ 銀行の預金金利に対する規制が段階的に撤廃された。
〈2009・追試〉

15金融の自由化…金利の自由化，業務の自由化，ペイオフ解禁などがある。

16【金融】　金融に関連する記述として**誤っているもの**を，次の①〜④のうちから一つ選べ。
① デリバティブは，株式や債券から派生した金融商品で先物取引やオプション取引がある。
② ヘッジファンドによる短期の国際的な資金移動は，為替レートを変動させる要因となる。
③ 日本銀行の量的緩和政策は，金融政策の主たる誘導目標を政策金利として金融緩和を進めようとするものである。
④ 日本の短期金融市場には，金融機関がごく短期間の貸借で資金の過不足を調整するコール市場がある。
〈2019・本試〉

16先物取引…将来の商品の売買について，あらかじめ価格や数量の約束をしておく取引。
オプション取引…将来の決められた期日にあらかじめ決められた価格またはレートで売買する権利の取引。

17【金融】　金融についての記述として**正しいもの**を，次の①〜④のうちから一つ選べ。
① 日本では，家計の金融資産のうち現金・預金の占める割合が最も大きい。
② 日本では，グローバル化をうけて直接金融から間接金融への移行が進んでいる。
③ ノンバンクとは，預金業務と貸出業務を行う金融機関である。
④ 信用創造とは，企業が金融機関に債務を滞りなく返済することで追加的な資金調達が可能になることをいう。
〈2017・本試〉

17金融資産…現金，預貯金，国債，社債，株式などをいう。
直接金融…企業に必要な資金を株式や社債などを発行して，供給者から確保すること。
間接金融…企業に必要な資金を金融機関からの融資によって確保すること。

問 題 演 習　**5. 財政のしくみ**

1【財政の役割】　政府の介入に関連して，財政の役割A〜Cとその内容の説明文ア〜ウとの組合せとして最も適当なものを，下の①〜⑥のうちから一つ選べ。

A　所得の再分配　　　B　資源配分の調整　　　C　景気の安定化

ア　公共投資の規模を調整し，経済の大幅な変動を抑える。
イ　司法や防衛，上下水道など，市場では最適な供給が難しい財・サービスを提供する。
ウ　生活保護や福祉サービスの給付を行い，一定の生活水準を保障する。

① A−ア　B−イ　C−ウ　　② A−ア　B−ウ　C−イ
③ A−イ　B−ア　C−ウ　　④ A−イ　B−ウ　C−ア
⑤ A−ウ　B−ア　C−イ　　⑥ A−ウ　B−イ　C−ア
〈2012・追試〉

110　第2編　現代の経済

2 【日本の予算】 日本の予算に関する記述として正しいものを，次の①〜④のうちから一つ選べ。
① 特別会計の予算は，特定の事業を行う場合や特定の資金を管理・運用する場合に，一般会計の予算とは区別して作成される。
② 国の予算の一つである政府関係機関予算については，国会に提出して，その承認を受ける必要はないとされている。
③ 財政投融資の見直しが行われ，現在では郵便貯金や年金の積立金は一括して国に預託され，運用されるようになっている。
④ 補正予算とは，当初予算案の国会審議の最中に，その当初予算案に追加や変更がなされた予算のことである。 〈2015・本試〉

2 政府関係機関予算…国の全額出資による機関（日本政策金融公庫，国際協力銀行など）には，独自の予算が配分される。

3 【財政】 租税や国債をめぐる記述として最も適当なものを，次の①〜④のうちから一つ選べ。
① 水平的公平とは，所得の多い人がより多くの税を負担するという考え方のことである。
② 国債収入の方が国債費よりも多ければ，基礎的財政収支（プライマリーバランス）は黒字になる。
③ 日本では，直接税を中心とする税制を提唱した1949年のシャウプ勧告に沿った税制改革が行われた。
④ 日本では，1990年代を通じて特例法に基づく赤字国債の発行が毎年度継続して行われた。 〈2013・本試〉

3 国債費…国債の返済と利子の支払いに要する費用のこと。

4 【財政政策】 財政政策についての記述として正しいものを，次の①〜④のうちから一つ選べ。
① 政府が財政政策の手段として税の増減と公共支出の増減とをあわせて用いることを，ポリシー・ミックスという。
② 政府による建設国債以外の国債の発行を原則として禁止することを，財政の硬直化という。
③ 政府は好景気のときには財政支出を増加させ，不景気のときには財政支出を減少させることで，経済を安定させようとする。
④ 政府は好景気のときには増税し，不景気のときには減税することで，経済を安定させようとする。 〈2016・追試〉

5 【税】 税についての記述として正しいものを，次の①〜④のうちから一つ選べ。
① 日本における国税は，租税法律主義の原則の下で，国会で議決された法律に基づいて定められている。
② タックス・ヘイブンとは，投機的な金融活動の抑制を目的に国際的な資本取引に課税する構想のことである。
③ 税負担の逆進性とは，所得が低くなるに従って所得に占める税の負担率が低くなることである。
④ 日本の税務当局による所得捕捉率は，農業者は高く自営業者は中程度で給与所得者は低いといわれていることから，クロヨンと呼ばれている。 〈2017・本試〉

5 所得捕捉率…各個人の年間所得がどれだけあるかを把握すること。
クロヨン…9割・6割・4割という捕捉率の割合を示す数字を意味する。

6 【租税の公平性】 租税の垂直的公平についての記述として最も適当なものを，次の①〜④のうちから一つ選べ。
① 課税の仕組みや徴税の手続がわかりやすい。
② 課税が個人や企業の経済活動に影響を与えにくい。
③ 所得の高い人ほど租税負担が大きい。
④ 所得が等しい人は租税負担が等しい。 〈2016・本試〉

第2章 現代経済のしくみ 111

7【基礎的財政収支】 日本では基礎的財政収支（プライマリーバランス）が赤字であることが問題となっている。次のA，Bは歳入に関する政策の例であり，ア，イは歳出に関する政策の例である。他の歳入額と歳出額については変化がないとき，A，Bとア，イとの組合せのうち，基礎的財政収支の赤字を歳入と歳出の両面から縮小させるものとして最も適当なものを，下の①〜④のうちから一つ選べ。

A　国債発行額を増やして国債収入を増やす。
B　消費税を増税して租税収入を増やす。

ア　国債の利払い費を抑制して国債費の金額を減らす。
イ　公共事業を縮小して，国債費を除く支出の金額を減らす。

① A－ア　② A－イ　③ B－ア　④ B－イ

〈2016・本試〉

8【ローレンツ曲線】 所得の不平等を表すものとして，次の図に示したローレンツ曲線がある。図は，横軸に所得の低い人から高い人の順に人々を並べた場合の人数の累積比率，縦軸にそれらの人々の所得の累積比率をとり，所得分布の状態を示したものである。たとえば，図の45度線は，所得の低い方から60パーセントまでの人々が全体の所得の60パーセントを占めていることを示している。所得が完全に均等に分配された場合，ローレンツ曲線は45度の直線になり，不平等が大きくなるほど45度線から乖離する。二つの異なる所得分布の状態が，曲線Aと曲線Bでそれぞれ示されるとき，この図から読みとれることとして正しいものを，下の①〜④のうちから一つ選べ。

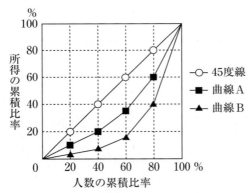

① Aの所得分布で示される不平等の度合いは，Bの所得分布で示される不平等の度合いよりも大きい。
② Bで示される所得分布では，所得の高い方から上位20パーセントまでの人々が全体の所得の80パーセント以上を占めている。
③ Bで示される所得分布では，すべての人の所得が同じ割合で増えると45度線の所得分布により近づく。
④ Aで示される所得分布では，所得の低い方から80パーセントまでの人々が全体の所得の50パーセント以上を占めている。

〈2018・本試〉

9 【所得税や法人税等】 次の図は日本の国税の中で消費税，所得税，相続税，法人税の税収額の推移を示したものである。図中のA～Dのうち，消費税を示すものとして正しいものを，下の①～④のうちから一つ選べ。

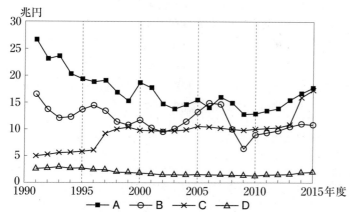

（資料） 一般会計歳入歳出決算（財務省Webページ）により作成。

① A　② B　③ C　④ D　〈2018・追試〉

10 【財政赤字】 次の図は，1985年度以降の国債（赤字国債と建設国債）残高と地方債残高との推移を示したものである。この図から読みとれる内容として最も適当なものを，下の①～④のうちから一つ選べ。

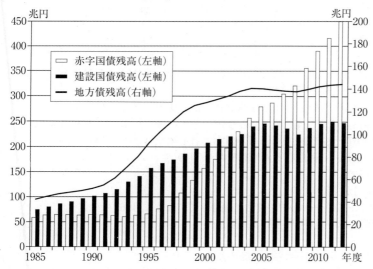

（資料） 財務省『日本の財政関係資料－平成24年度予算　補足資料－』平成24年6月，総務省『地方財政白書』各年度版，総務省『平成24年度地方財政計画関係資料』平成24年1月により作成。

① バブル景気からアジア通貨危機までの時期においては，建設国債残高の増加額よりも赤字国債残高の増加額の方が大きい。
② 「構造改革」を掲げた小泉内閣の時期においては，赤字国債残高の増加額よりも建設国債残高の増加額の方が大きい。
③ 平成不況のはじまりを機に，地方債残高の増加の程度が大きくなっていることがみられる。
④ サブプライム・ローン問題による世界的金融危機を機に，地方債残高の減少がみられる。

〈2014・追試〉

10 構造改革…財政赤字の拡大を受け，小さな政府への転換や不良債権の早期処理などをめざして，小泉内閣によって進められた財政投融資改革，特殊法人改革，郵政民営化や，三位一体の改革などを指す。これにより大企業中心に景気の回復はみられたが，格差社会が到来した。

第2編　第3章——現代日本経済と福祉の向上(1)

1　日本経済のあゆみ　Check ＆ Answer

1 経済復興と民主化(1945〜55)

(1) 経済の民主化政策
① 〔❶　　　　　　　〕…持株会社の解体・禁止，独占禁止法制定(1947)
② 農地改革…寄生地主制の解体，〔❷　　　　　　　〕の創設　　　　　　　GHQの民主化指示による
③ 労働関係の民主化…労働三法の制定

(2) 経済復興
① 〔❸　　　　　　　〕…石炭・鉄鋼・肥料などの基幹産業に，原材料・資金・労働力を重点的に注ぎ込む
　　復興金融金庫の設立 → 重点産業に資金供給 → 通貨供給量の増加 → 復金インフレ
② アメリカによる経済援助
　a．ガリオア資金…占領地域救済資金。食料・医薬品などの生活必需品購入に充当
　b．エロア資金…占領地域経済復興資金。綿花・羊毛などの工業原料の輸入代金に充当

(3) 冷戦激化にともなう復興政策転換
① 経済安定9原則(1948)…経済安定・インフレ収束などを内容とするGHQの指令
② 〔❹　　　　　　　〕(1949，経済安定9原則にもとづく政策)
　a．GHQ経済顧問ドッジ…日本経済をアメリカの援助金と政府補給金に支えられた竹馬経済とよぶ
　b．補給金削減・復興金融金庫債の発行中止，課税強化 → 超均衡予算によるインフレ収束
　c．1ドル＝360円の単一為替レート設定 → 貿易振興をめざす
　d．〔❺　　　　　　　〕勧告…直接税中心の税制へ改革
　e．インフレ収束により，日本経済はデフレに → 深刻な不況(安定恐慌)へ

(4) 特需景気
① 朝鮮戦争(1950〜53) → 米軍による戦争関連の物資・サービスの特別需要＝〔❻　　　　　　　〕
② 鉱工業生産は戦前水準を回復(1951)

2 高度経済成長(1955〜73)　年平均約10%の実質経済成長率

(1) 高度経済成長前期(1955〜64)
① 民間設備投資が主導
② 神武景気(1955〜57) → 〔❼　　　　　　　〕景気(1958〜61) → オリンピック景気(1962〜64)
③ 〔❽　　　　　　　〕(1960)…池田内閣の下で発表
④ 経済の自由化 → 先進国の仲間入り → OECD(経済協力開発機構)に加盟(1964)
　a．貿易の自由化…GATT12条国から〔❾　　　　　　　〕条国(輸入制限をしない)へ移行(1963)
　b．為替の自由化…IMF14条国から〔❿　　　　　　　〕条国(為替制限をしない)へ移行(1964)
⑤ 輸入増大 → 外貨準備の不足 → 国際収支の停滞という「〔⓫　　　　　　　〕」にぶつかる

(2) 高度経済成長後期(1964〜73)
① 公共投資と〔⓬　　　　　　　〕が主導
② 〔⓭　　　　　　　〕景気(1965〜70) → GNPが資本主義世界で第2位に(1968)
③ 繊維製品を中心とした輸出の伸び → 貿易収支は黒字へ

(3) 高度経済成長の要因
① 積極的に外資導入 → イノベーション(技術革新)の進化
② 政府の産業保護政策 → 産業基盤整備・財政投融資などで産業支援
③ 国民の〔⓮　　　　　　　〕が高い → 銀行から企業への豊富な資金供給
④ 地方から都市部の企業に安価で良質・豊富な労働力の供給
⑤ 国内市場の拡大 → 耐久消費財ブーム
　a．高度経済成長前期…三種の神器(電気冷蔵庫・電気洗濯機・白黒テレビ)
　b．高度経済成長後期…3C(自動車・クーラー・カラーテレビ)
⑥ 安価な石油と1ドル＝360円の単一為替レート → 輸出促進

(4) 高度経済成長の問題点
① 急激な工業化 → 外部不経済としての〔⓯　　　　　　　〕の発生
② 都市部への人口集中 → 都市の過密と農村の過疎の問題
③ 政府の産業優先政策 → 上下水道・住宅・公園などの生活基盤の整備のおくれ

114　第2編　現代の経済

③ 2度の石油危機と日本経済

(1) 安定成長の時代

① 〔**⑯**　　　　　〕(1971)…金・ドル交換停止　→　1ドル＝360円から1ドル＝308円へ(1971)
　　　　　　　　　　　　　　　　　　　　　　→　変動為替相場制へ移行(1973)

② 第一次石油危機(1973, 原因は第四次中東戦争)…原油価格高騰　→　狂乱物価(インフレ)
　→　戦後初のマイナス成長(1974)　→　第二次石油危機(1979, 原因はイラン革命)

　a. 〔**⑰**　　　　　〕…不況とインフレの同時発生

　b. インフレ対策として公共投資の削減, 金融引き締め(公定歩合の引き上げ)

(2) 産業構造の転換

① 省エネルギー型経済への転換

　a. 「重厚長大」型産業から「軽薄短小」型産業への転換　→　経済のソフト化・サービス化

　b. 〔**⑱**　　　　　〕…人員整理やFA化・OA化(ME革命)　→　コスト削減

② 貿易摩擦問題

　a. 1980年代のハイテク技術改革　→　輸出急増(集中豪雨的輸出)　→　貿易摩擦の発生

　b. 輸出急増にともなう円高　→　輸出品価格の上昇

　c. 日本企業の海外調達・海外生産　→　日本国内に〔**⑲**　　　　　〕をもたらす

④ プラザ合意後の日本経済

(1) プラザ合意とその影響

① G5による〔**⑳**　　　　　〕(1985)…ドル高の是正, 日米貿易摩擦がきっかけ

　a. 円安・ドル高　→　円高・ドル安に　→　輸出産業中心に〔**㉑**　　　　　〕

　b. 内需拡大型の政策…輸入拡大と貿易黒字の縮小をめざす(1986, 前川レポート)

② 不況対策としての金融緩和政策　→　銀行は余剰資金を低金利で貸し付ける

③ 日米構造協議(1989)…アメリカは内需拡大を求める

(2) バブル経済(1987 ～ 91)

① バブルの発生…実体経済以上に株価や地価が上昇

　a. 日銀の超低金利　→　銀行の積極的貸し付け　→　株式や土地への投機

　b. 〔**㉒**　　　　　〕ブームや大型の公共投資(リゾート開発など)

② バブル崩壊　→　平成不況へ

　a. 株価・地価の高騰　→　公定歩合引き上げ, 地価税の導入　→　株価・地価の急落

　b. 融資した金融機関に回収不能な〔**㉓**　　　　　〕が大量発生　→　〔**㉔**　　　　　〕の導入で銀行救済

(3) 平成不況と「失われた10年」(1991 ～ 2000)

① 失業・倒産の増大　→　企業の〔**㉕**　　　　　〕・銀行の貸し渋り　→　中小企業の倒産

② 〔**㉖**　　　　　〕…物価下落(デフレ)と不況の相乗効果

③ 工場の海外移転, 事業の外部委託(アウトソーシング)の増加　→　完全失業率は5％を超える

④ 年功序列型賃金, 終身雇用制の見直し　→　労働者派遣法の改正(非正規雇用の増加)

⑤ 日本からの輸出先の変化　→　アメリカ・EUから中国などの〔**㉗**　　　　　〕へ移る

(4) 構造改革による規制緩和と民営化

① 2001年の小泉内閣…「改革なくして成長なし」(市場原理を重視し「小さな政府」への回帰を目指す)

② 戦後最長の景気拡大(2002 ～ 2008)…雇用・賃金に厳しく, 「実感なき景気回復」

③ 郵政民営化…郵政3事業(郵便・郵便貯金・簡易生命保険)を事業ごとに分社化して民営化

④ 財政投融資改革…市場原理で運用すべきとする改革を実施　→　財投機関債・財投債による調達

⑤ 特殊法人改革…特殊法人の原則廃止・民営化・独立行政法人化

⑥ 構造改革による格差社会の進行(ワーキングプアなどの問題)

⑦ アメリカ発の世界金融危機(2008, リーマン・ショック)　→　日本の経済成長率は再びマイナスへ
　2000年代の不況も含めて「失われた20年」ということもある

(5) アベノミクス

① 安倍内閣…デフレからの脱却をめざす

解答　❶財閥解体　❷自作農　❸傾斜生産方式　❹ドッジ・ライン　❺シャウプ　❻朝鮮特需　❼岩戸
❽国民所得倍増計画　❾GATT11　❿IMF8　⓫国際収支の天井　⓬輸出　⓭いざなぎ　⓮貯蓄率　⓯公害
⓰ニクソン・ショック　⓱スタグフレーション　⓲減量経営　⓳産業の空洞化　⓴プラザ合意　㉑円高不況
㉒財テク　㉓不良債権　㉔公的資金　㉕リストラクチャリング(リストラ)　㉖デフレスパイラル　㉗アジア地域

第3章　現代日本経済と福祉の向上　**115**

2 中小企業と農業

1 中小企業の形態と地位

(1) 大企業の支配
  ① 〔**❶**　　　　　〕…大企業の注文受注をする中小企業
  ② 系列企業…大企業との間に資本関係がある中小企業

(2) 中小企業の定義と地位
  ① 中小企業の定義(中小企業基本法)…資本金・従業員数のどちらか一方に該当すれば中小企業

製造業	資本金　3億円以下　または　従業員数　300人以下
卸売業	資本金　1億円以下　または　従業員数　100人以下
小売業	資本金5000万円以下　または　従業員数　50人以下
サービス業	資本金5000万円以下　または　従業員数　100人以下

  ② 中小企業の地位…全企業数の約99％

2 中小企業の課題と可能性

(1) 大企業との格差
  ① 〔**❷**　　　　〕…資本装備率の低さ → 〔**❸**　　　　　〕・収益性・労働条件・賃金の低さ
  ② 経営環境の厳しさ…弱い経営基盤・大企業による経営のしわ寄せを受けやすい

(2) 不安定な経営状態
  ① 「〔**❹**　　　　　〕」…景気動向による生産増減のしわ寄せを受ける
  ② NIES(新興工業経済地域)諸国や中国など，発展途上国の追い上げ

(3) 大規模店の進出
  ① 大規模小売店舗法(1973)…中小小売店保護のための大規模店舗の出店規制
  ② 〔**❺**　　　　〕(2000)…日米構造協議(1989) → 大規模店出店の規制緩和

(4) 中小企業のもつ可能性
  ① 〔**❻**　　　　〕…新技術・独自の研究開発を生かして冒険的な経営を行う中小企業
  ② 〔**❼**　　　　〕の振興…地域の特性や伝統を生かした特産品生産

3 戦後の日本農業

(1) 農地改革の影響
  ① 農業生産力の向上…〔**❽**　　　　〕の割合は3割から6割に倍増 → 農家間の所得格差緩和
  ② 農地法(1952) → 経営規模の拡大が妨げられる

(2) 高度経済成長期以降
  ① 農村から都市への人口移動 → 農村の過疎化 → 高齢化 → 農業の低迷
    a. 〔**❾**　　　　〕の激増 → 農業所得の低迷・農外所得の増加
    b. 〔**❿**　　　　〕(1961)の制定…選択的拡大・生産性の向上を通じ，自立経営農家の育成をめざす
  ② 農産物輸入自由化の進展…牛肉・オレンジの自由化(1991) → 〔**⓫**　　　　　〕の低下

4 日本のコメ農業の変遷

(1) 食糧管理制度(1942〜95)
  ① 政府の買い入れ価格(生産者米価)が高く，売り渡し価格(消費者米価)が安い → 逆ざや
  ② コメの政府買い取り → コメに偏重した農業 → 他の作物への転換が進まず

(2) コメ流通の自由化(食糧管理制度の廃止)
  ① 食管会計の赤字や過剰米の発生 → 作付面積の制限である〔**⓬**　　　　〕を実施(1970〜2017)
  ② 〔**⓭**　　　　〕(1993) → コメの部分開放…〔**⓮**　　　　〕(最低輸入量)の設定
  ③ コメの〔**⓯**　　　　〕…輸入米に関税を課し，徐々に税率を下げていく

5 日本農業の課題と食糧問題

(1) 課題…流通・供給の安定化をめざす
  ① 食糧管理法 → 〔**⓰**　　　　〕制定(1995)…コメの流通・価格の大幅な自由化実現
  ② 農業基本法 → 〔**⓱**　　　　〕制定(1999)…食料の安定供給・農業の持続的発展
  ③ 〔**⓲**　　　　〕…非常時に備えて，食料自給率を高めることをめざす
     農業者戸別所得補償制度(2010) → 経営所得安定対策に名称変更(2014)
  ④ 農地法の改正(2009) → 株式会社(農業生産法人)による農業への参入

⑤　農業・農村の〔⑲　　　　　　〕…１次×２次×３次（2011年，六次産業化法の施行）
(2)　日本の食糧問題
　　①　食料自給率の推移
　　　ａ．コメを除いて自給率は低い
　　　ｂ．日本の自給率（カロリーベース）は〔⑳　　　　　　〕％未満
　　②　食料の安全性の問題
　　　ａ．遺伝子組み換え農産物の表示問題
　　　ｂ．〔㉑　　　　　　〕…輸入農産物残留農薬
　　　ｃ．BSE（牛海綿状脳症）に派生する食肉偽装の問題

3　国民の暮らし

１　消費者問題と企業の責任

(1)　消費者問題
　①　流通上の問題…誇大広告・二重価格・不当表示など
　②　安全性の問題…薬害・欠陥商品・有害食品など
　③　契約をめぐるトラブル…悪徳商法・カード破産など
　④　消費者行政の一元的な管理…消費者庁の設立（2009），貸金業法の施行（2010）

(2)　悪徳商法

キャッチセールス	路上で勧誘し，商品契約を結ばせる
〔❶　　　　　　〕	特別サービスで事務所などに呼び出して売りつける
ネガティブ・オプション	商品を送りつけ，無理な契約を結ばせる
〔❷　　　　　　〕	特典をエサにしてネズミ算式に出資者を募る連鎖販売取引

(3)　消費者問題の背景
　①　消費者が商品の一方的な受け手であること…情報の非対称性
　②　キャッシュレス社会の進展…過度のカード利用による〔❸　　　　　　〕の発生
　③　〔❹　　　　　　〕（電子商取引）にともなう個人情報の流出

(4)　企業の社会的責任（CSR）
　①　〔❺　　　　　　〕（PL法）（1994）
　②　製品の欠陥から生じた被害に対して，企業は過失の有無に関わらず賠償責任を負う（無過失責任制）

２　消費者運動と消費者保護

(1)　消費者主権
　①　消費者の４つの権利
　　ａ．〔❻　　　　　　〕大統領が特別教書で発表（1962）
　　ｂ．安全を求める権利・意見が聞き届けられる権利・〔❼　　　　　　〕権利・選ぶ権利
　②　消費者運動の展開
　　ａ．商品の安全性を求める運動…生活協同組合運動や不買運動
　　ｂ．〔❽　　　　　　〕…地球環境の維持を視野に入れた商品の開発・サービス提供を求める運動

(2)　消費者保護政策
　①　消費者保護基本法（1968）　→　消費者の自立支援をめざす〔❾　　　　　　〕（2004）
　②　消費者保護のための行政機関…国の機関＝国民生活センター，地方の機関＝〔❿　　　　　　〕
　③　〔⓫　　　　　　〕制度…契約後一定期間内なら無条件に契約解除が可能
　　　→　特定商取引法（2000年に訪問販売法を改定）に規定
　④　〔⓬　　　　　　〕制定（2000）…不実通知など不適切な行為による契約を解除できる

解答　**2** ❶下請け　❷二重構造　❸労働生産性　❹景気の調節弁　❺大規模小売店舗立地法
　　❻ベンチャービジネス（ベンチャー企業）　❼地場産業　❽自作農　❾兼業農家　❿農業基本法　⓫食料自給率
　　⓬減反政策　⓭ウルグアイ・ラウンド　⓮ミニマム・アクセス　⓯関税化　⓰新食糧法（食糧需給価格安定法）
　　⓱食料・農業・農村基本法（新農業基本法）　⓲食料安全保障　⓳6次産業化　⓴40　㉑ポスト・ハーベスト
　　3 ❶アポイントメント商法　❷マルチ商法　❸多重債務・自己破産　❹eコマース　❺製造物責任法
　　❻ケネディ　❼知らされる　❽グリーン・コンシューマリズム　❾消費者基本法　❿消費生活センター
　　⓫クーリングオフ　⓬消費者契約法

第3章　現代日本経済と福祉の向上　117

問題演習　1. 日本経済のあゆみ

1 【経済の民主化】　日本における経済の民主化の記述として誤っているものを，次の①〜④のうちから一つ選べ。

① 持株会社を解体・禁止し，株式所有の分散化が図られたが，最終的に分割されたのは少数の大企業であった。

② 労働運動弾圧の根拠とされた治安維持法が廃止され，憲法で労働者の団結権などが保障されるとともに，労働組合の結成が進んだ。

③ 地主制を廃止するため，不在地主の所有地のうち農地と山林は小作農へ分配し，未利用地は原則として公有化された。

④ 一連の改革は，企業間の競争，経営者の交代，生産性の向上など，日本経済の構造変化を促した。　　　　　　　　　　　〈2006・追試〉

■1 治安維持法…共産主義・社会主義運動を弾圧するために，1925年に制定された。

2 【戦後復興期の経済政策】　日本の戦後復興期にとられた政策についての記述として最も適当なものを，次の①〜④のうちから一つ選べ。

① 傾斜生産方式が採用され，石炭・鉄鋼などの重要産業に，生産資源が重点的に配分された。

② 農地改革の一環として，米の生産過剰に対処するために，他の作物への転作が奨励された。

③ 厳しい不況を克服するため，マーシャル・プランに基づき，マネーサプライの増加を図った。

④ 財閥解体を進めるため，持株会社方式の強化を通じて，巨大企業の分割や企業集団の再編を行った。　　　　　　　　〈2005・追試〉

■2 傾斜生産方式…1947〜48年に実施された生産回復のための政策で，石炭・鉄鋼・肥料などの基幹産業に資金・原材料・労働力を重点的に投入し，その効果を他の産業に波及させていく政策。

3 【高度経済成長】　高度経済成長の時期にみられた好況期の通称A〜Cと，それぞれの時期における日本経済の出来事ア〜ウとの組合せとして正しいものを，次の①〜⑥のうちから一つ選べ。

A 神武景気(1954年11月〜57年6月)
B 岩戸景気(1958年6月〜61年12月)
C オリンピック景気(1962年10月〜64年10月)

ア 国民所得倍増計画の発表
イ GATT(関税及び貿易に関する一般協定)への加盟
ウ OECD(経済協力開発機構)への加盟

① A−ア　B−イ　C−ウ　　② A−ア　B−ウ　C−イ
③ A−イ　B−ア　C−ウ　　④ A−イ　B−ウ　C−ア
⑤ A−ウ　B−ア　C−イ　　⑥ A−ウ　B−イ　C−ア
　　　　　　　　　　　　　　　　　　　〈2014・本試〉

■3 国民所得倍増計画…池田内閣によって策定され，10年間で国民所得を倍増するという計画。

4 【高度経済成長期】　高度経済成長期についての記述として誤っているものを，次の①〜④のうちから一つ選べ。

① 高度経済成長期の前半には，景気が拡大すれば経常収支が赤字となり，景気を引き締めざるをえないという，国際収支の天井問題が生じた。

② 高度経済成長期には，日本のGNP(国民総生産)はアメリカに次ぐ資本主義国第二位となった。

③ 高度経済成長期に池田内閣が掲げた国民所得倍増計画は，当初の目標であった10年間よりも短い期間で達成された。

④ 高度経済成長期に1ドル＝360円で固定されていた為替レートは，日本が輸出を増加させるのに不利な条件となった。　　〈2016・追試〉

現代日本経済と福祉の向上

118　第2編　現代の経済

5【資本主義の発展】　日本における資本主義の発展についての4つの記述を古い順に並べたとき，**3番目**にくるものとして最も適当なものを，次の①〜④のうちから一つ選べ。
① ME（マイクロ・エレクトロニクス）技術が利用されて，工場や事務所における作業や事務処理の自動化が進展した。
② 鉄鋼業をはじめとした重工業が発展し，企業の大規模化や株式会社化が進行した。
③ 綿工業や毛織物工業などの繊維産業を中心に，工場制機械工業が確立し普及した。
④ 自動車や家電製品などの耐久消費財を中心に，大量生産・大量消費の時代が到来した。　　　　　　　　　　　　　〈2014・追試〉

6【産業構造の変化】　産業構造の変化に関連する記述として最も適当なものを，次の①〜④のうちから一つ選べ。
① 高度経済成長期における活発な設備投資を背景に，国内製造業の中心は，重化学工業から軽工業へと変化した。
② 二度の石油危機をきっかけに，エレクトロニクス技術を利用した省資源・省エネルギー型の加工組立産業が発展した。
③ プラザ合意後の円高不況と貿易摩擦の中で，国内製造業においては，労働力をより多く用いる労働集約的な生産方法への転換が進んだ。
④ バブル経済期の低金利と株価上昇を受けて，第二次産業就業者数が第三次産業就業者数を上回った。　　　　　　〈2009・本試〉

7【所得の不平等の是正】　高度経済成長期以降，日本において実施された経済政策のうち，所得分配の不平等の是正を目的とした政策とは**言えない**ものを，次の①〜④のうちから一つ選べ。
① 労働の分野で，低賃金労働者について賃金の最低額を保障する最低賃金法が制定されたこと
② 農業の分野で，食糧管理制度の下に，政府による米の買上価格が売渡価格を上回る水準に引き上げられたこと
③ 中小企業行政の分野で，中小企業基本法の制定をはじめとして，中小企業に対する各種の支援制度が整備されたこと
④ 金融行政の分野で，業務分野に関する規制をはじめとして，金融機関に対する競争制限的な規制が行われたこと　　　〈2003・本試〉

8【バブル経済】　バブル経済についての記述として**誤っている**ものを，次の①〜④のうちから一つ選べ。
① 日本銀行による高金利政策の採用が，景気を過熱させた。
② 企業や家計の余剰資金が株式や土地などへの投機に向けられた。
③ 資産価格が上昇しただけでなく，消費や設備投資が拡大した。
④ リゾート開発への投資が増加した。
　　　　　　　　　　　　　　　　　　　　　　　〈2012・本試〉

9【バブル崩壊】　バブル経済の崩壊を促した要因として**適当でない**ものを，次の①〜④のうちから一つ選べ。
① 日本銀行による数次にわたる公定歩合の引上げ
② 大蔵省による不動産関連融資の総量規制の実施
③ 金融機関の監督・検査を行う金融監督庁の設置
④ 土地資産などに対する新たな税（地価税）の導入
　　　　　　　　　　　　　　　　　　　　　　　〈2007・本試〉

5耐久消費財…耐久性のある消費財のことで，高度経済成長期前期に「三種の神器」といわれた白黒テレビ・電気洗濯機・電気冷蔵庫や，高度経済成長期後期に「3C」といわれたカラーテレビ・自動車・クーラーなどがこれにあたる。

6省資源・省エネルギー…石油危機や資源の枯渇に対応して，資源・エネルギーの効率的利用を図ること。
円高不況…円高の結果，輸出産業が不振に陥ることによって生じた不況。1985年のプラザ合意による円高誘導をきっかけに発生した。

7食糧管理制度…コメなどの主要食糧の生産・流通・販売などを政府が統制・管理する制度で，1942年に施行された。その後，農家の所得保障を目的に実施されたが，コメの過剰生産を招き，食糧管理特別会計の赤字解消のため管理が緩和され，1995年に廃止された。

9金融監督庁…1998年に，旧大蔵省から金融の監査・監督部門を分離・独立させた組織。2000年には旧大蔵省の金融企画局と統合して金融庁が発足し，これに代わった。

第3章　現代日本経済と福祉の向上　119

10【1990年代以降の新産業の育成】 1990年代以降の日本における新産業の育成・発展をめぐる記述として**適当でないもの**を，次の①～④のうちから一つ選べ。

① 株式会社設立の際の最低資本金に関する規制が見直され，資本金1円でも株式会社を設立できることになった。

② ベンチャー企業などに株式上場による資金調達の場を提供するために，東証マザーズなどの新興市場が創設された。

③ 大企業との格差是正を目的とした中小企業基本法が改正され，中小企業は新産業の創出などによる経済発展の担い手として位置付けられた。

④ 全国の大学の研究成果を新産業の育成につなげるために，産業再生機構が創設された。

〈2007・追試〉

10資本金1円…会社法（2006年施行）により，資本金1円でも会社を設立することができるようになった。

新興市場…ベンチャー企業などに，株式上場による資金調達の場を提供するために創設された株式市場。東証マザーズ，名古屋セントレックス，福岡Q‐Board，札幌アンビシャスなどの市場がある。

11【規制緩和】 規制緩和を推進する論理として最も適当なものを，次の①～④のうちから一つ選べ。

① 競争を通じて企業の活力が引き出され，経済活動がより効率的に行われるための手段となる。

② 幼稚産業の育成や衰退産業の保護など，産業構造の転換を円滑に進めるための手段となる。

③ 消費者が財やサービスを生産・提供する側の情報を十分に得ることができない場合に，消費者が被る不利益を解消するために有効である。

④ 規模の利益による自然独占が存在する場合に，価格決定やサービス提供の面で消費者が不利益を被ることを防ぐために有効である。

〈2006・本試〉

11規模の利益…スケール・メリットという。大規模生産により製品一個あたりの費用が低下し，全体の利益が大きくなること。

12【産業構造の変化】 産業構造の変化を説明する記述として**適当でないもの**を，次の①～④のうちから一つ選べ。

① 有利な経済取引を行うために，企業が臨海工業地帯や，国際金融センターのある大都市に移転することを，産業構造の高度化という。

② 経済発展に伴い，就業人口の比重が第一次産業から第二次産業へ，次いで第三次産業へ移っていくことを，ペティ・クラークの法則という。

③ 経済全体において，知識・情報・サービス型の産業の比重が高まることを，経済のサービス化という。

④ 情報化の進展に加え，知識集約型製品の生産や研究開発部門の比重が高まることを，経済のソフト化という。

〈2006・追試〉

12産業構造の高度化…経済発展につれて産業構造の中心が第一次産業から第二次産業へ，さらに第三次産業へと移行すること。第二次産業内での軽工業から重化学工業への比重の移行もこれにあたる。

問題演習 **2. 中小企業と農業**

1【中小企業】 日本の中小企業に関する記述として最も適当なものを，次の①～④のうちから一つ選べ。

① 製造業における従業員一人当たりの生産性は，従業員20～29人の企業の方が，従業員300～499人のそれよりも高い。

② 中小企業の従業員数は，全企業の従業員数の約99パーセントを占める。

③ 製造業における従業員一人当たりの賃金は，従業員20～29人の企業の方が，従業員300～499人のそれよりも低い。

④ 製造業では，中小企業の出荷額は全企業の約70パーセントに及ぶ。

〈2014・本試〉

1一人当たりの生産性…一定の労働力の投入によって得られる生産量を従業員数で割ったもの。

2【中小企業】 日本の中小企業についての記述として**誤っている**ものを，次の①〜④のうちから一つ選べ。

① 下請けの中小企業が親企業から受注する仕事が減少している理由として，国内需要の減少や大企業の生産拠点の海外移転が挙げられる。

② 地場産業の中小企業が厳しい競争に直面している理由として，アジア諸国の技術力の向上や円安による輸出競争力の低下が挙げられる。

③ 新たな技術を開発して未開拓の分野を切り開こうとするベンチャー・ビジネスを手がける中小企業がある。

④ 既存の大企業が見落としていた隙間を埋めるニッチ産業で活動する中小企業がある。　　　　　　　　　　　　　　　　　〈2015・追試〉

2地場産業…ある特定の地域で，その地域の特色，伝統を生かした特産品を生産する伝統産業。

3【1990年代の中小企業】 1990年代の日本の中小企業をめぐる状況についての記述として最も適当なものを，次の①〜④のうちから一つ選べ。

① アジア諸国の急成長と90年代前半の円高傾向は，繊維や金属加工などの競合する分野において中小企業の経営を厳しくした。

② 独自のアイデアをもつ新興企業の資金調達は，金融機関による情報・新技術分野向けの豊富な融資によって支えられた。

③ バブル経済の崩壊によって，中小企業の再編が加速したため，中小企業数は全企業数の9割を割り込んだ。

④ バブル経済の崩壊によって，大企業の業績が著しく悪化したため，大企業と中小企業との間に存在した経済の二重構造はほぼ解消された。　　　　　　　　　　　　　　　　　　　　　　　　〈2007・本試〉

3経済の二重構造…一国の経済において前近代的分野と近代的分野が相互に補完しあいながら併存している状態。大企業と中小企業間，工業と農業間にみられる。

4【日本の農業政策】 次のア〜ウは，日本の農業政策をめぐる出来事についての記述である。これらの出来事を古いものから順に並べたとき，その順序として正しいものを，下の①〜⑥のうちから一つ選べ。

ア 国外からの輸入自由化の要求が高まったことをうけて，コメの全面関税化が実施された。

イ 食料自給率の向上と国内農家の保護のために，農家に対する戸別所得補償制度が導入された。

ウ コメの価格や流通に関する規制を緩和した新食糧法（主要食糧の需給及び価格の安定に関する法律）が施行された。

① ア→イ→ウ　　② ア→ウ→イ　　③ イ→ア→ウ
④ イ→ウ→ア　　⑤ ウ→ア→イ　　⑥ ウ→イ→ア
　　　　　　　　　　　　　　　　　　　　　　　　〈2018・追試〉

4関税化…輸入におけるあらゆる規制を関税に置き換えること。

5【農村の再生】 次のA〜Cは地域に存在するさまざまな資源を活用して地域経済の発展や農村の再生をめざす多様な活動の名称であり，下のア〜ウはその具体例である。次のA〜Cと下のア〜ウとの組合せとして最も適当なものを，下の①〜⑥のうちから一つ選べ。

A グリーン・ツーリズム　　B スローフード　　C 六次産業化

ア 都市住民が一定期間，農村に滞在し，農作業などに従事して，農村生活を体験する。

イ 農業者が，農産物の生産にとどまらず，その加工さらには販売を行って，農業と製造業とサービス業とを融合した地域ビジネスを展開する。

ウ 地域の伝統的な食文化を見直し，良質な素材を提供する生産者を支えて，食生活を改善し，持続可能な食文化を育てる。

① A－ア　B－イ　C－ウ　　② A－ア　B－ウ　C－イ
③ A－イ　B－ア　C－ウ　　④ A－イ　B－ウ　C－ア
⑤ A－ウ　B－ア　C－イ　　⑥ A－ウ　B－イ　C－ア
　　　　　　　　　　　　　　　　　　　　　　　　〈2016・本試〉

第3章　現代日本経済と福祉の向上　121

6 【1990年代以降の日本の農業】 1990年代以降の日本の農業についての記述として最も適当なものを，次の①～④のうちから一つ選べ。
① WTO（世界貿易機関）の農業協定に基づいて，日本政府は減反政策によるコメの生産調整を開始した。
② 食料・農業・農村基本法が制定され，農地の所有，賃貸借，売買に対する厳しい制限が設けられた。
③ GATT（関税及び貿易に関する一般協定）のウルグアイ・ラウンドで，日本政府はコメの市場の部分開放に踏み切った。
④ 食糧管理法に代わる新たな法律として新食糧法が制定され，政府による食糧価格のコントロールが強化された。 〈2013・追試〉

6新食糧法…新食糧法は，それまでの政府による米の流通に関する厳格な規制を緩やかな規制に変更し，米流通の自由化を推進する方向を目指した。

7 【六次産業化】 地域活性化の手法として，第一次産業に従事している事業者が，第二次産業や第三次産業に進出したり，これらとの連携を図ったりするものがあり，こうした手法は六次産業化と呼ばれることもある。第一次産業の事業者による次の取組みの事例Ａ～Ｃのうち，第二次産業と第三次産業との両方を含むものはどれか。最も適当なものを，下の①～⑦のうちから一つ選べ。

　　Ａ 森林組合が，きのこを栽培し，道路沿いの直売所で販売する。
　　Ｂ 酪農家が，自ら生産した牛乳を原料として乳製品を製造し，農家直営のレストランで販売する。
　　Ｃ 漁業組合が，地引き網漁の体験ツアーを実施し，とれた魚介をその場で販売する。

① Ａ　　　　② Ｂ　　　　③ Ｃ
④ ＡとＢ　　⑤ ＡとＣ　　⑥ ＢとＣ
⑦ ＡとＢとＣ 〈2015・追試〉

7六次産業化…第一次産業（農林水産業）が第二次産業や第三次産業に進出したり，これらと連携を図ること。

8 【日本の農業】 日本の農業についての記述として最も適当なものを，次の①～④のうちから一つ選べ。
① 地域の農産物をその地域内で消費する動きは，地産地消と呼ばれる。
② 環境保全や景観形成といった農業の機能を，ミニマム・アクセスという。
③ 現在，GDPに占める農業の割合は1割程度である。
④ 農家戸数全体の中で最も割合が高いのは，主業農家である。 〈2017・追試〉

8主業農家…65歳未満で年間60日以上農業に従事する世帯員がいて，農業による所得がその世帯の全所得の50%以上を占める農家。

問題演習 3. 国民の暮らし

1 【食品の生産・流通】 食品の生産・流通に関する現在の日本の政策についての記述として誤っているものを，次の①～④のうちから一つ選べ。
① 消費者の健康に対する影響を考慮して，遺伝子組み換え食品の販売が禁止された。
② 消費者庁は，消費者行政の一元化のために設置された。
③ 農地法は，農業への株式会社の参入を認めている。
④ 国産牛肉のトレーサビリティを確保するために，牛の個体識別のための制度が導入されている。 〈2011・本試〉

1農地法…もともと，農地改革により生み出された自作農の保護を目的として1952年に制定された法律であったが，その後度々改正されて規制の緩和がなされている。
トレーサビリティ…食品が生産者から消費者までどのような経路で届いたかを追跡することができる制度。

現代日本経済と福祉の向上

122　第2編　現代の経済

2【消費者の四つの権利】 アメリカ合衆国大統領ケネディが1962年に定式化した消費者の四つの権利のうち，一つは「意見を聞いてもらう権利」であるが，次のA～Cはそれ以外の三つの権利についてその重要な側面を示したものである。これらの権利の保障に役立つ制度や方策ア～ウとの組合せとして正しいものを，下の①～⑥のうちから一つ選べ。

A　危険な商品が販売されないという，安全への権利
B　誤った情報から保護され，必要な事実を知らされる権利
C　可能な限り，競争的価格で多様な製品およびサービスを選ぶ権利

ア　果実飲料の中身について，果汁成分の割合の表示を義務づけること
イ　カルテルを原則として禁止すること
ウ　医薬品の製造や販売に，国の許可を必要とすること

① A－ア　B－イ　C－ウ　　② A－ア　B－ウ　C－イ
③ A－イ　B－ア　C－ウ　　④ A－イ　B－ウ　C－ア
⑤ A－ウ　B－ア　C－イ　　⑥ A－ウ　B－イ　C－ア

〈2001・本試〉

3【消費者問題】 消費者問題に関連する記述として正しいものを，次の①～④のうちから一つ選べ。
① 消費者基本法により，食品の安全性を評価する国の機関として食品安全委員会が設置された。
② 貸金業法が改正され，消費者金融などの貸金業者からの借入れ総額を制限する総量規制が撤廃された。
③ 特定商取引法では，消費者が一定期間内であれば契約を解除できるクーリングオフ制度が定められている。
④ グリーン購入法により，消費者は環境への負荷の少ない製品を優先的に購入することが義務づけられている。

〈2017・本試〉

3 貸金業法…多重債務問題を解決するため，消費者金融などの貸金業者や，貸金業者からの借入れについて定めている法律。
消費者金融…資金を必要としている消費者に対して，一定の利子をとって資金を貸し出すこと。サラ金などがある。

4【消費に関する経済用語】 次の経済用語A～Cと，その内容ア～ウとの組合せとして正しいものを，下の①～⑥のうちから一つ選べ。

A　依存効果
B　デモンストレーション効果
C　消費者主権

ア　消費者の欲望は自律的ではなく，企業の宣伝や広告に喚起されるようになること
イ　消費者の購買行動が生産されるものの種類や数量を決定するという考え方のこと
ウ　個人の消費行動が他人の消費水準や消費パターンの影響を受けること

① A－ア　B－イ　C－ウ　　② A－ア　B－ウ　C－イ
③ A－イ　B－ア　C－ウ　　④ A－イ　B－ウ　C－ア
⑤ A－ウ　B－ア　C－イ　　⑥ A－ウ　B－イ　C－ア

〈2018・追試〉

第3章　現代日本経済と福祉の向上

第2編　第3章——現代日本経済と福祉の向上(2)

4　公害防止と環境保全　　Check ▶ & ◀ Answer

1　公害の定義・分類と公害問題の発生

(1)　公害の定義・分類

① 環境基本法の定義…大気汚染・〔❶　　　　　　〕・土壌汚染・騒音・振動・地盤沈下・悪臭

② 高度経済成長期の産業公害 → 都市化による都市公害 → 消費生活による生活公害

(2)　公害問題の発生

① 日本の公害の原点…〔❷　　　　　　〕(田中正造による追求)

② 4大公害…高度経済成長期に集団訴訟 → すべて原告側の勝訴

	水俣病	〔❸　　　　　〕	〔❹　　　　　〕	新潟水俣病
発生地域	熊本県水俣湾	三重県四日市市	富山県神通川流域	新潟県阿賀野川流域
被告企業	チッソ	昭和四日市石油など	三井金属鉱業	昭和電工
原因物質	〔❺　　　　　〕	亜硫酸ガス	カドミウム	〔❺　　　　　〕

③ 新しい公害

a.〔❻　　　　　　〕汚染…IT産業における洗浄剤としての有機溶剤による地下水汚染

b.〔❼　　　　　〕(内分泌攪乱物質)…ダイオキシンなど(ゴミの焼却によって発生)

c.建材に使用されたアスベストによる健康被害(アスベスト健康被害救済法, 2006)

2　公害対策

(1)　公害対策の法律

① 〔❽　　　　　　〕制定(1967) → 「公害国会」(1970) → 調和条項の削除 → 〔❾　　　　　　〕発足(1971)

② 〔❿　　　　　〕(環境影響評価)制度…開発行為が自然環境に与える影響を事前に調査・予測・評価する制度。地方公共団体の条例 → 〔❿　　　　　〕法制定(1997)

③ 〔⓫　　　　　〕制定(1993)…〔❽　　　　　　〕に代わって環境行政の総合的推進をめざす

(2)　被害者救済制度

① 公害健康被害補償法(1973)…疾患内容と発生地を指定し救済する

② 〔⓬　　　　　〕(PPP)…OECD(経済協力開発機構)の提唱した原則

③ 〔⓭　　　　　〕…過失の有無に関わらず加害原因者が損害賠償責任を負う制度

④ 環境基準設定…濃度規制から〔⓮　　　　　〕へ

3　地球環境問題の種類とその対策

(1)　主な地球環境問題

	原　　　因	影響・地域
地球温暖化	石炭・石油などの〔⓯　　　　　　〕の消費による温室効果ガスの発生	異常気象(干ばつ・多雨) 海水面上昇 → 低地水没
オゾン層破壊	大気中への〔⓰　　　　　　〕の放出により有害紫外線のバリアであるオゾン層を破壊	南極・北極などの高緯度地帯に〔⓱　　　　　〕発生
〔⓲　　　　　〕	工場排煙・自動車排ガス中のSOx(硫黄酸化物), NOx(窒素酸化物)	森林の枯死 中国・ドイツ・五大湖周辺の被害
熱帯林破壊	農地拡大のための焼畑・過放牧・過伐採	熱帯の生態系破壊
砂漠化	乾燥地・半乾燥地の生態系破壊	サハラ砂漠南縁のサヘルなど

(2)　地球温暖化対策

① 〔⓳　　　　　〕条約…地球サミット(1992)で締結

② 京都会議(1997)…〔⓳　　　　　〕条約第3回締約国会議(COP3) → CO₂削減目標を設定

　a.京都議定書…先進国のみ削減目標を設定(1990年を基準に, 2008年〜12年までに目標達成)
　　・京都メカニズム → 共同実施, 排出権取引, クリーン開発メカニズム

　b.先進国全体で5.2%, 日本6%, アメリカ7%, EU8%削減 → 〔⓴　　　　　〕取引の規定

　c.〔㉑　　　　　〕は議定書からの離脱表明(2001) → ロシアの批准(2004) → 2005年発効

③ パリ協定の採択(2015, COP21)…脱炭素社会を目指す → 2016年発効

(3)　オゾン層破壊への対策

① ウィーン条約調印(1985) → モントリオール議定書(1987)…〔⓰　　　　　〕などの半減

② ヘルシンキ宣言(1989)…20世紀中に〔⓰　　　　　〕全廃決定

124　第2編　現代の経済

4 環境問題への取り組み

(1) 国連の取り組み

① 2つの国連会議

	国連人間環境会議(1972)	国連環境開発会議(1992) (地球サミット)
開催地	ストックホルム	リオデジャネイロ
スローガン	「かけがえのない地球」	「〔㉒　　　　　　〕」
内　容	人間環境宣言採択 →〔㉓　　　　　　〕の設立	リオ宣言の採択，アジェンダ21策定 〔⑲　　　　　　〕条約調印 生物多様性条約調印 先進国と発展途上国の対立

② 〔㉔　　　　　　　〕(2002)…ヨハネスブルクで開催 → アジェンダ21の実施状況の検証

③ 国連持続可能な開発会議(リオ＋20，2012)…環境と成長の両立，グリーン経済

(2) 環境に関する条約

1971	〔㉕　　　　　〕条約	湿地とその生態系の保護
1972	世界遺産条約	文化遺産・自然遺産の保護
1973	ワシントン条約	絶滅のおそれのある野生動物の保護のための国際取引規制
1989	バーゼル条約	有害廃棄物の越境移動規制

(3) その他の取り組み

① 環境ISO…ISO14001規格など，環境マネジメントのための国際規格

② ナショナル・トラスト運動…無秩序な開発から自然環境を守るための土地買い取り運動

(4) 環境倫理の提言

① 「成長の限界」…民間研究団体ローマクラブのレポート(1972)

② 地球全体主義…ボールディングが「〔㉖　　　　　　〕」と述べたような地球環境の一体性

③ すべての生物の生存権…生態系の保護

④ 世代間倫理…次世代に良好な環境を残す責任が現世代にはある

5 循環型社会の形成

(1) 代替エネルギー

① 〔㉗　　　　　　〕計画…原子力エネルギーのリサイクル

② クリーンエネルギー…太陽光・太陽熱・風力・地熱・潮力など

③ 石油に代わる〔㉘　　　　　　〕やバイオマスなどの生物性のエネルギー

(2) 循環型社会の実現

① 3つのR…〔㉙　　　　　〕(廃棄物の発生抑制)・リユース(再利用)・リサイクル(廃棄物の再生利用)

② 〔㉚　　　　　〕…発電などで発生する排熱を有効活用するシステム

③ ゼロ・エミッション…廃棄物ゼロをめざす取り組み

④ 〔㉛　　　　　〕制…あらかじめ容器代を上乗せして販売し，容器が返却されると容器代を返却

(3) 各種リサイクル関連法

〔㉜　　　　〕	3Rの取り組みを示す(循環型社会の形成のための基本的枠組み法)
〔㉝　　　　〕	容器の分別収集と再商品化
〔㉞　　　　〕	テレビ・冷蔵庫・洗濯機・エアコンに，液晶・プラズマテレビ，衣類乾燥機も追加
小型家電リサイクル法	携帯電話，デジタルカメラなどの小型家電の回収など(2013)
〔㉟　　　　〕	廃車の部品回収と再資源化
グリーン購入法	再生紙などグリーン商品の購入・調達を国に義務づけた

解答 4 ❶水質汚濁　❷足尾銅山鉱毒事件　❸四日市ぜんそく　❹イタイイタイ病　❺有機水銀　❻ハイテク
❼環境ホルモン　❽公害対策基本法　❾環境庁　❿環境アセスメント　⓫環境基本法　⓬汚染者負担の原則
⓭無過失責任制　⓮総量規制　⓯化石燃料　⓰フロンガス　⓱オゾン・ホール　⓲酸性雨　⓳気候変動枠組
⓴排出権　㉑アメリカ　㉒持続可能な開発　㉓国連環境計画(UNEP)　㉔環境開発サミット　㉕ラムサール
㉖宇宙船地球号　㉗プルサーマル　㉘バイオ・エタノール　㉙リデュース　㉚コ・ジェネレーション
㉛デポジット　㉜循環型社会形成推進基本法　㉝容器包装リサイクル法　㉞家電リサイクル法
㉟自動車リサイクル法

5 労使関係と労働条件の改善

① 労働の変化と問題点

(1) 三大雇用慣行(日本的経営)とその変化

① 〔❶　　　　　　　　〕…定年まで同一企業で勤務できる制度 → 労使協調関係
・変化…中高年の〔❷　　　　　　　〕や派遣労働・契約労働など〔❸　　　　　　　〕の増加

② 〔❹　　　　　　　　〕…勤務年数が長いほど賃金上昇 → 労使協調や人件費の上昇
・変化…職能給などの能力給の導入

③ 企業別組合…各企業ごとに組織される労働組合(欧米は産業別組合)
・変化…〔❸　　　　　　　〕の増加 → 労働組合組織率は2割を切る

(2) 雇用・労働問題

① 失業率の上昇…〔❷　　　　　　　〕 → 平成不況期に完全失業率が5%を超える
ミスマッチによる失業…職種転換への不適合

② 年間総労働時間の長さ…ようやく2000時間を切る(ドイツ・フランスは約1400時間)
a. 時間外手当の出ない〔❺　　　　　　　〕や年次有給休暇の取得率の低さ
b. 長時間労働・過重労働 → 〔❻　　　　　　　〕にいたることもある(過労死等防止対策推進法, 2014)

③ 雇用形態の多様化
a. 〔❸　　　　　　　〕の増加…約2,165万人(2019)
b. 〔❼　　　　　　　〕制定(2005, 2010改正) → 女性の就労の特徴である〔❽　　　　　　　〕雇用の変化
男女いずれでも取得可能…男性の取得率は10%未満で, 圧倒的に女性の取得が多い
c. 高度情報化 → 〔❾　　　　　　　〕(在宅勤務)の増加

④ 雇用機会の減少
a. ワーキング・プア…働いても生活保護水準以下の所得しか得られない人々
b. 外国人の不法就労の増加・産業の空洞化…安い労働力に職を奪われる
c. フリーターや無職で学校にも行かず就労活動もしていないニートの出現
d. 〔❿　　　　　　　〕…一人あたりの労働時間を減らし仕事を分かち合う → 雇用の拡大

② 労働基本権と労働法制

(1) 労働三法

① 労働組合法(1945)…団結権・団体交渉権の保障による労働協約締結の助成
a. 正当な労働基本権の行使に対しては刑事上・民事上の免責がある
b. 〔⓫　　　　　　　〕の禁止…使用者の労働組合に対する支配・介入の禁止
c. 労働委員会…行政委員会としての中央労働委員会(国)・地方労働委員会(地方)

② 労働関係調整法(1946)…労使関係の調整・争議予防と早期解決
a. 労働委員会による解決…斡旋 → 調停 → 〔⓬　　　　　　　〕の順に強制力を強める
b. 公益事業に関する緊急調整…〔⓭　　　　　　　〕が行う
c. 争議行為…公務員は一律禁止 → 代償措置としての〔⓮　　　　　　　〕勧告制度

	団結権	団体交渉権	争議権
警察・消防など	×	×	×
国家・地方公務員	○	△	×
公営企業体職員	○	○	×
民間労働者	○	○	○

△…対等な交渉権,
労働協約締結権はなし

③ 労働基準法(1947)…労働条件の最低基準を規定。1日8時間以内, 1週間40時間以内の原則など
a. 男女雇用機会均等法の男女平等規定 → 女性保護規定(深夜業・休日勤務禁止)の廃止
b. 〔⓯　　　　　　　〕制…勤務時間帯を労働者が自己の都合に合わせて変更できる
c. 〔⓰　　　　　　　〕制…実際の労働時間によらず, 労使の合意した時間働いたとみなされる

(2) その他の労働法規

① 男女雇用機会均等法改正…〔⓱　　　　　　　〕防止義務(1997改正) → 男女双方の差別禁止, 妊娠・出産を理由とする不利益取り扱いの禁止(2006改正), 女性活躍推進法(2015, 時限立法), マタハラの禁止

② 〔⓲　　　　　　　〕(2015改正)…1年から3年に延長した(2004)が, 業務を問わず最長3年までとする

③ 〔⓳　　　　　　　〕(2006)…個別の労働問題を, 裁判所で3回以内の審判で解決をめざす

6　社会保障の役割

⊡1　世界の社会保障制度

(1)　社会保障制度の歴史

〔❶　　　　　〕	英	1601	国王が恩恵としての生活扶助を生活困窮者に与える
〔❷　　　　　〕	独	1883	宰相〔❸　　　　　〕による世界最初の社会保険
			アメ(社会保険)とムチ(社会主義者鎮圧法)の政策
ワイマール憲法	独	1919	「人たるに値する生活」(〔❹　　　　　〕の規定)
社会保障法	米	1935	F．ローズベルト大統領の〔❺　　　　　〕の一環
〔❻　　　　　〕	英	1942	ゆりかごから墓場まで
フィラデルフィア宣言		1944	ILO102号条約　社会保障の最低基準を勧告
ILO102号条約		1952	社会保障の最低基準を提示

(2)　社会保障制度の類型

① イギリス・北欧型…全国民に無差別平等の均一給付保障(財源は租税)

② ヨーロッパ大陸型…所得比例の給付(財源は保険料)

③ アメリカ型…個人主義・自助努力　→　社会保障に代わる民間保険の発達
　　　　　　　　　　　　　　　　　　→　国民皆保険制度をめざす医療保険法の成立(2010)

⊡2　日本の社会保障制度と課題

(1)　社会保障制度の特徴

① 社会保障の4つの柱(〔❹　　　　　〕規定，憲法第25条)　→　社会保障整備は国の責務

社会保険	〔❾　　　　　〕	社会福祉	公衆・環境衛生
〔❼　　　　　〕・年金・雇用・労災・介護の5つの保険	生活保護法による生活困窮者への生活扶助	社会的弱者に対して手当・サービスを支給	予防接種や環境整備で国民全体の健康増進をめざす
〔❽　　　　　〕の制度が確立(1961)	給付水準低い　→　朝日訴訟(1957)	児童・老人・母子・障がい者などが対象	地域保健法(1994)

② 〔❿　　　　　〕規定説…憲法第25条は国民の権利ではなく，政策上の努力目標とする考え

③ 医療・年金・雇用・介護保険…原則として，被保険者(本人)＋事業主＋国と地方公共団体で負担

④ 〔⓫　　　　　〕保険…全額事業所負担

(2)　社会保障制度の現状と課題

① 〔❼　　　　　〕・年金保険中心

② 年金の財源…積立方式＋賦課方式
　　　　　→　現役世代の負担増

		医療保険	年金保険
民間企業		健康保険	厚生年金
公務員		共済組合保険	
自営業者など		〔⓬　　　　　〕	国民年金

　　a．高齢化率7％の高齢化社会(1970)　→　14％の高齢社会(1994)　→　21％の超高齢社会(2007)

　　b．医療保険維持のため健康保険料引き上げ(現在，本人負担3割)

　　c．老人医療費無料化(1973)　→　70～74歳は原則2割負担，75歳以上1割負担(2006)
　　　　　　　　　　　　　　　　→　後期高齢者医療制度(2008)

③ 〔⓭　　　　　〕制度の導入(1986)…公的年金制度の一元化を図る

●公的年金の体系(2015年10月，共済年金は厚生年金に一元化された)

国民年金基金		〔⓮　　　　　〕
国民年金(〔⓭　　　　　〕)…20歳以上の全国民が加入		
自営業者・サラリーマンの配偶者・学生など		被用者(民間・公務員)

解答　**5** ❶終身雇用制　❷リストラクチャリング(リストラ)　❸非正規雇用　❹年功序列型賃金　❺サービス残業
❻過労死　❼育児・介護休業法　❽M字型　❾SOHO　❿ワーク・シェアリング　⓫不当労働行為　⓬仲裁
⓭内閣総理大臣　⓮人事院(人事委員会)　⓯フレックス・タイム　⓰裁量労働
⓱セクシュアル・ハラスメント(セクハラ)　⓲労働者派遣法　⓳労働審判制度
6 ❶エリザベス救貧法　❷疾病保険法　❸ビスマルク　❹生存権　❺ニューディール政策　❻ベバリッジ報告
❼医療　❽国民皆保険・皆年金　❾公的扶助　❿プログラム　⓫労災　⓬国民健康保険　⓭基礎年金
⓮厚生年金

問題演習 **4. 公害防止と環境保全**

1【環境保全の法律】 次の法律ア～ウは，日本の環境保全についての法律である。これらの法律が制定された順序として，古いものから正しく配列されているものを，下の①～⑥のうちから一つ選べ。

ア　循環型社会形成推進基本法
イ　公害対策基本法
ウ　環境影響評価法（環境アセスメント法）

① アーイーウ　　　② アーウーイ
③ イーアーウ　　　④ イーウーア
⑤ ウーアーイ　　　⑥ ウーイーア

〈2008・追試〉

2【環境基本法】 環境基本法についての記述として最も適当なものを，次の①～④のうちから一つ選べ。
① この法律は，憲法に定められた環境権を根拠として制定された。
② この法律は，国や地方自治体，事業者だけでなく，国民に対しても環境を保全するための責務を課している。
③ この法律は，他の先進諸国に比べても早い時期に制定され，その適用によって，水俣病などの公害による被害は最小限にとどめられた。
④ この法律は，公害を発生させた事業者を罰する規定を設けている。

〈2008・本試〉

3【京都議定書】 京都議定書に関連する記述として正しいものを，次の①～④のうちから一つ選べ。
① クリーン開発メカニズムは，先進国間で実施される。
② 温室効果ガス排出量の国際的な取引には，民間企業も参加できる。
③ 京都議定書は，アメリカが批准したことによって発効した。
④ 京都議定書は，当初の約束期間が終了した時点で失効した。

〈2017・本試〉

4【公害防止】 公害防止に関連する記述として**誤っている**ものを，次の①～④のうちから一つ選べ。
① 汚染者負担の原則（PPP）は，汚染者が汚染防止に必要な費用を負担すべきという考え方を含む。
② 環境アセスメントは，汚染源の濃度規制や総量規制によって事後的に公害対策を図るという手法である。
③ 日本では，いわゆる公害国会において，一連の公害対策関係法が成立し，この国会の翌年，環境庁（現在の環境省）が設置された。
④ 日本では，高度経済成長期以降，都市化の進展によって，家庭排水による水質汚濁や自動車の排ガスによる大気汚染など，都市公害が発生した。

〈2012・追試〉

1環境アセスメント法…公共事業などの開発プロジェクトに対して，事前に環境に与える影響を評価することを義務づけた法。なお，予算化されているが長期間着工されていない公共事業については，中止を含めて再評価される。

2環境権…憲法には明記されていないが，憲法第13条の幸福追求権や第25条の生存権の規定を根拠に主張された新しい人権の一つ。良好な環境において生存する権利のこと。

3京都議定書…1992年の国連環境開発会議で締結された気候変動枠組条約の進捗状況を確認する会議（COP3）が1997年に京都で開催され，締結された。

4汚染者負担の原則…1972年に経済協力開発機構（OECD）が提起した原則で，環境を汚染したものが公害防止費用や被害者救済費用を負担すべきであるとする。

5 【環境保全と公害対策】 国際的な環境保全の取組みや日本における公害への対策についての記述として**適当でないもの**を，次の①〜④のうちから一つ選べ。

① モントリオール議定書とは，フロンの生産や消費を規制した国際条約である。

② 汚染者負担の原則とは，公害の発生源である企業が被害の補償費用や汚染の防止費用を負担するという考え方である。

③ 足尾銅山から排出された鉱毒による被害をうけて，公害対策基本法が制定された。

④ アスベスト(石綿)による被害をうけて，石綿健康被害救済法(アスベスト新法)が制定された。　　　　　　　　　　　　　〈2016・本試〉

5 足尾銅山…明治時代に，銅山から流出する鉱毒が原因で地域住民の健康被害や環境汚染が発生した。日本の公害問題の原点とされる。地元選出の国会議員田中正造は天皇に直訴してまでこの問題を追及した。

6 【3R】 大量消費社会の実現によって，ごみ問題が深刻になっており，日本では3Rの取組み(リデュース，リユース，リサイクル)が注目されている。これについての記述として**最も適当なもの**を，次の①〜④のうちから一つ選べ。

① 循環型社会の形成を目的として，循環型社会形成推進基本法が制定されているが，同時にリデュースおよびリユースの考え方は導入されていない。

② 資源の再利用を図るために，テレビや冷蔵庫などの家電製品のリサイクルが注目されているが，これらの再資源化のための法律は制定されていない。

③ 水洗式トイレに設置された大・小レバーの使い分けは，水資源を再利用することができる点で，リユースの事例ということができる。

④ 家庭用洗剤やシャンプーなどの詰替製品の使用は，家庭から出るごみを削減することができる点で，リデュースの事例ということができる。
　　　　　　　　　　　　　　　　　　　　　　　　　　〈2012・追試〉

7 【環境に関する条約】 次の条約A〜Cとその説明ア〜ウとの組合せとして正しいものを，下の①〜⑥のうちから一つ選べ。

　　A　ウィーン条約　　　　B　バーゼル条約　　　C　ラムサール条約

　　ア　国際的に重要な湿地の保全とその適正な利用を促進するための条約
　　イ　有害廃棄物の国境を越える移動およびその処分を規制する条約
　　ウ　オゾン層を保護するための国際的な対策の枠組みを定めた条約

① A-ア　B-イ　C-ウ　　　② A-ア　B-ウ　C-イ
③ A-イ　B-ア　C-ウ　　　④ A-イ　B-ウ　C-ア
⑤ A-ウ　B-ア　C-イ　　　⑥ A-ウ　B-イ　C-ア
　　　　　　　　　　　　　　　　　　　　　　　　　　〈2006・追試〉

8 【地球環境問題に対する国際的取り組み】 地球環境問題に対する国際社会の取組みについての記述として**最も適当なもの**を，次の①〜④のうちから一つ選べ。

① 国連人間環境会議では，先進国による温室効果ガスの削減目標値が決められた。

② 国連人間環境会議の決議をうけて，環境保護を目的とした国連環境計画(UNEP)が設立された。

③ 国連環境開発会議(地球サミット)では，オゾン層の保護を目的とするモントリオール議定書が採択された。

④ 国連環境開発会議の決議をうけて，先進国による温室効果ガスの排出量取引が開始された。　　　　　　　　　　　　〈2009・本試〉

8 排出量取引…排出権取引ともいう。京都議定書で定められた先進国間での温室効果ガスの排出量の売買のことで，削減目標を達成できない国が削減を達成した国の削減分を「排出権」という形で購入する。

第3章　現代日本経済と福祉の向上　**129**

問題演習 **5. 労使関係と労働条件の改善**

1 【労働三法】 日本において労働者を保護したり，その団体行動を助成したりするための法律の内容を示した文A～Cと，法律の名称ア～ウとの組合せとして最も適当なものを，下の①～⑥のうちから一つ選べ。

A 使用者は，労働契約の締結に際し，労働者に対して賃金，労働時間その他の労働条件を明示しなければならない。
B 使用者は，雇用する労働者の代表者と団体交渉をすることを，正当な理由なく拒むことができない。
C 労働委員会が，第三者の立場から斡旋，調停，仲裁などによって，争議の解決を図ることができる。

ア 労働組合法　　　イ 労働基準法　　　ウ 労働関係調整法

① A－ア　B－イ　C－ウ　　② A－ア　B－ウ　C－イ
③ A－イ　B－ア　C－ウ　　④ A－イ　B－ウ　C－ア
⑤ A－ウ　B－ア　C－イ　　⑥ A－ウ　B－イ　C－ア
〈2015・本試〉

2 【労働者の権利】 日本の労働者の権利に関する記述として最も適当なものを，次の①～④のうちから一つ選べ。
① 労働組合は，正当な争議行為であっても，使用者に損害を与えた場合には民事上の責任を負う。
② 最高裁は，公務員の争議行為の全面的な禁止を違憲と判断している。
③ 警察官や自衛隊員に，団結権が認められている。
④ 国民の日常生活を著しく害するおそれのある争議行為は，緊急調整により，制限されることがある。
〈2018・追試〉

3 【日本の労働組合】 労働組合に関連する記述として最も適当なものを，次の①～④のうちから一つ選べ。
① 総評(日本労働組合総評議会)と全労連(全国労働組合総連合)が統一され，連合(日本労働組合総連合会)が結成された。
② 連合と全労協(全国労働組合連絡協議会)が統一され，同盟(全日本労働総同盟)が結成された。
③ 使用者は，労働組合と締結した労働協約がある場合でも，協約の水準を下回る労働条件でその組合に属する労働者を使用することができる。
④ 解雇された者であっても労働組合を結成することができ，法律上の保護を受けることができる。
〈2002・本試〉

4 【労働基準法】 労働基準法の内容についての記述として最も適当なものを，次の①～④のうちから一つ選べ。
① 時間外労働に対する割増賃金についての基準の定めがある。
② 退職金の額についての基準の定めがある。
③ 休憩時間の長さについての定めはない。
④ 男女同一賃金についての定めはない。
〈2009・追試〉

1 斡旋・調停・仲裁…労使双方による自主的な労働争議の解決が困難な場合に労働委員会が行う調整法。解決の助言を行う「斡旋」や具体的解決案を示す「調停」については，受け入れるかどうかは当事者に委ねられるが，「仲裁」には拘束力があるので，労使双方とも従わなければならない。

3 労働協約…労働条件や労使関係について労働組合と使用者の団体交渉での合意。

4 労働基準法…労働条件の最低基準を定めた法律。労働基準局や労働基準監督署が実施状況を監督し，違反行為に対して罰則を適用することで，労働者を保護する。

現代日本経済と福祉の向上

130 第2編 現代の経済

5 【契約自由の原則】 できるだけ多く働きたいと考える労働者が長時間労働に同意したような場合，契約自由の原則からは，その同意は尊重されなければならないという考えに反する主張の例として最も適当なものを，次の①〜④のうちから一つ選べ。
① 労働契約の内容は，十分な情報開示と交渉の上で合意されるべきだ。
② 労働者が選択できる労働条件の範囲は，できるだけ広くあるべきだ。
③ 労働条件の決定に対する行政の介入は，必要最小限のものに限られるべきだ。
④ パートタイム労働者は，一定年数働いた後は，本人の意思に関係なくフルタイム労働者に転換されるようにすべきだ。　　　〈2000・本試〉

5労働契約…労働者と使用者との間の労働の提供や賃金など，労働条件に関する契約のこと。民法では「雇用契約」という。

6 【不当労働行為】 日本では不当労働行為が禁止されているが，不当労働行為とは言えないものを，次の①〜④のうちから一つ選べ。
① 企業が，労働組合員であることを理由として従業員を解雇した。
② 使用者が，理由を明示せずに団体交渉を拒否した。
③ 社長が，労働組合があると会社の発展にとって良くないので組合をつくらないよう，朝礼で命令した。
④ 会社が，労働組合との団体交渉において，不況を理由として賃金引下げを提案した。　　　〈2004・本試〉

6不当労働行為…使用者が，労働三権を侵害したり，正当な組合活動を妨害する行為のこと。不当労働行為があれば，労働者は労働委員会に申し立てを行い，救済を受けることができる。

7 【就労条件に関する法制度】 非正社員を含む労働者の就労条件をめぐる法制度の説明として正しいものを，次の①〜④のうちから一つ選べ。
① 6か月以上継続勤務し全労働日の8割以上出勤した者には，使用者は有給休暇を与えなければならない。
② 6か月以上継続勤務した後に解雇された者には，使用者は1週間分の賃金を支払わなければならない。
③ 非正社員は労働者災害補償保険（労災保険）の給付を受けられない。
④ 非正社員は労働組合を結成することはできない。　　　〈2008・本試〉

7労災保険…労働者災害補償保険法に基づく労働災害の補償のための保険制度で，使用者が保険料を全額負担する。療養・休業・障害・遺族などの補償給付がある。

8 【日本的雇用慣行】 日本的雇用慣行についての記述として最も適当なものを，次の①〜④のうちから一つ選べ。
① 終身雇用制の下では，本人の意に反する解雇を行うことはない。
② 年功序列型賃金の下では，同一年齢の従業員には同一賃金が支給される。
③ 労働組合が主として企業別に組織されているため，企業利益の維持・拡大を前提とした労使協調が労働運動の基調となりやすい。
④ 官僚の民間企業への天下りが多いため，従業員が昇進して管理職になるケースは少ない。　　　〈2005・追試〉

8終身雇用制…新卒で入社した企業に定年まで継続して雇用されることを前提とした雇用形態。最近の不況の中のリストラの断行や非正規雇用の増加により，崩壊しつつある。
年功序列型賃金…勤続年数が長いほど給料が高くなるしくみ。能力給などの導入で，この制度は崩れつつある。

9 【過労死・過労自殺】 日本における過労死や過労自殺についての説明として最も適当なものを，次の①〜④のうちから一つ選べ。
① 過労自殺とは，自分の意思によって命を絶つ行為なので，労災保険（労働者災害補償保険）の対象となる労働災害とはいえない。
② 過労死とは，働き過ぎによる死亡を意味するので，休暇をとっている最中の死亡が過労死として労働災害と認められることはない。
③ 過労死や過労自殺によって死亡した労働者の遺族に対して，企業は，損害賠償責任を負うことがある。
④ 過労死が労働災害と認められるためには，労働基準監督署長の認定に加えて，裁判所の認定を必要とする。　　　〈2007・追試〉

第3章　現代日本経済と福祉の向上　**131**

10【労働のあり方】 労働条件の改善については，さまざまな労働のあり方の提唱や試みがなされている。そうした労働のあり方A～Cと，それについての記述ア～エとの組合せとして最も適当なものを，下の①～⑨のうちから一つ選べ。

A ワークシェアリング
B 裁量労働制
C 変形労働時間制

ア 社会の構成員全員に基本所得を給付することで，労働についての選択の自由度を高める。
イ 労働者の一人当たりの労働時間を，減らす方向で多様化し，雇用される人の数を増加させようとする。
ウ 一定期間の週当たり平均労働時間が法定労働時間を超えなければ，その期間の特定の時期に法定労働時間を超える労働も可能にする。
エ 労働時間の管理を労働者に委ね，実際の労働時間にかかわりなく労使協定で定めた時間だけ働いたとみなす。

① A－ア B－ウ C－エ ② A－ア B－エ C－イ
③ A－ア B－エ C－ウ ④ A－イ B－ア C－エ
⑤ A－イ B－ウ C－エ ⑥ A－イ B－エ C－ウ
⑦ A－エ B－ア C－イ ⑧ A－エ B－ア C－ウ
⑨ A－エ B－ウ C－イ

〈2012・本試〉

11【雇用形態の多様化】 日本では雇用形態の多様化が進んでいる。さまざまな働き方に対応した規制を行う日本の法律A～Cと，それらの内容に関する記述ア～ウの組合せとして正しいものを，下の①～⑥のうちから一つ選べ。

A 労働者派遣法
B パートタイム労働法
C 高年齢者雇用安定法

ア 正社員よりも週の所定労働時間が短い労働者の労働条件の改善などを目的とする。
イ 制定当時は対象業務が限定されていたが，その後の改正により対象業務の範囲が拡大されてきている。
ウ 定年の引上げ，定年制の廃止，定年後の継続雇用制度の導入の中からいずれかの措置をとることを事業主に義務づけている。

① A－ア B－イ C－ウ ② A－ア B－ウ C－イ
③ A－イ B－ア C－ウ ④ A－イ B－ウ C－ア
⑤ A－ウ B－ア C－イ ⑥ A－ウ B－イ C－ア

〈2018・本試〉

10労働条件…賃金や労働時間などについて労働者と使用者との間で結ばれる雇用上の条件のこと。労働基準法によって労働者の労働条件が保護されている。

11雇用形態の多様化…2018年，安倍内閣の下で，残業時間の上限規制や，正規雇用者と非正規雇用者の不合理な待遇差を解消する「同一労働同一賃金」，高収入の一部専門職を労働時間の規制から外す高度プロフェッショナル制度の導入などを柱とする働き方改革関連法が成立した。

12【労使間の紛争と解決】 低賃金や雇止めは，労働者と使用者の間での紛争の原因となりうる。日本における労使間の紛争およびその解決についての記述として正しいものを，次の①～④のうちから一つ選べ。

① 最高裁判所は，公務員の争議行為の禁止は憲法が定める労働基本権の保障に違反すると判断している。

② 労働組合の正当な争議行為は，労働組合法により刑事上および民事上の責任を免除される。

③ 労使間の紛争が深刻化した場合，労働基準監督署は，労働関係調整法に基づき紛争の調整を行うことができる。

④ 労働委員会は，地方裁判所に設置され，裁判によらずに労使紛争の解決を行う労働審判手続に携わる。

〈2011・追試〉

12労働委員会…労働関係調整法に基づき労働争議の調整や不当労働行為の判定などを行う行政委員会。
労働審判手続…2006年に始まった制度。事業主と労働者個人間の労働関係のトラブルを迅速に解決することをめざす。

問題演習 **6. 社会保障の役割**

1【各国の社会保障制度】 社会保障の発展に大きな影響を与えた法律や報告A～Cと，その内容に関する説明ア～ウとの組合せとして正しいものを，下の①～⑥のうちから一つ選べ。

A エリザベス救貧法（イギリス）
B 社会保障法（アメリカ）
C ベバリッジ報告（イギリス）

ア 大恐慌を契機に高齢者や失業者を対象とした社会保険制度を整備した。
イ ナショナル・ミニマム（国民の最低限度の生活水準）の保障を求めた。
ウ 公的扶助の先駆けといわれている。

① A－ア B－イ C－ウ
② A－ア B－ウ C－イ
③ A－イ B－ア C－ウ
④ A－イ B－ウ C－ア
⑤ A－ウ B－ア C－イ
⑥ A－ウ B－イ C－ア

〈2016・本試〉

2【ベバリッジ報告】 ベバリッジ報告についての記述として正しいものを，次の①～④のうちから一つ選べ。

① ベバリッジ報告では，社会保険の適用は，一定の所得以下の労働者に限定されねばならないとされた。

② ベバリッジ報告では，最低限の生活保障を超える備えは，各人の自発的な行動に委ねられるべきであるとされた。

③ ベバリッジ報告では，社会保険の原則として，所得に比例した拠出によって給付が決められる能力主義を採用すべきであるとされた。

④ ベバリッジ報告では，社会保険ではなく，国民扶助（公的扶助）が社会保障の主要な手段であるとされた。

〈2004・追試〉

2ベバリッジ報告…1942年に公表された，イギリスの社会保険および関連サービスに関する報告書。イギリスの社会保障制度は，国民保健法と公的扶助を柱として，「ゆりかごから墓場まで」をスローガンに全生涯の生活保障を目標とする。

第3章 現代日本経済と福祉の向上 133

3【社会保障制度】 社会保障制度に関連する記述として最も適当なものを，次の①〜④のうちから一つ選べ。
① ILO（国際労働機関）は，フィラデルフィア宣言で，社会保障の範囲の拡大に貢献した。
② 個人が就労している時期に納めた保険料によって，自らの年金受給を賄う方法を賦課方式という。
③ 日本の社会保障費の中で最も大きな役割を占めている項目は，生活保護費である。
④ ドイツの宰相ビスマルクは，「ゆりかごから墓場まで」をスローガンに，社会保険制度を整備した。

〈2018・本試〉

4【社会保障制度の日本の法制度】 社会保障制度に関連する日本の法制度についての記述として最も適当なものを，次の①〜④のうちから一つ選べ。
① 朝日訴訟では，憲法上の生存権の規定は個々の国民に対して具体的な権利を保障したものであるとの最高裁判決が下されている。
② 堀木訴訟では，障害福祉年金と児童扶養手当の併給を禁止した法規定は違憲とはいえないとの最高裁判決が下されている。
③ 明治期に，社会主義運動などの抑圧を意図した治安警察法の制定と同時に，世界初の社会保険制度が導入された。
④ 世界恐慌をうけ，公的扶助制度と社会保険制度を内容とし，世界で初めて「社会保障」という言葉を用いた法律が制定された。

〈2013・本試〉

5【社会保障制度】 日本の現行の社会保障制度についての記述として**誤っている**ものを，次の①〜④のうちから一つ選べ。
① 公的扶助は，自然災害の被災者に対して，最低限度の生活を保障する制度である。
② 社会保険には，労働災害に直面した場合に，医療などのサービスを提供したり所得を保障したりする制度がある。
③ 社会福祉には，援助や保護を必要とする人々に対して，施設を設けたりサービスを提供したりする仕組みがある。
④ 公衆衛生は，病気の予防など，国民の生活環境の改善や健康増進を図るための仕組みである。

〈2015・追試〉

5労働災害…労働者が業務上の事由又は通勤途上でケガをしたり病気になったり死亡したりする被害のこと。

6【社会保障】 社会保障についての記述として正しいものを，次の①〜④のうちから一つ選べ。
① 住民の健康増進や生活環境の改善を目的として，疾病予防のサービスや上下水道の整備を行うことを，公的扶助という。
② 社会的に弱い立場にある者への生活援助や自立支援を目的として，サービスの提供や施設の整備を行うことを，社会福祉という。
③ 朝日訴訟最高裁判決では，厚生大臣が定めた当時の生活保護基準が憲法に違反すると判断された。
④ 堀木訴訟最高裁判決では，生存権保障のための具体的な立法について国会の裁量の範囲は狭いと判断された。

〈2017・追試〉

7【社会保障負担】 国民負担の水準を示す指標として国民負担率がある。これは，国民所得に占める租税と社会保障負担（社会保険料）のそれぞれの割合の合計である。この計算において社会保障負担に含まれる家計の負担として正しいものを，次の①〜④のうちから一つ選べ。
① 介護保険の被保険者が支払う保険料
② 国民健康保険の被保険者が医療機関の窓口で支払う自己負担分
③ 保険会社の生命保険の被保険者が支払う保険料
④ 保険会社の医療保険の被保険者が医療機関の窓口で支払う自己負担分
〈2015・追試〉

7 被保険者…社会保険に加入し，社会保険料を支払っている本人。

8【日本の社会保障制度】 日本の社会保障制度についての記述として正しいものを，次の①〜④のうちから一つ選べ。
① 医療保険と年金保険については，国民健康保険法の改正と国民年金法の制定とを経て，国民皆保険と国民皆年金が実現した。
② 老人保健制度は，老人医療費の増大に対処するために，後期高齢者医療制度に代わって導入された。
③ 介護保険の保険料は，20歳以上の被保険者から徴収されている。
④ 雇用保険の保険料は，その全額が事業主から徴収されている。
〈2014・追試〉

8 医療保険…疾病・負傷などに必要な医療や経済的な損失に対して費用の給付を行う社会保険の一つ。
年金保険…高齢になったり障がいをもったときに，その生活費を保障するもので，老齢・障害・遺族の3種類がある。

9【日本の社会保障制度】 日本の社会保障制度をめぐる記述として正しいものを，次の①〜④のうちから一つ選べ。
① 国民健康保険法の全面改正(1958年)により，国民全員が公的医療保険の対象となる国民皆保険の体制が整えられた。
② 児童手当法(1971年)が制定されたことで，所得による制限を設けることなく児童手当が支給されるようになった。
③ 公的年金制度は，厚生年金を基礎年金としている。
④ 雇用保険制度の保険料は，被用者がその全額を負担する。
〈2016・追試〉

9 児童手当法…児童の健全育成などを目的として制定され，一定の条件の下に養育者に手当を支給することを定めた法律。児童手当は子ども手当の新設により一時停止されたが，2012年度から復活。0歳から中学生までが給付対象となる。

10【日本の社会保障制度】 公的な施策の一つである日本の社会保障制度に関する記述として正しいものを，次の①〜④のうちから一つ選べ。
① 国民健康保険は，職域ごとに分かれていた公的医療保険を統合する制度である。
② 公的介護保険は，市町村と特別区が運営主体となっている。
③ 厚生年金保険は，その保険料の全額を事業主が負担している。
④ 国民年金は，在職中に受け取った各人の報酬に比例した額を支給する制度である。
〈2017・本試〉

11【社会保険】 日本の社会保険についての記述として正しいものを，次の①〜④のうちから一つ選べ。
① 医療保険に関しては，全国民が国民健康保険に加入している。
② 雇用保険に関しては被保険者である労働者が保険料の全額を負担する。
③ 労働者災害補償保険に関しては，事業主が保険料の全額を負担する。
④ 介護保険に関しては，加入するかどうかを個人が選択できる。
〈2003・本試〉

11 雇用保険…失業や休業の際の所得保障で，失業給付，育児休業給付などを柱とする。

第3章 現代日本経済と福祉の向上 135

12 【介護保険法】 日本の介護保険法についての記述として**適当でないもの**を，次の①〜④のうちから一つ選べ。
① 介護保険法では，保険料は40歳以上の国民から徴収される。
② 介護保険法に定められた，訪問介護などの在宅サービス事業は，指定を受けた民間企業も行うことができる。
③ 介護保険法では，65歳以上の高齢者の保険料は全国一律である。
④ 介護保険法に定められた介護サービスを利用するためには，申請の上，認定を受ける必要がある。
〈2002・本試〉

13 【公平性の高い社会】 文中の空欄 | ア | ・| イ | に当てはまる語句の組合せとして最も適当なものを，次の①〜④のうちから一つ選べ。

　　個人間格差をめぐっては，19世紀以降，各国政府は社会保障制度の整備を通じて所得再分配を行い，より公平性の高い社会を実現しようとしてきた。しかし，公平性の追求が，経済効率性を損なうとの意見もある。このような，公平性と効率性の | ア | をいかに解決するかが問われている。関連して，近年では，教育機会の均等化をめぐる議論や，一律一定額を全国民に給付する | イ | が注目されている。

① ア　トレード・オフ　　　　　　 イ　ベーシック・インカム
② ア　プライマリー・バランス　　 イ　ユニバーサル・デザイン
③ ア　トレード・オフ　　　　　　 イ　ユニバーサル・デザイン
④ ア　プライマリー・バランス　　 イ　ベーシック・インカム
〈2018・本試〉

14 【高齢者福祉】 高齢者の福祉の増進にかかわる戦後日本の法制度についての記述として**誤っているもの**を，次の①〜④のうちから一つ選べ。
① 高齢者が生涯にわたってその心身の健康を保持し，生活の安定を図ることができるように，老人福祉法が制定された。
② 高齢者が老齢年金受給後の生活費を確保し，生活の安定を図ることができるように，高年齢者雇用安定法が制定された。
③ 介護を必要とする人の増加に伴う社会的問題を解決するために，介護保険制度が整備された。
④ 精神上の障害などにより法的保護を必要とする人のために，成年後見制度が整備された。
〈2007・本試改〉

15 【社会保険制度】 日本の社会保険制度についての記述として正しいものを，次の①〜④のうちから一つ選べ。
① 市町村は，介護保険の運営主体である。
② 保険料を財源としており，租税資金は投入されない。
③ 事業主と政府が保険料を負担し，被保険者は保険料を徴収されない。
④ 最大の支出項目は，生活保護である。
〈2011・本試〉

12介護保険法…2000年施行。介護保険制度は市町村と東京23区が運営し，在宅，施設サービスを提供する。費用の1割を利用者が負担し，残りを公費と40歳以上の全国民から徴収する保険料で折半する。
認定…被介護者がどの程度の介護を必要としているかを，要介護1〜5，要支援1〜2，自立という区分で認定すること。それに基づいて介護サービスが提供される。

14高年齢者雇用安定法…年金支給開始年齢の引き上げが決まり，「年金も給料もなし」という状況を避けるために，定年を迎える勤労者の，年金受給開始までの雇用と生活を安定化するための法律。

136　第2編　現代の経済

16【ワーク・ライフ・バランス】 仕事と家庭生活との調和に関する日本の法制度の説明として最も適当なものを，次の①～④のうちから一つ選べ。
① 家族の介護を行う労働者に対して，企業は介護手当を支給する法律上の義務はない。
② 育児休業を取得する労働者に対して，企業は賃金を保障する法律上の義務がある。
③ 法律上，育児・介護休業を取得する権利は，企業の承認がなければ発生しない。
④ 法律上，育児・介護休業を取得する権利は，まだ男性には付与されていない。
〈2007・追試〉

16育児・介護休業法…満1歳未満の乳幼児や介護が必要な家族をもつ労働者に，1年6か月の育児休業や3か月の介護休業を認めることを事業主に義務づけた法律。2010年に改正され，制度内容と罰則が強化された。
ワーク・ライフ・バランス…仕事と生活の両立のこと。

17【人口の高齢化】 人口の高齢化に関連する日本の現状についての記述として最も適当なものを，次の①～④のうちから一つ選べ。
① 高齢者医療はすべて公的扶助で行っている。
② 65歳以上の者のいる世帯全体の中で，公的年金受給者のいる世帯は，半数を超えている。
③ 高齢社会からさらに進んだ高齢化社会へ移行している。
④ 65歳以上の者は原則として，介護保険に基づくサービスを利用する際の費用を，自己負担することはない。
〈2009・追試〉

17公的扶助…自力で生活できない困窮者に公的な援助を与えるもの。最低生活費を保障する生活保護法を柱とする。生活保護には生活扶助，教育扶助，住宅扶助，医療扶助，出産扶助，生業扶助，葬祭扶助，介護扶助の8種類がある。

18【年金制度】 日本における年金制度についての記述として**誤っているもの**を，次の①～④のうちから一つ選べ。
① 公的年金のうち国民年金は，保険料の未納が問題となっている。
② 公的年金のうち厚生年金は，在職中の報酬に比例して支給される。
③ 急速に進展する少子高齢化の問題に対応するために，支給水準の引上げが行われてきた。
④ 企業年金の管理を委託されていたノンバンクが運用に失敗し，払い込まれた年金の元本が失われるという事態が生じた。
〈2014・本試〉

18ノンバンク…預金の受け入れをせず，資金貸し付けを業務とする信販・消費者金融・リース・サラ金などの金融業。

19【セーフティネット】 セーフティネットの日本における事例についての説明として**誤っているもの**を，次の①～④のうちから一つ選べ。
① 雇用保険に加入した被保険者は，失業すると，一定の条件の下で失業給付を求めることができる。
② 破綻した銀行の普通預金の預金者は，その預金元本については，いかなる場合でも全額払戻しを受けることができる。
③ 介護保険に加入した者は，介護が必要だと認定されると，訪問介護やショートステイなどのサービスを受けることができる。
④ 経済的に困窮した国民は，一定の条件の下で，生活保護給付を求めることができる。
〈2015・本試〉

19セーフティネット…安全網をさす言葉。危険や損害が予想される場合，被害をできるだけ少なくしたり避けるために準備される社会保障制度などのしくみのこと。

現代日本経済と福祉の向上

第3章 現代日本経済と福祉の向上 **137**

1 国際経済のしくみ

1 貿易と国際分業

(1) 貿易に関する理論

自由貿易論	特定の商品生産に特化することで，貿易を行う（国際分業の利益）

・イギリスのリカード…〔❶　　　　　〕
・貿易に対する国家の介入をやめる。19世紀の先進資本主義国イギリスで主張される

〔❷　　　　〕論	国内産業の保護・育成のために関税や輸入の制限が必要

・ドイツの〔❸　　　　　〕…経済発展段階説
・貿易に対する国家の管理。19世紀の後発資本主義国ドイツで主張される

(2) 国際分業の形態
　① 〔❹　　　　　〕…先進国の工業製品と発展途上国の農産物・原材料との分業
　② 水平的分業…先進国間や同一産業間の分業

(3) 国際収支

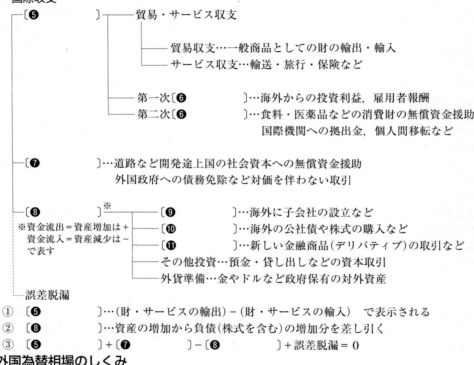

　① 〔❺　　　　〕…（財・サービスの輸出）−（財・サービスの輸入）　で表示される
　② 〔❽　　　　〕…資産の増加から負債（株式を含む）の増加分を差し引く
　③ 〔❺　　　　〕+〔❼　　　　〕−〔❽　　　　〕+誤差脱漏 = 0

2 外国為替相場のしくみ

(1) 外国為替相場制度
　① 外国為替相場（為替レート）…自国通貨と他国通貨との交換比率
　② 外国為替相場の形態

固定為替相場制	為替レートの変動幅を一定の枠内に固定する
〔⓬　　　〕	為替相場での需要・供給関係によりレートが決定

　③ 円高と円安
　　a．円高…円の価値が外貨に対して上昇すること　（例）1ドル＝200円 → 100円
　　b．円安…円の価値が外貨に対して低下すること　（例）1ドル＝100円 → 200円
　　c．円高の要因
　　　・日本の金利の〔⓭　　　〕→ 日本への投資増加（ドル売り円買い）→ 円高
　　　・日本の貿易収支〔⓮　　　〕＝輸出の増加 → 円の需要増加（ドル売り円買い）→ 円高
　　d．円高の影響
　　　・円高 → 国内物価は〔⓯　　　〕…物価は通貨価値に反比例
　　　・円高 → 日本からの海外旅行は〔⓰　　　〕…多くの外貨との両替が可能

2 国際経済体制の変化

1 国際経済体制の成立と変容

(1) IMF・GATT体制の成立

① 世界恐慌(1929) → 保護貿易主義による高関税・輸入数量制限 → 〔❶　　　　　　〕経済の形成
→ 世界貿易の縮小 → 軍事力による市場確保 → 第二次世界大戦に突入

② 〔❷　　　　　　　　〕(1944) → IMF(国際通貨基金)・IBRD(国際復興開発銀行)の成立

(2) IMF・IBRD・GATT

IMF(国際通貨基金)	IBRD(国際復興開発銀行,世界銀行)	GATT(〔❸　　　　　〕)(1947)
・通貨・為替の安定 ・国際収支赤字国に対しての〔❹　　　　　〕融資	・戦後の復興開発援助。現在は,発展途上国の開発や,経済構造改革に関しての〔❺　　　　　〕融資	関税引き下げ,輸入数量制限の撤廃,非関税障壁の撤廃など
固定為替相場制の採用 金・ドル本位制 金1オンス(約31g)=35ドル 1ドル=360円(1949～71)	日本も東海道新幹線,名神高速道路建設で援助を受ける IDA(国際開発協会,第二世界銀行) → 南北問題への対応	GATT 3原則…〔❻　　　　　〕・ 無差別・多角 → 多角的交渉(ラウンド)実施

① ケネディ・ラウンド(1964～67)…関税一括引き下げ方式の採用(鉱工業製品平均35%)

② 東京ラウンド(1973～79)…〔❼　　　　　　〕の除去を合意

③ 〔❽　　　　　　　〕(1986～94)…新多角的貿易交渉,サービス貿易自由化,〔❾　　　　　　〕保護,
農産物の自由化 → 牛肉・オレンジの自由化(1991),コメの自由化をうながす

(3) WTO(世界貿易機関)(1995～)

① GATTを発展・解消して成立した機関,常設の紛争処理機関を設置

　a.〔❿　　　　　　〕の加盟(2001),ベトナムの加盟(2007),ロシアの加盟(2012)

　b.対抗措置承認における〔⓫　　　　　　〕の採用…全会一致で反対されなければ了承

　c.〔⓬　　　　　　〕(緊急輸入制限措置)…日本は中国に対し,ネギ・生シイタケ・イグサで発動(2001)

② 反グローバリズムの高揚…WTOの貿易自由化が,環境破壊・貧困をもたらすという批判

→ ドーハ・ラウンド(2001)決裂

2 IMF・GATT体制の動揺

(1) 変動為替相場制への移行

① アメリカの経済・軍事援助,ベトナム戦争によってアメリカから金が流出 → 〔⓭　　　　　　〕(ドル・
ショック,(1971))…金とドルの交換停止,10%の輸入課徴金。金1オンスが35ドルから38ドルに

② 〔⓮　　　　　　〕協定(1971)…1ドル=360円 → 308円(固定為替相場制)

③ 〔⓯　　　　　　〕合意(1976)…変動為替相場制を正式に承認

　〔⓰　　　　　　〕(特別引き出し権)の役割の拡大化

(2) 1980年代以降の動向

① レーガノミックスと「双子の赤字」

　・軍事費増大と大幅減税 → 財政赤字・高金利政策 → ドル高 → 貿易赤字

② 〔⓱　　　　　　〕(1985)…円安ドル高是正のためのG5(先進5か国財務相・中央銀行総裁会議)の合意

③ ルーブル合意(1987)…急激なドル安の是正,G7

④ 〔⓲　　　　　　〕(1997) → ロシア通貨危機(1998) → ブラジル通貨危機(1999)

⑤ サブプライムローン問題(2007) → リーマン・ショック → 世界同時不況(2008)

⑥ G20(主要20か国・地域)首脳による金融サミット(2008～)…世界金融危機などへの対応

- -

解答　1 ❶比較生産費説　❷保護貿易　❸リスト　❹垂直的分業　❺経常収支　❻所得収支　❼資本移転等収支
❽金融収支　❾直接投資　❿証券投資　⓫金融派生商品　⓬変動為替相場　⓭上昇　⓮黒字　⓯下落　⓰有利
2 ❶ブロック　❷ブレトン・ウッズ協定　❸関税及び貿易に関する一般協定　❹短期　❺長期　❻自由
❼非関税障壁　❽ウルグアイ・ラウンド　❾知的所有権　❿中国　⓫ネガティブ・コンセンサス
⓬セーフガード　⓭ニクソン・ショック　⓮スミソニアン　⓯キングストン　⓰SDR　⓱プラザ合意
⓲アジア通貨危機

第4章 国民経済と国際経済　139

3 国際経済の展開

1 経済のグローバル化

(1) 国際的経済協力

① 〔❶　　　　　　　〕(主要国首脳会議)…石油危機後の1975年から毎年開催

② G5…先進5か国財務相・中央銀行総裁会議(米・英・仏・独・日)

　　G7＝G5＋カナダ・イタリア → G8＝G7＋ロシア → G20へと拡大(2009)

③ 〔❷　　　　　　〕(経済協力開発機構，先進国クラブ)(1961)

　　a．OEEC(欧州経済協力機構)を改組。日本は1964年加盟 → 現在，加盟国34か国

　　b．〔❸　　　　　　〕(開発援助委員会)を下部機関としてODAなど途上国への経済協力

(2) 企業活動のグローバル化

① 〔❹　　　　　　〕…国境を越えて複数の国に子会社・支店をもつ世界的企業

② 企業収益に対し税制優遇措置を与える地域である〔❺　　　　　　　〕を利用 → 利潤拡大

③ 1980年の国連総会で規制決議(反グローバリズム)

4 地域的経済統合

(1) EU(欧州連合)への歩み

ECSC(欧州石炭鉄鋼共同体，1952)――┐

〔❻　　　　　　〕(欧州経済共同体，1958)┤→　┌〔❼　　　　　　〕(欧州共同体　1967)

EURATOM(欧州原子力共同体，1958)――┘　　└原加盟国…仏・伊・西独・ベネルクス三国

1973	デンマーク・アイルランド・〔❽　　　　　　　〕加盟 → 拡大EC(9か国)
1979	EMS(欧州通貨制度)発足
1981	ギリシア加盟 → スペイン・ポルトガル加盟(1986)
1992	〔❾　　　　　　〕(欧州連合条約)調印 → 発行(1993) → EU発足
	共通通貨〔❿　　　　　　〕発行の決定，共通の外交・防衛政策・欧州市民権確立
1995	オーストリア・スウェーデン・フィンランド加盟
1997	〔⓫　　　　　　〕調印 → 政治統合の強化，欧州中央銀行(ECB)の設立
2002	ECBによる〔❿　　　　　　〕の流通開始
2004	東欧諸国など10か国加盟 → 加盟25か国，欧州憲法の制定 → 批准進まず
2009	リスボン条約の発効 → EU大統領・外相の誕生
2011	ギリシアの財政危機
2016	イギリス，EU離脱を問う国民投票実施(EU離脱派の勝利)
2020	イギリスEU離脱(現在，27か国)

(2) その他の地域的経済統合

① FTA(自由貿易協定)…特定の国との間で関税を撤廃した結びつき

　　a．EFTA(欧州自由貿易連合，1960)…ECに対抗しイギリス主導で結成 → イギリスのEC加盟(1973)

　　b．NAFTA(北米自由貿易協定，1994)…アメリカ・カナダ・メキシコのFTA → 2017年より再交渉

　　　→〔⓬　　　　　　〕(アメリカ・メキシコ・カナダ協定，2020年発効)

　　c．AFTA(ASEAN自由貿易地域，1993) → ASEAN経済共同体(AEC，2015)

② 日本のFTA(自由貿易協定)…シンガポール，メキシコ，フィリピン，マレーシア，タイ，EUなどと

　　協定を締結 → より幅広い経済関係を強化する〔⓭　　　　　　〕(経済連携協定)も

③ 〔⓮　　　　　　〕…域内共通関税だけでなく域外共通関税を設定

　　(例)メルコスール(MERCOSUR，南米南部共同市場)

④ 〔⓯　　　　　　〕(アジア太平洋経済協力会議，1989)…アジア・太平洋地域の21か国と地域が加盟

⑤ TPP(環太平洋パートナーシップ協定)…2006年発足，日本も交渉参加(2013)

　　→ 大筋合意(2015) → アメリカは離脱を表明(2017) → 「TPP11」として11か国で発効(2018)

⑥ RCEP(東アジア地域包括的経済連携)…ASEAN中心の経済連携協定(2022年発効)

解答 ❶サミット　❷OECD　❸DAC　❹多国籍企業　❺タックス・ヘイブン　❻EEC　❼EC　❽イギリス
❾マーストリヒト条約　❿ユーロ　⓫アムステルダム条約　⓬USMCA　⓭EPA　⓮関税同盟　⓯APEC

140　第2編　現代の経済

5 経済協力と人間開発の課題

1 南北問題と南南問題

(1) 南北問題

① 南北問題…北の先進国と南の発展途上国間の経済格差とそれに起因するさまざまな問題

　　a. 欧米の植民地支配 → 先進工業国から〔❶　　　　　〕を強制される

　　b. 地主制度・産業基盤の不備・資金不足など → 政治的独立後も工業化は困難

② 発展途上国の人口問題である〔❷　　　　　〕の発生 → 経済発展を阻害 → 貧困

③ 地球環境問題への対応の違い

　　a. 地球環境保全を主張する先進国と開発を主張する発展途上国の対立

　　b. 「持続可能な開発」(地球サミットのスローガン, 1992)…環境保全と開発とは不可分

(2) 発展途上国間の格差

① 〔❸　　　　　〕…発展途上国間における経済格差の問題

〔❹　　　　　〕(新興工業経済地域)	→ 工業化した国
〔❺　　　　　〕(ブラジル・ロシア・インド・中国・南アフリカ)	
〔❻　　　　　〕(石油輸出国機構)の諸国	→ 資源の豊かな国

⬍ 経済格差

| 〔❼　　　　　〕(後発発展途上国) → 開発の著しく遅れた国 |

② 累積債務問題…途上国における対外的な債務(借金)累積

　　a. 背景…アメリカの金利上昇にともなう利払負担の増加, 一次産品価格の下落による輸出不振

　　b. 発展途上国…経済不振, 先進国…貸し倒れ → 金融不安

　　c. 発展途上国は〔❽　　　　　〕(債務返済繰り延べ)・デフォルト(債務不履行)を宣言

2 南北問題解決への取り組み

(1) 国連の取り組み

① UNCTAD(国連貿易開発会議)

　　a. 〔❾　　　　　〕(1964)…一次産品の輸入拡大, 一般特恵関税導入, 経済援助などを要求

　　b. 第2回総会…先進国のGNP比〔❿　　　　〕％を援助目標とすることを決議

　　c. 第3回総会…先進国のGNP比〔⓫　　　　〕％をODAにあてるとする目標を決議

② IDA(国際開発協会, 第二世界銀行)…発展途上国向け長期・低金利の融資機関

③ UNDP(国連開発計画)…発展途上国への開発援助の中心機関

　　a. 〔⓬　　　　　〕…世界中のすべての人の一人ひとりの生活の安定をはかるという考え方

　　b. HDI(人間開発指数)…福祉や生活の質の重視

④ 総会での採択

　　a. 第一次国連開発の10年(1961〜70)

　　b. 「天然資源に関する恒久主権宣言」採択(1962)

　　c. 資源ナショナリズムの動きが高まる

　　　→ 「〔⓭　　　　　〕樹立に関する宣言」(国連資源特別総会, 1974)

(2) その他の取り組み

① ODA(政府開発援助)…先進国の政府によって発展途上国及び援助活動をしている国際機関に供与

　　　　　　　　　　　　される資金 → 開発協力大綱に変更を閣議決定(2015年2月)

　　a. 供与条件が発展途上国にとって有利であることが要件

　　b. 贈与と〔⓮　　　　〕(長期資金の貸し付け)からなる

② MDGs(国連ミレニアム開発目標, 2000〜2015) → 〔⓯　　　　　〕(持続可能な開発目標, 2016〜2030)

③ 〔⓰　　　　〕(非政府組織)の活動…きめこまかな援助活動が可能

　　a. 国境なき医師団(MSF)…国際的医療ボランティア活動

④ 〔⓱　　　　〕…発展途上国との公正な貿易をすすめる運動

解答 ❶モノカルチャー経済 ❷人口爆発 ❸南南問題 ❹NIES ❺BRICS ❻OPEC ❼LDC(LLDC)
❽リスケジューリング ❾プレビッシュ報告 ❿1 ⓫0.7 ⓬人間の安全保障 ⓭NIEO(新国際経済秩序)
⓮借款 ⓯SDGs ⓰NGO ⓱フェア・トレード

第4章 国民経済と国際経済 141

③ 日本経済の国際化のあゆみ

(1) 貿易の自由化

① 〔**⑰**　　　　　　〕11条国へ（1963）…国際収支の悪化を理由に輸入制限できない国

② 〔**⑱**　　　　　　〕8条国へ（1964）…国際収支の悪化を理由に為替制限できない国

(2) 資本の自由化・投資の自由化

① 〔**⑲**　　　　　　〕（経済協力開発機構）への加盟（1964）　→　資本の自由化へ

　a．外国資本の国内進出に対する制限を緩和・撤廃

　b．国内企業の対外直接投資の自由化　→　産業の空洞化

② 外国為替管理法改正（1998）　→　外貨取引，貿易における制限をなくし原則自由化した

④ 国際経済における日本

(1) 貿易摩擦の激化

① アメリカの対日貿易赤字の増加

　a．アメリカの〔**⑳**　　　　　　〕の活動によるアメリカ国内での産業の空洞化

　b．軍需主導の技術開発　→　民生部門の国際経済力低下

　c．日本企業の〔**㉑**　　　　　　〕（マイクロ・エレクトロニクス）化　→　技術開発の成功

② 日米貿易摩擦の推移

1971	対米繊維自主規制実施
1977	対米カラーテレビ自主規制
1981	対米自動車自主規制スタート
1986	日本で「〔**㉒**　　　　　　〕」発表…輸出を抑制し，内需を拡大するための指針
1989	アメリカが〔**㉓**　　　　　　〕発動　→　輸入制限（報復措置あり）

③ 貿易摩擦から経済摩擦へ

　a．貿易摩擦…繊維（60年代）　→　鉄鋼・カラーテレビ・工作機械（70年代）　→　自動車・半導体（80年代）

　b．解決方法…輸入規制　→　輸出自主規制　→　分野別交渉　→　マクロの経済構造問題交渉

(2) 日米間の経済協議

① 〔**㉔**　　　　　　〕（1989 ～ 90）…日米間の貿易不均衡是正と経済構造検討

　a．日本の流通機構の改善　→　大規模小売店舗法見直し

　b．国産品・輸入品の〔**㉕**　　　　　　〕是正

　c．社会資本整備のための多額の公共投資

② 〔**㉖**　　　　　　〕（1993 ～ 94）…分野別交渉の場でアメリカは市場参入の数値目標設定を求める

(3) 中国経済の拡大と日本への影響

① 中国からの輸入品の値上がり　→　人民元の切り上げが原因

② 固定相場制（ドル・ペッグ制）から管理変動相場制（管理フロート制）に移行（2005）

(4) 日本の経済援助

① 日本の〔**㉗**　　　　　　〕（政府開発援助）　→　開発協力大綱（2015）

　a．2000年までの10年間の援助額実績では第1位だが，対GNI比は低い（2019年は13位）

　b．他の先進国と比較して〔**㉘**　　　　　　〕（無償資金援助・技術協力）の割合（グラント・エレメント）が低い

　c．産業基盤整備が多く，〔**㉙**　　　　　　〕地域や二国間援助中心

② 〔**㉚**　　　　　　〕の策定（1992）…環境と開発の両立，人権保障や軍事化などを総合的に判断

③ 新〔**㉚**　　　　　　〕の策定（2003）…安全・繁栄の確保，人間の安全保障，NGOとの協力

⑤ 国益の追求から人類益の追求へ

(1) 国家の取り組み

① 〔**㉛**　　　　　　〕（経済連携協定）の推進…看護師・研修員受け入れなど

② 世界に役立つ資金供給…アジア金融危機の際の金融支援など

③ LDC（後発発展途上国）への資金援助・技術支援などの経済協力　→　貧困削減

(2) 企業の取り組み

〔**㉜**　　　　　　〕…途上国に生産技術・資本などを提供して開発を進め，商品を輸入する貿易形態

解答　**⑰**GATT　**⑱**IMF　**⑲**OECD　**⑳**多国籍企業　**㉑**ME　**㉒**前川レポート　**㉓**スーパー301条　**㉔**日米構造協議
㉕内外価格差　**㉖**日米包括経済協議　**㉗**ODA　**㉘**贈与　**㉙**アジア　**㉚**ODA大綱　**㉛**EPA　**㉜**開発輸入

142　第2編　現代の経済

1. 国際経済のしくみ

1【経済理論】 次の文章中の A ～ C に当てはまる人名の組合せとして正しいものを，下の①～⑥のうちから一つ選べ。

　イギリスで初めて確立した資本主義経済は，小さな政府と自由放任政策を理想としたが，18世紀後半にその理論的根拠を与えたのは， A であった。さらに19世紀初めには B が，比較生産費説によって自由貿易の利点を唱えた。
　この自由主義の主張に対しては，当初より後発国からの反発も多かった。また資本主義がもたらした貧困や失業などの弊害は，これを批判する社会主義思想をも生み出した。しかし自由貿易・自由競争を是とする主張は，世界貿易の中心であるイギリスでは，19世紀を貫く基調であった。
　1929年に端を発する世界恐慌は，改めてそうした自由主義の弊害へと人々の関心を向けさせる契機となった。 C は政府が積極的に経済に介入する修正資本主義の経済思想を主張し，それが後の先進国の経済政策の基礎となった。

① A ケインズ　　B リカード　　C アダム・スミス
② A ケインズ　　B アダム・スミス　　C リカード
③ A リカード　　B ケインズ　　C アダム・スミス
④ A リカード　　B アダム・スミス　　C ケインズ
⑤ A アダム・スミス　　B ケインズ　　C リカード
⑥ A アダム・スミス　　B リカード　　C ケインズ

〈2004・追試改〉

2【国際分業】 次の表は，自国と外国において，衣料品と食糧品それぞれを1単位生産するために必要とされる労働量を表したものである。これら二国間で成立する比較優位構造についての記述として正しいものを，下の①～④のうちから一つ選べ。

	自 国	外 国
衣料品	30	X
食糧品	40	100

① X＝20のとき，外国は両商品の生産に比較優位をもつ。
② X＝60のとき，外国は食糧品の生産に比較優位をもつ。
③ X＝100のとき，自国は両商品の生産に比較優位をもつ。
④ X＝140のとき，自国は衣料品の生産に比較優位をもつ。

〈2001・本試〉

3【保護貿易】 リストの保護貿易の主張として最も適当なものを，次の①～④のうちから一つ選べ。
① 寡占企業の利益を保護するために，高関税を課し，輸出補助金制度を設立することを主張した。
② 先進国に比べ生産性の劣る幼稚産業を保護するために，保護主義的政策をとることを主張した。
③ 植民地に対し特恵的な関税で輸出入が可能となるように，経済ブロック化政策をとることを主張した。
④ 保護貿易を他国が続ける場合には，報復的な関税政策を推進することを主張した。

〈2004・追試〉

---

1 自由放任政策…経済活動に政府が介入することなく，市場のはたらきに任せるという政策。レッセフェールともいう。小さな政府を理想とする。
比較生産費説…自国内で優位に生産できるものに生産を特化（専門化）し，貿易すれば互いに安いものを買うことができ，双方に利益が生まれるというもの。
修正資本主義…全面的な自由放任ではなく，失業や景気変動などの面で行きすぎが生じた場合，公共事業などで政府が積極的に経済活動に介入するという考え方。ケインズが唱えた。

2 国際分業…各々の国が自国にとって比較優位の商品生産に特化すること。この国際分業が自由貿易につながる。

4【保護貿易】 19世紀ドイツの経済学者F・リストによる保護貿易（制限貿易）擁護の主張についての記述として最も適当なものを，次の①～④のうちから一つ選べ。

① 後発国において，将来の高い成長を実現できる潜在力をもつ工業部門については，輸入を制限して，保護政策を行うべきである。

② 自国労働者の実質賃金を高め，安定的な雇用を確保するため，低賃金国からの輸入は制限されるべきである。

③ 食糧を中心とする農産物などの基礎的物資については，その安定供給を確保するために，輸入を制限して，保護政策を行うべきである。

④ 後発国においては，貴重な外貨を確保するために，輸出は促進しても，輸入は制限されるべきである。

〈2000・追試〉

5【比較生産費説】 次の表はA，B各国で，工業製品と農産品をそれぞれ1単位生産するのに必要な労働者数をあらわす。これらの生産には労働しか用いられないとする。また，各国内の労働者は，この二つの産業で全員雇用されるとする。この表から読みとれる内容について，下の文章中の　ア　，　イ　に入る語句の組合せとして正しいものを，下の①～④のうちから一つ選べ。

	工 業 製 品	農 産 品
A国	2人	4人
B国	12人	6人

いずれの産業においてもA国はB国よりも労働生産性が　ア　。ここで農産品の生産をA国が1単位減らしB国が1単位増やすとする。すると生産量の両国の合計は，農産品では変わらないが工業製品については　イ　増える。

① ア 高い　イ 1.5単位　② ア 低い　イ 1.5単位
③ ア 高い　イ 0.5単位　④ ア 低い　イ 0.5単位

〈2011・本試〉

5比較生産費説の注意点…あくまでも自国内での生産コスト面の比較優位であることを踏まえてみていくこと。他国と比較をすると誤った結果となる。

6【国際収支】 国際的な経済取引の結果を帳簿の形で記録したものが国際収支である。次の国際収支の項目A～Cと，その説明ア～ウとの組合せとして正しいものを，下の①～⑥のうちから一つ選べ。

A 経常収支
B 資本移転等収支
C 金融収支

ア 社会資本整備を支援するための外国での無償資金協力などからなる。
イ 直接投資，証券投資，外貨準備などからなる。
ウ 貿易収支，サービス収支，第一次所得収支，第二次所得収支からなる。

① A－ア B－イ C－ウ　② A－ア B－ウ C－イ
③ A－イ B－ア C－ウ　④ A－イ B－ウ C－ア
⑤ A－ウ B－ア C－イ　⑥ A－ウ B－イ C－ア

〈2018・追試〉

6第一次所得収支…海外からの投資収益や雇用者報酬などの取引に関する収支項目。
　第二次所得収支…消費財の無償資金援助や国際機関への拠出金，海外への仕送りなど対価をともなわない取引の収支項目。

144 第2編 現代の経済

7【国際収支と外国為替相場】 国際収支と外国為替相場についての記述として最も適当なものを，次の①〜④のうちから一つ選べ。
① 自国の通貨高を是正するために通貨当局が為替介入を行うことは，外貨準備の増加要因になる。
② 自国の通貨高は，自国の輸出を促進する要因になる。
③ 貿易収支の黒字は，自国の通貨安要因になる。
④ 自国への資本流入が他国への資本流出を上回るほど増加することは，自国の通貨安要因になる。

〈2017・追試〉

8【円高の要因】 ドルに対する円の為替相場を上昇させる要因として最も適当なものを，次の①〜④のうちから一つ選べ。
① 日本からアメリカへの輸出が増加する。
② アメリカの短期金利が上昇する。
③ 日本銀行が外国為替市場で円売り介入を行う。
④ 投資家が将来のドル高を予想して投機を行う。

〈2006・本試〉

9【円高の影響】 1ドル＝200円から1ドル＝100円に変化した場合についての記述として最も適当なものを，次の①〜④のうちから一つ選べ。
① 時給1,000円は5ドルから10ドルになるため，日本で働きたいと考える外国人が増える。
② 1泊10,000円の宿泊費は100ドルから50ドルになるため，日本を訪れる外国からの観光客が増える。
③ 1台10,000ドルの自動車は100万円から200万円になるため，外国からの自動車の輸入台数が減る。
④ 個人の金融資産1,400兆円は14兆ドルから7兆ドルになるため，日本へ高級品を輸出しようとする外国企業が減る。

〈2003・本試〉

10【購買力平価説】 対外経済バランスに影響を与える為替レートの説明の一つとして，購買力平価説がある。購買力平価説とは，2国通貨間の為替レートが，どちらの通貨を用いても同じだけの商品を購買できるような水準に決定されるという考え方である。いま，円とドルとの為替レートが1ドル＝100円で均衡している当初の状態から，日本とアメリカの物価指数が次の表のように変化したとき，この考え方に立てば，為替レートはどのように変化するか。正しいものを，下の①〜④のうちから一つ選べ。

	当初の物価指数	変化後の物価指数
日　本	100	150
アメリカ	100	200

① 1ドル＝50円　　② 1ドル＝75円
③ 1ドル＝125円　　④ 1ドル＝150円

〈2002・本試〉

7貿易収支の黒字…輸出額から輸入額を差し引いた場合，プラスになることをいう。貿易収支は財の出入りをいうが，現在の国際収支分類では，これにサービスの出入りをあわせて，貿易・サービス収支としている。

為替介入…外国為替相場が急激に変動するのを抑制するため，政府や中央銀行が通貨を売買すること。

8円高…円の対外通貨に対する価値が高まること。例えば，1ドル＝200円から1ドル＝100円となった場合をいう。円の人気が高まり，ドル売り・円買いが起こると円高になる。

10購買力平価…為替レートの算出にあたり，その国の1単位の通貨でどれだけの商品を購入できるかを比較して，各国通貨の交換比率を示したもの。

11 【円高と企業の海外進出】 円高の進行によって，日本企業の海外への事業展開が拡大した理由として最も適当なものを，次の①～④のうちから一つ選べ。
① 海外へ投資する際にかかるコストが低下した。
② 海外からの輸入が減少した。
③ 海外へ輸出する際にかかるコストが低下した。
④ 海外からの投資が増加した。
〈2007・本試〉

12 【為替による決済の仕組み】 決済の仕組みの一つに遠隔地取引の決済手段としての為替がある。二国間貿易の為替による決済の仕組みを説明した次の図中のA～Cと，その内容についての記述ア～ウとの組合せとして正しいものを，下の①～⑥のうちから一つ選べ。

12 為替手形…振出人が支払いを約束している約束手形とは異なり，第三者が支払うことを，振出人が約束している手形のこと。貿易に用いられるのは為替手形である。

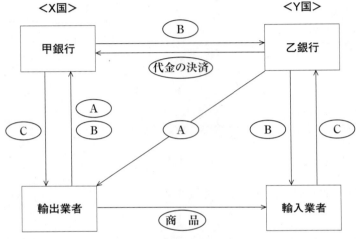

(注) 代金の決済は，複数の為替取引の相殺を活用して行われる。Aは，輸出業者の依頼の下に乙銀行から甲銀行に送られる場合もある。

ア 支払いを確約する信用状(L/C)
イ 為替手形・船積み書類
ウ 自国通貨

① A―ア B―イ C―ウ ② A―ア B―ウ C―イ
③ A―イ B―ア C―ウ ④ A―イ B―ウ C―ア
⑤ A―ウ B―ア C―イ ⑥ A―ウ B―イ C―ア
〈2012・本試〉

13 【為替相場】 為替相場の変動によって，輸出企業の売上げが影響を受けることがある。1ユーロ＝131円であるとき，日本のある電気機械の企業が自社製品をユーロ圏で販売し，2億ユーロの売上げがあった。その半年後に1ユーロ＝111円になったとき，この企業が同じ数量の同じ製品をユーロ圏で販売し，相変わらず2億ユーロの売上げがあったとすれば，円に換算した売上げはどのくらい増加または減少するか。正しいものを，下の①～④のうちから一つ選べ。

① 20億円増加する。 ② 40億円増加する。
③ 20億円減少する。 ④ 40億円減少する。

〈2012・本試〉

14 【為替レート】 為替レートの決まり方を説明する考え方の一つとして，購買力平価説がある。購買力平価説によれば，仮に2国を取り上げた場合，この2国通貨間の為替レートは，どちらの通貨を用いても同一商品を同じだけ購買できるような水準になる。ここで，日本とアメリカで販売されている同一のスマートフォンが当初日本では1台9万円，アメリカでは1台900ドルで販売されていた。その後，価格が変化して，日本では8万円，アメリカでは1,000ドルになった。このスマートフォンの価格に関して購買力平価説が成り立つ場合，円とドルとの為替レートはどのように変化したか。正しいものを，次の①〜④のうちから一つ選べ。

① 当初1ドル＝100円だった為替レートが1ドル＝80円となり，円高ドル安となった。
② 当初1ドル＝100円だった為替レートが1ドル＝80円となり，円安ドル高となった。
③ 当初1ドル＝100円だった為替レートが1ドル＝125円となり，円高ドル安となった。
④ 当初1ドル＝100円だった為替レートが1ドル＝125円となり，円安ドル高となった。

〈2019・本試〉

15 【日本の地域別貿易収支の推移】 次の図は，アメリカ，EU，中国，中東，その他の地域に対する日本の地域別貿易収支の推移を示したものである（縦軸の正値は貿易黒字額，負値は貿易赤字額を示す）。一方，下のア，イは，2012年のアメリカおよび中国に対する日本の貿易動向について説明した文章である。図中の国名A，Bと説明ア，イの組合せのうち，中国に該当するものとして正しいものを，下の①〜④のうちから一つ選べ。

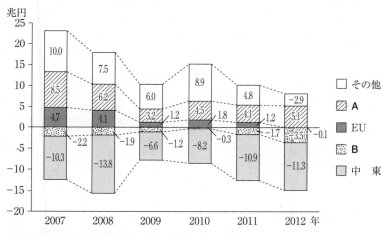

（資料）経済産業省『通商白書2013』により作成。

ア この国で発生した経済危機から景気が底入れし，日本からこの国への自動車および自動車部品の輸出が増加した。
イ この国の実質GDP（国内総生産）成長率は2012年に8パーセントを下回り，日本からこの国への一般機械の輸出が減少した。

① A－ア　② A－イ　③ B－ア　④ B－イ

〈2015・追試〉

16【海外直接投資の動向】 日本企業による海外直接投資の1990年代以降の動向についての記述として最も適当なものを次の①〜④のうちから一つ選べ。

① アジアNIES(新興工業経済地域)との間で貿易摩擦が発生した結果、同地域に生産拠点を設ける自動車メーカーが相次いだ。

② 巨大な市場や低い労働コストが誘因となって、改革開放政策を推進している中国に、生産拠点を設ける動きが盛んになった。

③ EU(欧州連合)における地域的経済統合の進行に対応して、域外向けの輸出を主目的に、EU諸国に生産拠点を新設する自動車メーカーが相次いだ。

④ 為替相場の安定によって、アメリカでの生産拠点の新設はなくなり、いったん移転させた生産活動を、国内に回帰させる動きが盛んになった。

〈2006・追試〉

16改革開放政策…1979年から中国で実施されている経済政策のこと。改革の面では農業の生産請負制や個人経営企業の許可など、開放の面では経済特区の設立があげられる。

問題演習 2. 国際経済体制の変化

1【自由貿易交渉】 自由貿易をめぐる交渉や政策についての説明として最も適当なものを、次の①〜④のうちから一つ選べ。

① GATT(関税及び貿易に関する一般協定)の基本原則とは、自由貿易主義・無差別最恵国待遇主義・二国間主義の三原則をいう。

② ケネディ・ラウンドでは、農業やサービス貿易、知的財産権にも交渉対象が拡大された。

③ 東京ラウンドでは、工業製品の関税を一括して引き下げる方式が初めて提案された。

④ WTO(世界貿易機関)は、ウルグアイ・ラウンドでの合意をうけ、GATTを発展させて設立された国際機関である。 〈2007・本試〉

1ラウンド…多角的貿易交渉のこと。2国間ではなく、3か国以上で開かれる会議をいう。
最恵国待遇…国家間において、ある国がある特定の国に対して関税上の優遇措置をとった場合、その優遇措置が他のすべての国にも適用されるとする原則。GATTやWTOはこの原則をもつ。

2【世界貿易の活性化】 世界貿易の活性化についての記述として正しいものを、次の①〜④のうちから一つ選べ。

① 単一通貨を発行して貿易を円滑にするために、EFTA(ヨーロッパ自由貿易連合)が結成された。

② 日本の対米輸出を伸ばすために、日米包括経済協議が行われた。

③ 貿易を促進するため、ラウンドにおいて関税引き下げ交渉が行われた。

④ 先進国の産品を安価に輸入できるようにするため、特恵関税制度が導入された。 〈2010・本試〉

2EFTA…EEC(EC)に対抗するために、イギリスを中心に1960年に結成。イギリス、デンマークが脱退するが継続。EUとの間にEEA(欧州経済地域)を結成。
特恵関税…特定の国にだけ、他と差別して有利な条件を与えている関税。GATTは認めていなかったが、1970年代に一般化した。

3【GATTとWTO】 GATT(関税及び貿易に関する一般協定)やWTO(世界貿易機関)についての記述として最も適当なものを、次の①〜④のうちから一つ選べ。

① GATTは、加盟国に自国通貨の安定を義務づけた。

② GATTでは、関税による保護貿易政策は認められなかった。

③ WTOでは、セーフガード(緊急輸入制限)の発動が禁止されている。

④ WTOは、知的財産権(知的所有権)の保護の問題も扱っている。

〈2008・追試〉

4【ウルグアイ・ラウンド】 ウルグアイ・ラウンド交渉について、このラウンド交渉で初めて合意された内容として**誤っている**ものを、次の①〜④のうちから一つ選べ。

① 知的財産権について、ルールが設定された。

② 農産物貿易について、関税化が進められることになった。

③ サービス貿易について、ルールが設定された。

④ 非関税障壁について、軽減・撤廃が進められることになった。

〈2014・追試〉

4非関税障壁…関税以外の方法・手段によって輸入制限の措置をとる政策のこと。輸入数量制限や複雑な適用手続きなどがとられる。
ウルグアイ・ラウンド…1986年に開始され、1994年に終結した。緊急輸入制限(セーフガード)や不正商品に対する取り締まりも協議された。

国民経済と国際経済

148 第2編 現代の経済

5 【国際経済体制】 国際経済体制についての記述として**誤っているもの**を，次の①～④のうちから一つ選べ。

① 1930年代には，為替切下げ競争やブロック経済化が起こり，世界貿易が縮小し，国際関係は緊張することとなった。

② IMF(国際通貨基金)は，各国通貨の対ドル交換比率の固定化により国際通貨体制を安定させることを目的として設立された。

③ アメリカの国際収支の悪化により，1960年代にはドルに対する信認が低下するドル危機が発生した。

④ スミソニアン協定は，ドル安是正のための政策協調を目的として合意された。

〈2018・本試〉

6 【IBRD】 IBRD(国際復興開発銀行・世界銀行)についての記述として最も適当なものを，次の①～④のうちから一つ選べ。

① 第二次世界大戦前，アメリカのウォール街の株価暴落に端を発した世界恐慌に対処し，世界経済を復興させるために設立された。

② 第二次世界大戦後，IMF(国際通貨基金)，GATT(関税と貿易に関する一般協定)とともに，世界経済の復興や発展に尽力した。

③ 国際連合(国連)の専門機関ではないが，国連の指導の下で発展途上国の開発のための融資を行っている。

④ 当初は活動の重点を発展途上国の開発援助においていたが，現在では先進国の失業対策においている。 〈2005・本試〉

7 【セーフガード】 セーフガードについての記述として**正しいもの**を，次の①～④のうちから一つ選べ。

① 輸入の急増に対して，一時的に輸入数量を制限したり関税を引き上げたりすること

② 輸入される食品に厳しい安全基準を設けること

③ 輸入される製品の不当廉売に対抗措置を講ずること

④ 輸入数量の制限を廃止して，関税を支払えば自由に輸入できるようにすること 〈2017・追試〉

8 【戦後の国際通貨体制】 戦後の国際通貨体制や，これを支える上で中心的役割を果たした米ドルの動向についての説明として**誤っているもの**を，次の①～④のうちから一つ選べ。

① ブレトンウッズ協定では，固定為替相場制が採用された。

② 1960年代には，アメリカの金準備高が減少しドル不安が高まった。

③ 1970年代の初めに，アメリカは金とドルとの交換を停止した。

④ スミソニアン協定では，変動為替相場制への移行が合意された。

〈2008・本試〉

9 【変動相場制】 変動相場制に関連する記述として最も適当なものを，次の①～④のうちから一つ選べ。

① 自国通貨の為替レートの下落は輸出抑制と輸入拡大を促し，上昇は輸入抑制と輸出拡大を促す。

② 変動相場制には国際収支の不均衡を調整する作用があるため，1980年代以降，日米の貿易不均衡の問題は解消した。

③ 自国の金利を引き下げて内外金利差を拡大させることは，国外への資本流出と自国通貨の為替レートの下落の要因となる。

④ 日本が1973年に変動相場制に移行して以来，日本銀行は為替レートの変動を市場に委ね，為替市場への介入をしていない。 〈2004・追試〉

5ブロック経済化…1929年の世界恐慌後，金本位制を離脱した国々が本国と植民地を結ぶ排他的な経済圏を作り，輸出の促進と輸入の抑制をはかったこと。

8金・ドル交換停止…1971年，アメリカのニクソン大統領がドル防衛のために発表した経済政策。

9為替レート…自国通貨と他国通貨との交換比率のこと。例えば，1ドル＝100円(ドル建て)や，1円＝0.01ドル(円建て)という形で表す。

国民経済と国際経済

第4章 国民経済と国際経済 149

国民経済と国際経済

10【為替変動リスク】 為替変動リスクに関連する記述として最も適当なものを，次の①〜④のうちから一つ選べ。
① 1997年にタイで発生した通貨危機は，インドネシア，韓国など，他のアジア諸国にも波及した。
② ドル建てで輸入している日本企業は，輸入に伴う円高ドル安のリスクを回避するために，さまざまな金融手法を使っている。
③ 1980年代後半においてアメリカの機関投資家は，対日証券投資を活発に行っていたことから，急激な円高ドル安によって為替差損を被った。
④ EMS(欧州通貨制度)が発足した際，加盟国間の為替変動リスクを排除するために，単一通貨ユーロが導入された。 〈2004・追試〉

10機関投資家…個人ではなく，組織的に株式投資や債券投資などを行う主体のこと。生命保険会社，損害保険会社，銀行やヘッジファンドなどの大口の投資家をいう。
為替差損…為替レートの変化によって生じる損失のこと。

11【1990年代以降の経済危機】 近年の経済危機に関連して，1990年代以降に発生した経済危機に関する記述として**誤っているもの**を，次の①〜④のうちから一つ選べ。
① アメリカではリーマン・ショックをうけて，銀行の高リスク投資などを制限する法律が成立した。
② アジア通貨危機が契機となって，国際連合はUNDP(国連開発計画)を設立した。
③ 日本ではバブル経済の崩壊が契機となって，金融機関の監督・検査を行う金融監督庁(後に金融庁に改組)が発足した。
④ 国際金融市場で行われる短期的に利益を追求する投資活動が，経済危機を引き起こす一因となった。 〈2012・追試〉

11リーマン・ショック…サブプライムローン問題の拡大により，2008年に経営破綻したアメリカの大手証券会社リーマンブラザーズが与えた世界同時株安・不況など影響力の大きさを表したもの。
UNDP…国連開発計画。発展途上国への開発援助の中心をなす機関。1994年には「人間の安全保障」という概念を提唱した。

12【国際貿易】 次のＡ〜Ｄは，貿易体制にかかわる出来事についての記述である。これらの出来事を古いものから順に並べたとき，**3番目**にくるものとして正しいものを，下の①〜④のうちから一つ選べ。

Ａ 関税及び貿易に関する一般協定(GATT)が発効した。
Ｂ 世界貿易機関(WTO)が設立された。
Ｃ ケネディ・ラウンドでの交渉が妥結した。
Ｄ ドーハ・ラウンドでの交渉が開始された。

① Ａ ② Ｂ ③ Ｃ ④ Ｄ
〈2018・本試〉

13【先進国の政策協調】 先進国を中心とする政策協調についての記述として正しいものを，次の①〜④のうちから一つ選べ。
① Ｇ７(先進7か国財務相・中央銀行総裁会議)は，通貨問題など国際経済問題を協議するために開始された。
② サミット(先進国首脳会議)は，冷戦の終焉をうけて世界規模の問題に対応するために開始された。
③ IMF(国際通貨基金)は，南北問題に対応して開発援助受入国の構造改革を推進するために設立された。
④ DAC(開発援助委員会)は，国連(国際連合)の下で発展途上国援助の調整と促進を行うために設立された。 〈2007・追試〉

13Ｇ７…日本，アメリカ，ドイツ，イギリス，フランス(G5)に，イタリア，カナダを加える。ロシアを入れるとG8。
先進国首脳会議…第一次石油危機を契機に開かれるようになった。1975年が最初で，毎年開かれている。1997年からロシアが参加するようになり，「主要国首脳会議」と呼ばれるようになった。

150　第2編　現代の経済

14 【購買力平価と為替レート】 同じ商品でも，外国での価格を為替レートで円換算した額と，日本の国内価格の間で相違がみられることがある。ある人が日本からアメリカに旅行したところ，日本ではいずれも2000円で販売されている商品Aおよび商品Bが，アメリカにおいては商品Aは10ドル，商品Bは15ドルで販売されていることを見いだした。ここで次の図は1980年から1990年にかけての米ドルの対円相場の推移を示したものである。商品Aおよび商品Bについて，日本での価格と，アメリカでの価格を為替レートで円換算した額を比較した結果の記述として誤っているものを，下の①〜④のうちから一つ選べ。

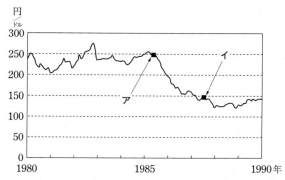

(注) 為替レートはインターバンク相場東京市場スポットレートの月末値。
(資料) 日本銀行『経済統計年報』(各年版) により作成。

① 旅行をしたのがアの時点ならば，商品Aは日本での価格の方が安い。
② 旅行をしたのがアの時点ならば，商品Bは日本での価格の方が安い。
③ 旅行をしたのがイの時点ならば，商品Aは日本での価格の方が安い。
④ 旅行をしたのがイの時点ならば，商品Bは日本での価格の方が安い。

〈2009・本試〉

15 【関税】 次の図A〜Cは，三つの国X〜Zがそれぞれ，他の二つの国に対して，繊維製品の輸入にどれだけの関税を課しているかを示したものである。矢印は繊維製品が移動する方向を表し，矢印の根元が輸出国を，先が輸入国を表す。矢印の先の数値は，輸入国が繊維製品に対して課している関税率を示している。各図の状況が，下のア〜ウで説明されている。A〜Cとア〜ウとの組合せとして正しいものを，下の①〜⑥のうちから一つ選べ。

15 FTA(自由貿易協定)…特定の国・地域の間で，貿易などの規制をなくし経済活動を活性化させるために締結される協定。

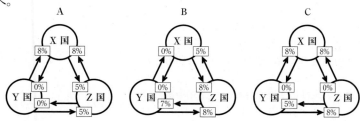

ア X国とY国とが，FTAを結んでいる。
イ X国は発展途上国で，特恵関税が認められている。
ウ 三つの国はいずれもWTOに加盟している先進国で，最恵国待遇が適用されている。

① A－ア B－イ C－ウ　② A－ア B－ウ C－イ
③ A－イ B－ア C－ウ　④ A－イ B－ウ C－ア
⑤ A－ウ B－ア C－イ　⑥ A－ウ B－イ C－ア

〈2014・追試〉

16【GATTをめぐる出来事】　WTO（世界貿易機関）およびその前身である GATT（関税及び貿易に関する一般協定）をめぐる次の出来事Ａ〜Ｄを古い順に並べたとき，**3番目**にくるものとして正しいものを，下の①〜④のうちから一つ選べ。

Ａ　ウルグアイ・ラウンドの結果，サービス貿易や知的財産権保護に関するルールが成立した。
Ｂ　ブロック経済化を防止するため，物品の貿易に関して，加盟国間の最恵国待遇の原則が導入された。
Ｃ　異なる国・地域の間で貿易自由化や投資促進を図るEPA（経済連携協定）を，日本が締結し始めた。
Ｄ　UNCTAD（国際貿易開発会議）の第１回総会において，一次産品の価格安定や，発展途上国製品に対する特恵関税の供与などの要求がなされた。

①　Ａ　　②　Ｂ　　③　Ｃ　　④　Ｄ

〈2013・本試〉

> **16**一次産品…主として輸出向けの農産物や工業原材料などのこと。

17【世界貿易機関（WTO）】　WTOの基本原則は，自由，無差別，多角の三つであり，無差別は最恵国待遇と内国民待遇とに分けられる。これらのうち内国民待遇の原則に反する行動の例はどれか。最も適当なものを，下の①〜④のうちから一つ選べ。
①　あるWTO加盟国から輸入される自動車に３パーセントの関税をかけ，別のWTO加盟国から輸入される自動車に５パーセントの関税をかける。
②　国産ビールに５パーセントの酒税をかけ，外国産ビールに10パーセントの酒税をかける。
③　国内の牛肉生産者を保護するため，外国から輸入される牛肉の数量を制限する。
④　ある国との貿易自由化を促進するため，その国と自由貿易協定（FTA）を締結する。

〈2016・追試〉

> **17**内国民待遇…自国の領域内で，自国民と同等の待遇・権利を相手国の国民や産品にも保障すること。

18【国際通貨体制】　国際通貨体制についての記述として最も適当なものを，次の①〜④のうちから一つ選べ。
①　ブレトンウッズ体制は，金とドルの交換を前提にし，ドルと各国の通貨を固定相場で結びつけるものである。
②　スミソニアン協定により，各国通貨の平価調整が行われ，長期的・安定的な固定相場制が実現された。
③　キングストン合意により，金の公定価格が廃止され，固定相場制だけが各国の為替制度とされた。
④　変動相場制は，為替市場の時々の通貨需要・供給によって，金と各国通貨価値との平価が決まるものである。

〈2011・追試〉

> **18**金の公定価格…1971年のスミソニアン協定により金１オンス＝35ドルから38ドルとなった。

152　第2編　現代の経済

3. 国際経済の展開　4. 地域的経済統合

1 【EUへの道のり】 次のA〜Dは、ヨーロッパにおける地域統合と共通通貨の導入とをめぐる出来事についての記述である。これらの出来事を古い順に並べたとき、3番目にくるものとして正しいものを、次の①〜④のうちから一つ選べ。

A 欧州経済共同体(EEC)が発足した。
B 欧州中央銀行(ECB)が設立された。
C ユーロの紙幣および硬貨の流通が始まった。
D 欧州連合(EU)が発足した。

① A　② B　③ C　④ D

〈2017・本試〉

1 ユーロ…EUにおける共通通貨。導入していない国もある。

2 【BRICS】 次の図はBRICS(ブラジル、ロシア、インド、中国、南アフリカ)のうちの3か国のGDPの推移を、各国の2000年のGDP水準を100とする指数で表したものである。また、下のア〜ウは、この3か国について説明した文章である。図中の国A〜Cと説明ア〜ウの組合せのうち、ロシアに該当するものとして正しいものを、下の①〜⑨のうちから一つ選べ。

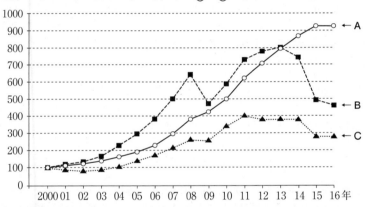

(注) GDPの指数の算出には、各年の名目GDPを米ドル換算したものを用いている。
(資料) International Monetary Fund(IMF), *World Economic Outlook Database, April 2017 edition*(IMF Webページ)により作成。

ア 二酸化炭素の総排出量が現在最も多いこの国では、2016年のGDPは2000年水準の9倍以上になった。
イ 2012年にWTOに加盟したこの国では、ピーク時に2000年水準の約8倍までGDPが拡大したが、2016年に2000年水準の5倍未満となった。
ウ 「アジェンダ21」を採択した国連環境開発会議が開催されたこの国では、2000年から2016年にかけて、GDPは2000年水準より下回ったことがある。

① A−ア　② A−イ　③ A−ウ　④ B−ア
⑤ B−イ　⑥ B−ウ　⑦ C−ア　⑧ C−イ
⑨ C−ウ

〈2019・本試〉

3 【地域的経済統合】 地域的経済統合の代表的な形態としてFTA（自由貿易協定）やEPA（経済連携協定）がある。日本の企業経営者が下のように発言すると想定して，その発言内容が現実のFTAやEPAのあり方に照らして**適当でないもの**を，次の①～④のうちから一つ選べ。
① 「政府がメキシコとEPAを結んでくれたから，メキシコ市場でアメリカやカナダと対等に近い条件で競争できるようになって助かったよ。」
② 「海外の専門的人材を活用したいわが社としては，日本が最近のEPAで看護師や介護福祉士の候補者などを受け入れ始めているのは興味深いわね。」
③ 「日本以外の国々の間で結ばれたFTAやEPAからも，WTO（世界貿易機関）の最恵国待遇の原則を通じて利益を受けることができるわね。」
④ 「ウチは国内市場で勝負しているから，EPAが結ばれると輸入品との競争が激しくなってかえってつらいかもな。」 〈2012・追試〉

3 **FTAとEPA**…FTAは関税の引き下げ・撤廃をめざし，EPAは貿易の自由化のみならず，ヒト・モノ・資本・情報の交流など，幅広い分野を対象としている。

問題演習 **5. 経済協力と人間開発の課題**

1 【発展途上国の経済】 発展途上国について，その経済に関する記述として**誤っているもの**を，次の①～④のうちから一つ選べ。
① プレビッシュ報告では，南北問題を解決するために特恵関税制度の撤廃が主張された。
② フェアトレードとは，発展途上国の人々の生活を改善するために，発展途上国産の原料や製品について公正な価格で継続的に取引することである。
③ ミレニアム開発目標では，極度の貧困や飢餓の撲滅などをめざすことが定められた。
④ マイクロクレジットとは，貧困層の自助努力を支援するために，低所得者に少額の融資を行うことである。 〈2016・追試〉

1 **ミレニアム開発目標**…国連は2015年を達成期限とし，2016年からはこれを引き継ぎ，持続可能な開発目標を新たな目標として設定した。
マイクロクレジット…バングラデシュのグラミン銀行が有名。

2 【発展途上国の経済発展政策】 発展途上諸国では自国の経済発展のためさまざまな政策・戦略が採用された。その内容を示す説明として**適当でないもの**を，次の①～④のうちから一つ選べ。
① 低賃金を利用した軽工業品などの輸出を足がかりにして，輸出指向型の経済発展を実現しようとする戦略が採用された。
② 輸入額が膨大なために経済発展が停滞するという見方から，輸入品の国産化を図って貿易収支を改善しようとする政策が採用された。
③ 工業化の推進のためには外国資本のもつ技術や資本力などが必要なことから，外国資本を誘致する戦略が採用された。
④ 経済発展のためにはさまざまな産業部門の産出量を同時に増加させる必要があるという見方から，モノカルチャー経済政策が採用された。 〈2007・本試〉

2 **モノカルチャー経済**…先進国向けの限られた種類の農業や工業の原材料（一次産品）の生産が大部分を占めている産業構造。植民地の時代に一次産品の供給を強制されたことから生じた。輸出相手国の経済変動の影響を受けたり，国内向けの食料不足が生じるなど，経済の自立化を阻む原因となる。

3 【発展途上国の経済問題】 発展途上国・地域の経済問題をめぐる記述として**最も適当なもの**を，次の①～④のうちから一つ選べ。
① 資源ナショナリズムの動きを受け，資源を有する発展途上国は，石油や銅など資源関連の国営企業の民営化を進めた。
② アジアNIESの高度な経済発展により，南南問題は解消された。
③ プレビッシュ報告では，世界的な自由貿易体制の実現が，発展途上国の貧困問題の解消に寄与するとされた。
④ ブラジルやメキシコでは，累積債務問題が発生した。 〈2008・追試〉

3 **プレビッシュ報告**…1964年の第1回国連貿易開発会議（UNCTAD）で，一次産品を中心とする交易条件の改善や先進国による積極的援助を求め，プレビッシュ事務局長が提出したレポート。後に発展途上国の行動指針となる。

154 第2編 現代の経済

4 【国際的な資本移動】　国際的な資本移動に関連する財政危機や金融危機についての事例の記述として**誤っている**ものを，次の①〜④のうちから一つ選べ。

① 第二次石油危機後のメキシコでは，累積債務問題が表面化した。
② 住宅バブルが崩壊したアメリカでは，サブプライムローン問題が表面化した。
③ ギリシャ財政危機では，財政状況が悪化したギリシャの国債利回りが高騰した。
④ アジア通貨危機では，資本流出に見舞われたタイの自国通貨が高騰した。

〈2017・本試〉

5 【経済格差への考慮】　「国際社会で主権国家は法的に平等な地位にあるとされるが，事実上，諸国には政治的，軍事的な力や，経済的な発展の程度において格差があるので，そのような格差を考慮に入れた制度の導入が時に必要である」と論じられることがある。この趣旨に当てはまる例とは**言えない**ものを，次の①〜④のうちから一つ選べ。

① WTO（世界貿易機関）の枠組みの中では，各加盟国が互いに最恵国待遇を与えることが原則となっている。
② 発展途上国は，新国際経済秩序の主張の中で，先進国に対し，一般特恵制度の自らへの適用を求めてきた。
③ 国連の安全保障理事会の表決制度では，常任理事国は拒否権を保有している。
④ 発展途上国の開発のための融資を主な業務とするIBRD（国際復興開発銀行）の意思決定機関では，諸国はその出資額に応じて票数を有している。

〈2001・本試〉

5 **新国際経済秩序**…発展途上国を含めた新しい国際経済秩序のことで，1974年に国連資源特別総会で「新国際経済秩序（NIEO）の樹立に関する宣言」が採択された。
一般特恵制度…発展途上国の貿易を促進するため，発展途上国の工業製品に対して関税を撤廃したり低い税率にすることで，先進国からの同種製品よりも有利な待遇を与えること。

6 【輸出主導型の経済開発】　輸出主導型の経済開発についての記述として**適当でない**ものを，次の①〜④のうちから一つ選べ。

① 道路や港湾など産業基盤の整備を行って，外国企業を積極的に誘致してきた。
② 東アジア諸国間での貿易の高い伸び率を実現してきた。
③ 輸出向けの生産を行う企業に対して，租税優遇措置などの便宜を与えてきた。
④ 自前で開発した高度なハイテク製品を輸出の中核に据えてきた。

〈2000・本試〉

6 **ハイテク製品**…高度先端技術に基づいて生産された工業製品。具体的には，LSIなどのマイクロエレクトロニクス，ロボット機械などのメカトロニクス，セラミックなどの新素材，バイオテクノロジーに基づく製品などがある。

7 【経済的国際組織】　国際組織（機構）についての記述として**正しい**ものを，次の①〜④のうちから一つ選べ。

① EURATOM（ヨーロッパ原子力共同体）は，ヨーロッパの核関連技術が域外に流出するのを防ぐために設立された。
② EFTA（ヨーロッパ自由貿易連合）は，EU（ヨーロッパ連合）の設立を準備するために結成された。
③ ILO（国際労働機関）は，ウルグアイ・ラウンドの合意文書に子供の労働を禁止する条約を盛り込むために結成された。
④ OECD（経済協力開発機構）は，加盟国の経済発展と貿易の拡大および加盟国による発展途上国援助の促進と調整のために設立された。

〈2000・本試〉

7 **EFTA**…ヨーロッパ自由貿易連合（エフタ）。EEC（EC）に対抗し，イギリスの主導で1960年に結成された。ECと同様に共同市場設立をめざしたが，農産物を対象とせず，対外共通関税を設けないなどの点が異なる。現在は，スイス・ノルウェー・アイスランド・リヒテンシュタインの4か国が加盟。スイスを除く3か国とEUとの間で1994年からEEA（欧州経済地域）が発足した。

第4章　国民経済と国際経済　155

8 【発展途上国】 第二次世界大戦後の発展途上国についての記述として正しいものを，次の①～④のうちから一つ選べ。

① 一次産品に特化したモノカルチャー経済をとっていた多くの発展途上国では，戦後の貿易自由化により，交易条件が改善された。

② 1980年代には，発展途上国の累積債務問題が表面化し，中南米諸国にはデフォルト（債務不履行）を宣言する国も現れた。

③ 発展途上国は，先進国の支援の下に，相互の経済協力について政策協議を行うために，OECD（経済協力開発機構）を設立した。

④ 発展途上国間で，天然資源をもつ国ともたない国との経済格差が問題となったため，国連資源特別総会は，資源ナショナリズム反対を決議した。　　　　　　　　　　　　　　　　　　　　　　　　　　〈2013・追試〉

9 【発展途上国】 発展途上国についての記述として最も適当なものを，次の①～④のうちから一つ選べ。

① 先進国からの開発援助の調整を行うため，発展途上国によってOECD（経済協力開発機構）が創設された。

② BRICs（ブリックス）と呼ばれる，経済発展が著しいブラジル，ロシア，インド，中国は，4か国で自由貿易協定を締結した。

③ 発展途上国はUNCTAD（国連貿易開発会議）において，一次産品の価格安定や途上国製品に対する関税の撤廃を先進国に求めた。

④ 発展途上国の経済発展をめざすため，発展途上国内に，NIEs（新興工業経済地域）と呼ばれる経済特区が創設された。　　　　　　　　　〈2012・本試〉

10 【国際機関と発展途上国】 国際機関が行ってきたことについての記述として最も適当なものを，次の①～④のうちから一つ選べ。

① UNCTAD（国連貿易開発会議）は，発展途上国の輸出品に対する特恵関税の導入を要求した。

② OECD（経済協力開発機構）は，原油価格の下落を防ぐための貿易協定を採択した。

③ WTO（世界貿易機関）は，発展途上国に経済開発のための融資を行っている。

④ UNICEF（国連児童基金）は，発展途上国における児童の就労を促進している。　　　　　　　　　　　　　　　　　　　　　　　　〈2009・本試〉

11 【日米の景気変動】 日本とアメリカの景気変動についての記述として**誤っ**ているものを，次の①～④のうちから一つ選べ。

① 1960年代後半の日本は，輸出の伸長と財政支出拡大の効果もあって，「いざなぎ景気」と呼ばれる長期の好況を実現した。

② 1970年代末から80年代初頭のアメリカでは，第二次石油危機の結果，インフレが加速するとともに景気が悪化した。

③ 1990年代の日本経済は低迷が続き，企業の倒産やリストラが増加したため，完全失業率は90年代末には10パーセントを超えた。

④ 1990年代のアメリカ経済は，IT（情報技術）革命が急速に進展する中で，長期の景気拡大を実現した。　　　　　　　　　　　　　　　〈2004・本試〉

---

8 デフォルト…公社債の利払いが遅れたり，元本が戻せなくなることや借入金の返済ができなくなったこと。

交易条件…1単位の輸出品で何単位の輸入品が入手できるかを示す指標のこと。

10 UNCTAD…先進国と発展途上国間で南北問題の対策を検討するため1964年に設立された国連の機関で，4年に1回開催される。

11 完全失業率…労働力人口に占める働く意志と能力がありながら雇用されない者（完全失業者）の割合をいう。平成不況の時期には5%を超えた。

国民経済と国際経済

156　第2編　現代の経済

12 【多国籍企業の活動】 多国籍企業の活動とその影響に関する記述として最も適当なものを，次の①〜④のうちから一つ選べ。
① 日本に進出した欧米企業は，経営の悪化した一般企業の事業部門や破綻した金融機関の買収を行った。
② 日本に進出した欧米企業は，外国資本に対する株式所有や人員整理に関する特別の規制のため，日本的経営システムを採用している。
③ 日本と相手国との貿易摩擦が激化したため，日本企業は海外現地生産を減少させた。
④ 日本企業の海外現地生産によって日本の失業率が上昇したため，海外投資に対する規制が強化されている。　　　　　〈2005・追試〉

13 【多国籍企業の影響】 企業の多国籍化が世界経済に対して及ぼした変化についての記述として**適当でない**ものを，次の①〜④のうちから一つ選べ。
① 多国籍メーカーは，労働コストの削減を目的として発展途上国に進出し，生産能力の拡大や技術移転などを通じて進出先の工業化を促進した。
② 企業の多国籍化は，国家間での資本・人・技術の相互浸透をもたらし，企業間競争を激化させた。
③ メーカーの多国籍化は，それらに中長期の資金を供給している銀行の多国籍化を誘発した。
④ 企業の多国籍化は，各国における保護主義政策を招き，ブロック経済化が進行した。　　　　　〈2006・本試〉

13 ブロック経済化…本国と海外領土・植民地を結び，排他的・閉鎖的な経済圏を作り上げ，圏内で自給自足を図ろうとする経済体制。戦前の植民地拡大政策の背景となった。

14 【企業の海外進出】 企業が外国に進出する理由として**適当でない**ものを，次の①〜④のうちから一つ選べ。
① 進出先の国における法人税率の引上げ
② 進出先の市場における販路の拡大
③ 進出先における低賃金労働力の利用
④ 進出先の政府が提供する経済特区の利用　　　　　〈2007・本試〉

14 経済特区…外国の資本や技術の導入を目的に中国沿岸部に設けられた地域。税制優遇など外資導入に関する特典を設けている。

15 【企業の対外進出】 企業の対外進出に関連する記述として最も適当なものを，次の①〜④のうちから一つ選べ。
① 値上がりによる利益を目的として外国企業の株式や社債を取得することを，対外直接投資と呼ぶ。
② 先進国企業が先進国に対外進出することを間接投資と呼び，近年増加傾向にある。
③ 1990年代に外国企業の中国への進出件数が急増したのは，中国がWTO（世界貿易機関）に加盟したことによる。
④ 日米貿易摩擦が激化した1980年代に，貿易摩擦の回避を目的とする日本企業の対米進出が増加した。　　　　　〈2003・本試〉

15 間接投資…配当や利子の取得を目的に，外国の企業の株や社債に投資したり，外国に預金したりすること。

16 【日本の国際協力】 日本の国際協力についての説明として最も適当なものを，次の①〜④のうちから一つ選べ。
① アジア太平洋地域の経済交流を促進するため，APEC（アジア太平洋経済協力会議）に参加している。
② アフリカ地域の最貧国の発展支援のため，内閣府にDAC（開発援助委員会）を設置している。
③ 発展途上国に技術協力などの支援を行うため，自衛隊の組織として青年海外協力隊が設けられている。
④ 国際社会の平和と安定に貢献するため，国連憲章の規定するUNF（国連軍）に自衛隊が参加している。　　　　　〈2008・本試〉

16 DAC（開発援助委員会）…OECD（経済協力開発機構）の下部機関で，発展途上国への援助について先進国間調整や具体的方法を検討する。

第4章　国民経済と国際経済　157

17 【直接投資の推移】 次の図は日本のアジアNIES（新興工業経済地域），ASEAN（東南アジア諸国連合）4か国，中国への直接投資の推移を表したものである。図中のA～Cに当てはまる国・地域名の組合せとして正しいものを，下の①～⑥のうちから一つ選べ。

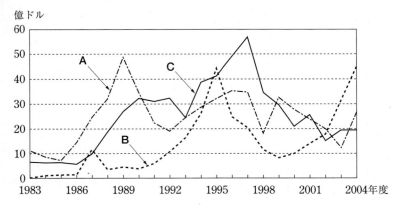

（注）アジアNIESは韓国，シンガポール，台湾，香港を指す。ASEAN 4か国はASEAN加盟国のうちインドネシア，タイ，フィリピン，マレーシアを指す。
（資料）ジェトロ（日本貿易振興機構）「日本の制度・統計（貿易・投資・国際収支統計）」（ジェトロWebページ）により作成。

① A アジアNIES　　B ASEAN 4か国　　C 中国
② A アジアNIES　　B 中国　　C ASEAN 4か国
③ A ASEAN 4か国　　B アジアNIES　　C 中国
④ A ASEAN 4か国　　B 中国　　C アジアNIES
⑤ A 中国　　B アジアNIES　　C ASEAN 4か国
⑥ A 中国　　B ASEAN 4か国　　C アジアNIES

〈2008・本試〉

▶17 アジアNIES…韓国・シンガポール・台湾・香港などの，工業化を急激に進めた発展途上国・地域をいう。現在，韓国はすでにOECDに加盟し，先進国の仲間入りを果たしている。NIESとは「新興工業経済地域」のこと。

18 【国家間格差】 国家間格差に関する記述として最も適当なものを，次の①～④のうちから一つ選べ。
① 国連総会において，先進国の資源ナショナリズムの主張を盛り込んだ新国際経済秩序樹立宣言が採択された。
② 国連貿易開発会議は，南南問題の解決を主目的として設立された。
③ 日本の政府開発援助は，必ず返済しなければならない。
④ 現地生産者や労働者の生活改善や自立を目的に，発展途上国の原料や製品を適切な価格で購入するフェアトレードが提唱されている。

〈2018・本試〉

19 【日本のODA】 日本のODAについての記述として最も適当なものを，次の①～④のうちから一つ選べ。
① 発展途上国に対する資金援助を目的としているため，専門家派遣などの技術協力は含まれない。
② 発展途上国における経済発展の支援を目的としているため，資金の返済を必要とする円借款は含まれない。
③ 援助額の対象地域別割合をみると，中南米地域に対するものが最大となっている。
④ ODA総額のGNIまたはGNP（国民総生産）に対する比率は，国連が掲げる目標水準を下回っている。

〈2009・本試〉

▶19 ODA…政府開発援助のことで，先進国から発展途上国への資金援助，技術提供，人員派遣などが行われる。
借款…国や政府の間の資金の貸借をいう。資金を借り，その返済のために累積赤字に陥る国もある。

20 【アメリカのアジア諸国からの輸入額】 次の図は1984年から2005年までのアメリカの輸入額における，日本，アジアNIES（新興工業経済地域），ASEAN 4 か国，中国からの輸入額の割合の推移を示したものである。図中のA〜Cに当てはまる国・地域名の組合せとして正しいものを，下の①〜⑥のうちから一つ選べ。

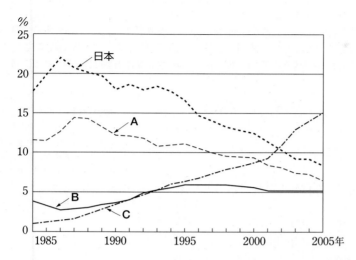

(注) アジアNIESは韓国，シンガポール，台湾，香港を指す。ASEAN 4 か国はASEAN加盟国のうち，インドネシア，タイ，フィリピン，マレーシアを指す。
(資料) IMF, *Direction of Trade Statistics*（各年版）により作成。

① A アジアNIES　　B ASEAN 4 か国　　C 中 国
② A アジアNIES　　B 中 国　　C ASEAN 4 か国
③ A ASEAN 4 か国　　B アジアNIES　　C 中 国
④ A ASEAN 4 か国　　B 中 国　　C アジアNIES
⑤ A 中 国　　B アジアNIES　　C ASEAN 4 か国
⑥ A 中 国　　B ASEAN 4 か国　　C アジアNIES

〈2009・追試〉

21 【企業活動のグローバル化】 企業活動のグローバル化についての記述として適当でないものを，次の①〜④のうちから一つ選べ。
① 企業が海外展開を進めることにより，その企業の本国では産業の空洞化が生じる場合がある。
② 企業の海外進出によって技術が伝わり，進出先の国で生産力や所得が増大する場合がある。
③ 多国籍企業の中には，その売上高が日本のGDPを上回る企業がみられるようになった。
④ 多国籍企業による発展途上国の資源に対する支配は，資源ナショナリズムが高まるきっかけの一つとなった。

〈2015・本試〉

問題パターン別類題演習

【表やグラフを使った問題】

> ☞ **point**
> ①資料を読み取るための前提知識が必要な問題と，そうでない問題がある。まずは問題文をよく読み，読み取るために必要な観点や条件を確認しよう。
> ②表やグラフを読み取った内容を答えたり，正誤の判断をしたりする問題だけでなく，考え方や意見，政策などの観点から資料を読み取ったり，資料の解釈について問われたりする問題もある。
> ③データ量の多い図表や複数の資料が出題されている場合は，読み取る場所を間違えないように気を付けよう。

1 次の表は，地方交付税制度について，ある市を想定して単純にモデル化したものである。この表から読み取れる内容として正しいものを，後の①～④のうちから一つ選べ。

☞ **point**
表の読み取り問題。表中には計算式があり，選択肢には数値の変化を示す記述もあるが，具体的な計算自体が必要なのかどうかをまず判断する必要がある。

想定される財政需要の計算	A	人口一人当たり単価（百万円）	0.10
	B	人口（人）	62,000
	C＝A×B	人口を基礎にした経費（百万円）	6,200
	D	一世帯当たり単価（百万円）	0.20
	E	世帯数（世帯）	22,000
	F＝D×E	世帯数を基礎にした経費（百万円）	4,400
	G＝C＋F	想定される財政需要の総額（百万円）	10,600
確保財源の計算	H	市民税（百万円）	2,700
	I	固定資産税（百万円）	1,800
	J	その他の税（百万円）	2,500
	K＝(H＋I＋J)×0.75	交付額算定に用いる数値（百万円）	5,250
G－K　国からの交付額（百万円）			5,350

（注1）確保財源計算の0.75は，標準的な行政サービスの経費を賄うための財源の割合として国が定めるものである。残りの0.25分の財源は，地方自治体の自主性，独立性を保障するためのもので，地方自治体の独自政策の財源となる。
（注2）市民税は所得を対象として課税され，固定資産税は土地や家屋などの資産の評価額を対象として課税される。

① 国が一世帯当たり単価Dを0.20から0.15に引き下げ，他の数値が変わらない場合，国からの交付額は増加する。
② 少子化が継続して進行したことにより人口Bが減少し，他の数値が変わらない場合，国からの交付額は増加する。
③ 土地取引価格の継続した下落により土地の評価額が下がり，固定資産税Iが減少し，他の数値が変わらない場合，国からの交付額は増加する。
④ 国が交付額算定に用いる数値Kを計算するときの一定割合を0.75から0.80に引き上げ，他の数値が変わらない場合，国からの交付額は増加する。

〈2022・追試〉

hint
選択肢はいずれも「国からの交付額は増加する」となっているので，それぞれの選択肢で，表中の項目がどう変化し，またそれによって国からの交付額がどう変化するのかを考えるとよい。

2 次の表は，ある国の国家財政における歳出と歳入の項目別の金額を表したものである。2017年度から2018年度にかけての財政状況に起きた変化として正しいものを，下の①〜④のうちから一つ選べ。なお，表中の項目の定義は日本の財政制度のものと同じであり，通貨の単位にはドルを用いているものとする。

(単位：10億ドル)

		2017年度	2018年度
歳出	社会保障関係費	24	30
	公共事業関係費	11	13
	防衛関係費	5	7
	文教および科学振興費	6	8
	国債費	14	17
	合計	60	75

(単位：10億ドル)

		2017年度	2018年度
歳入	法人税	10	13
	酒税	5	5
	所得税	12	16
	消費税	17	22
	公債金	16	19
	合計	60	75

(注) 国債費とは国債の元利払いを指し，公債金とは国債発行による収入を指す。

① 国債残高が減少した。
② 国債依存度が低下した。
③ プライマリーバランスの赤字額が拡大した。
④ 直間比率で間接税の比率が上昇した。

〈2021・第1日程〉

3 次の図は，日本の累積援助額(1960年〜2017年)の上位国のうち，インド，インドネシア，タイ，バングラデシュ，フィリピンの名目GNI(米ドル)，電力発電量，平均寿命，栄養不良の人口割合のデータを調べ，この5か国の平均値を2002年と2015年とで比較したものである。図中のア〜ウはそれぞれ，電力発電量，平均寿命，栄養不良の人口割合のいずれかについて，2002年の5か国の平均値を100とする指数で表したものである。図中のア〜ウに当てはまる項目の組合せとして正しいものを，次ページの①〜⑥のうちから一つ選べ。

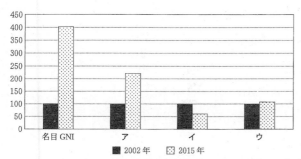

(注) 2002年の栄養不良の人口割合の数値は2000年〜2002年の平均値を使用。
(出所) 総務省統計局『世界の統計』(2006, 2018, 2019年版)により作成。

> **☞point**
> 国債残高，国債依存度，プライマリーバランス，直間比率などの財政に関する指標に対する理解を問う問題である。この問題では特に，各指標の変化を，歳出と歳入の項目から計算する必要があることに注意する。

> ■プライマリーバランス…(歳入－公債金)－(歳出－国債費)で表される財政健全指数。
> 歳入額＝歳出額なので，国債費－公債金の値である。プラスなら財政は健全，マイナスなら財政は不健全である。

> **hint**
> 国債残高が増えるのは，公債金(国債発行額)が国債費(国債償還額)を上回る場合である。

> **hint**
> 2002年と2015年を比較すると，アが大幅に上昇しているし，ウも若干だが，上昇していることがわかる。逆に，イだけが下がっている。これを踏まえて，援助によって改善が見られるものは何か，設問中の各国の状況とあわせて考えてみよう。

第1章 問題パターン別類題演習 161

① ア 電力発電量　イ 平均寿命　　　　　ウ 栄養不良の人口割合
② ア 電力発電量　イ 栄養不良の人口割合　ウ 平均寿命
③ ア 平均寿命　　イ 電力発電量　　　　　ウ 栄養不良の人口割合
④ ア 平均寿命　　イ 栄養不良の人口割合　ウ 電力発電量
⑤ ア 栄養不良の人口割合　イ 電力発電量　ウ 平均寿命
⑥ ア 栄養不良の人口割合　イ 平均寿命　　ウ 電力発電量

〈2021・第1日程〉

4 次の会話は，日本の公的医療保険制度に関する次の図をみたYとその母とによるものである。この会話文を読んで，空欄　ア　に当てはまる方法として適当なものを下の記述a～dのうちから二つ選び，その組合せとして最も適当なものを，下の①～④のうちから一つ選べ。

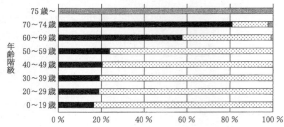

hint
会話文から，図で特に見なければならない箇所は，60歳以上のところである。

注：被用者向けの各医療保険制度の加入者には，被保険者のほか，その被扶養者(被保険者に生計を維持される家族)が含まれる。また，65歳以上75歳未満で一定の障害状態にあるとの認定を受けた者は，後期高齢者医療制度の被保険者となる。なお，データは，各年齢階級の人口から生活保護の被保護者を除いたものを総数とした数値を前提として作成されている。
出所：厚生労働省Webページにより作成。

Y：お母さん，これみてよ。この図って何を表しているんだろう？
母：この図は，年齢階級別にみてどの医療保険制度にどのくらいの割合で加入者がいるかを表したものね。60歳代から国民健康保険制度の加入者の割合が急に増えているのが興味深いわ。
Y：各制度の対象者が違うからこうなるのかな。でも，年齢の高い加入者が相対的に多いということだと，国民健康保険制度の加入者一人当たりの医療費は，被用者向けの各医療保険制度の場合より増えてしまうよね。60歳代以上において，国民健康保険制度の加入者が被用者向けの各医療保険制度の加入者よりも相対的に多い状態を緩和する方法としては，たとえば，　ア　などが考えられるかな。
母：制度上はそうなりそうね。

a　定年退職者を正社員として継続雇用するよう義務化すること
b　定年年齢を引き下げること
c　後期高齢者医療制度の対象年齢を65歳に引き下げること
d　高齢者が医療サービスを利用したときの自己負担割合を引き下げること

① aとb　② aとc　③ aとd
④ bとc　⑤ bとd　⑥ cとd

〈2021・第2日程〉

【文章資料を使った問題】

> ☞**point**
> ①書籍や判例など，出典のある文章資料は，初出の資料であることも少なくないが，まずは何について，どのように書かれているかを意識しながら資料を読もう。このとき，見覚えのある語句を見付けることができれば，資料の内容がよりわかりやすくなる。
> ②一定量の文章を読む必要がある問題なので，他の問題との時間配分にも気を付けよう。

1 次の**資料1**と**資料2**は，1973年の最高裁判所の判決文の一部である。**資料1**の理解をもとに，**資料2**の空欄に語句を入れた場合，空欄 ア ・ イ に当てはまる語句の組合せとして最も適当なものを，下の①～④のうちから一つ選べ。なお，資料には，括弧と括弧内の表現を補うなど，表記を改めた箇所がある。

☞**point**
憲法や刑法など国家と国民との関係を規定しているのが公法で，民法や商法など国民同士の関係を規定しているのが私法といわれる。

資料1

（憲法第14条の平等および憲法第19条の思想良心の自由の規定は）その他の自由権的基本権の保障規定と同じく，国または公共団体の統治行動に対して個人の基本的な自由と平等を保障する目的に出たもので，もっぱら国または公共団体と個人との関係を規律するものであり，私人相互の関係を直接規律することを予定するものではない。

（出所） 最高裁判所民事判例集27巻11号

資料2

ア 的支配関係においては，個人の基本的な自由や平等に対する具体的な侵害またはそのおそれがあり，その態様，程度が社会的に許容しうる限度を超えるときは，これに対する立法措置によってその是正を図ることが可能であるし，また，場合によっては， イ に対する一般的制限規定である民法1条，90条や不法行為に関する諸規定等の適切な運用によって，一面で イ の原則を尊重しながら，他面で社会的許容性の限度を超える侵害に対し基本的な自由や平等の利益を保護し，その間の適切な調整を図る方途も存するのである。

（出所） 最高裁判所民事判例集27巻11号

① ア 公 イ 団体自治 ② ア 公 イ 私的自治
③ ア 私 イ 団体自治 ④ ア 私 イ 私的自治

〈2021・第1日程〉

2 次のア・イの記述は，一方がアダム・スミス（1723〜90）の著作からの抜粋であり，他方がカール・マルクス（1818〜83）の著作からの抜粋である。後のA・Bはそれらの著作の目次からの抜粋である。記述アを抜粋した著作の目次とその著者との組合せとして正しいものを，次ページの①～④のうちから一つ選べ。

☞**point**
経済学者についての基本的な知識を活用する問題。それぞれの主張や学説にはどのような背景があるのかも含めて理解しておこう。

ア この著作で私が研究しなければならないのは，資本主義的生産様式であり，これに対応する生産関係と交易関係である。その典型的な場所は，今日までのところでは，イギリスである。これこそは，イギリスが私の理論的展開の主要な例解として役立つことの理由なのである。

第1章 問題パターン別類題演習 163

イ　奨励金や独占という手段によって無理に動かされる貿易は，それを自国に有利なものにしようとしてそういう手段を設けた国にとって，不利でありうるし，また不利であるのがふつうである。ところが強制や拘束なしに，どこでも二つの場所のあいだで，自然的かつ規則的に営まれる貿易は，双方にとって，かならずしもつねに等しく有利ではないにしても，つねに有利なのである。

A
```
第1部　資本の生産過程
　第1篇　商品と貨幣
　第2篇　貨幣の資本への転化
　第3篇　絶対的剰余価値の生産
　　第5章　労働過程と価値増殖過程
　　第6章　不変資本と可変資本
　　第7章　剰余価値率
```

B
```
第4編　政治経済学の諸体系について
　第1章　商業的あるいは商人の体系の原理について
　第2章　国内で生産できる品物の外国からの輸入にたいする制限
　　　　　について
　第3章　貿易差額が不利と想定される諸国からの，ほとんどすべ
　　　　　ての種類の品物の輸入にたいする特別の制限について
　　第1節　商業主義の原理からみてさえそれらの制限が不合理で
　　　　　　あることについて
　　第2節　他の諸原理からみてもそれらの特別の制限が不合理で
　　　　　　あることについて
```

① A－アダム・スミス　　② A－カール・マルクス
③ B－アダム・スミス　　④ B－カール・マルクス　〈2022・追試〉

【模式図などの図を使った問題】

> ☞**point**
> ①模式図などの図が設問に含まれている場合は，解答のための前提条件となるだけでなく，ヒントになる場合もある。設問で書かれている内容が，図としてどのように表現されているかを正確にイメージする必要がある。
> ②図が選択肢に含まれる場合は，選択肢ごとの図の違いを正確に読み取ることができるかがポイントになる。

1　次の文章と図は，環境問題の解決のための手法についてまとめたものである。

　環境問題の原因となっている物質 a をA社とB社のみが排出しているものとする。この物質を，A社は年間70トン，B社は年間100トン排出している。環境問題の解決のために物質 a の排出量を社会全体で年間100トンにまで減らす必要があるとき，次の二つの方法がある。
　　方法ア：A社とB社が物質 a を排出できる量を規制する。
　　方法イ：A社とB社に物質 a 排出枠を割り当て，その枠を超えて排出する場合にはA社とB社との間で排出枠を売買することを認める。
　また，A社とB社は次の状況におかれていると仮定する。

■**排出権取引**…全体の排出量を一定の範囲内に収めることを目的に，国や企業ごとに排出枠を割り当て，その排出枠を超えた国や企業とそうでない国や企業との間で排出枠を売買する制度のこと。日本でも一部の企業が参加している。

164　第3編　巻末演習

○ A社が物質aを削減するのにかかるコストは，B社が同じ量の物質aを削減するのにかかるコストよりも小さい。
○ 排出枠20トンの取引価格は，A社が物質aを20トン削減するのにかかるコストより大きく，B社が物質aを20トン削減するのにかかるコストより小さい。

以上のとき，社会全体で最も小さなコストで物質aを削減できるものを，下の①～④のうちから一つ選べ。

① **方法ア**を採用し，A社とB社が物質aを排出できる量をそれぞれ年間50トンに規制する。

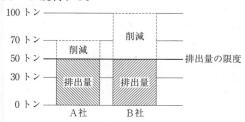

hint
排出枠の取引価格については，A社とB社がそれぞれ支払・受取をし，その金額は相殺される。削減コストだけで考える。A社，B社それぞれにとって，物質aの削減と排出枠の購入はどちらのコストが小さいだろうか。

② **方法ア**を採用し，A社が物質aを排出できる量を年間70トンに，B社が物質aを排出できる量を年間30トンに規制する。

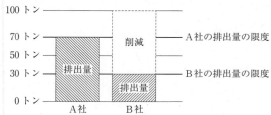

③ **方法イ**を採用し，両社に50トンの排出枠を割り当て，A社が年間30トン，B社が年間70トン排出する。B社はA社から排出枠20トンを購入する。

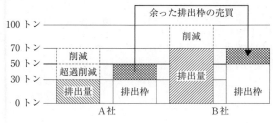

④ **方法イ**を採用し，両社に50トンの排出枠を割り当て，A社が年間70トン，B社が年間30トン排出する。A社はB社から排出枠20トンを購入する。

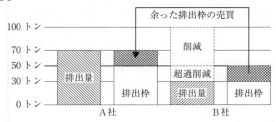

〈2018・試行調査〉

2 　財政においては，雇用や生活への影響だけではなく，経済危機への対処も重要である。日本では，1990年代初頭にバブル経済が崩壊した後，銀行の不良債権処理や貸し渋りの問題に対処するため，公的資金が投入された。

　　生徒たちは，銀行のバランスシート（貸借対照表）の動きを表した次の模式図を用いて，不良債権処理と貸し渋りの問題について考えることにした。なお，簡略化のため，銀行の負債はすべて預金，純資産は資本金のみとする。この図では，銀行の貸出債権が経済不況時に不良債権化し，その不良債権が処理されるまでの流れが示されている。不良債権となっている資産を最終的に消滅させるために費用が発生し，その費用が大きければ損失が発生し資本金を減少させることがある。その減少が多額であれば，資本金を増やすために公的資金が投入されることもある。

　　以上の説明と次の模式図を踏まえて，不良債権問題に関連する記述として最も適当なものを，下の①〜④のうちから一つ選べ。

☞ point

不良債権の発生から，その補てん，自己資本比率を維持するための貸し渋りというプロセスを，図も踏まえて考える問題。図の読み取りだけではなく，貸し渋りやBIS規制などについての一定の知識が必要である。

■ **不良債権**…資金を必要とする企業などに対して銀行が貸し出した資金が，貸出先の経営が実質的に破たん，あるいはその危険があるなどで「回収が非常に困難になった債権」のこと。

① 　不良債権処理によって貸出債権を含む総資産に対する資本金の比率が低下すると，新たな貸出しが抑制される傾向がある。

② 　貸出債権の一部を不良債権として資産から取り除く結果，経済不況以前と比べて貸出債権の残高が減少することを貸し渋りという。

③ 　不良債権処理によって資本金が減少する場合，預金に対する自己資本の比率に関するBIS規制の遵守のため，資本金を増やす必要がある。

④ 　貸出債権の一部を不良債権として資産から取り除くと，預金に対する貸出債権の比率が高くなるため，貸出債権を減らす必要がある。

〈2021・第1日程〉

hint

図に示された目盛りをもとに，貸出債権，預金，資本金などの量的な変化を確認してみよう。

■ **BIS規制**…銀行の財務上の健全性を確保することを目的として，1988年7月にBIS（国際決済銀行）で合意された，銀行の自己資本比率についての国際ルール。日本では1993年3月末から適用された。

【示された基準に当てはめたり分類したりする問題】

> ### ☞ point
> ①基準がどのような観点に基づいているのかを把握しよう。
> ②分類すべき領域がいくつかに分かれる場合は，それぞれの領域ではどのような基準になっているかを複合的に考えよう。

1 　政治体制について二つの次元で類型化を試みる理論を参考に，いくつかの国のある時期の政治体制の特徴を比較し，次ページの図中に位置づけた。図中の a 〜 c のそれぞれには，下の政治体制ア〜ウのいずれかが当てはまる。その組合せとして最も適当なものを，次ページの①〜⑥のうちから一つ選べ。

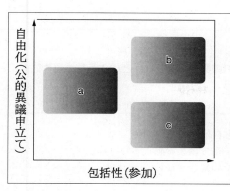

i．包括性(参加)：選挙権がどれだけの人々に認められているか(右にいくほど,多くの人に認められている)。
ii．自由化(公的異議申立て)：選挙権を認められている人々が,抑圧なく自由に政府に反対したり対抗したりできるか(上にいくほど,抑圧なく自由にできる)。

ア　日本国憲法下の日本の政治体制
イ　チャーティスト運動の時期のイギリスの政治体制
ウ　ゴルバチョフ政権より前のソ連の政治体制

① a-ア　b-イ　c-ウ　② a-ア　b-ウ　c-イ
③ a-イ　b-ア　c-ウ　④ a-イ　b-ウ　c-ア
⑤ a-ウ　b-ア　c-イ　⑥ a-ウ　b-イ　c-ア

〈2021・第1日程〉

■チャーティスト運動……産業革命以降増大した都市労働者階級の諸権利拡大要求で,1838～48年,イギリスで盛んになった史上初の労働者による政治的な要求運動である。第1次選挙法改正(1832)で選挙権が認められなかった都市の労働者階級が中心で,普通選挙実現を議会に請願した運動自体は鎮圧されたが,普通選挙法や工場法,10時間労働法などが制定されるようになった。

■ゴルバチョフ政権前のソ連…共産党による一党独裁,民主集中制,計画経済,そして一定の生活保障と引き換えに国民の権利・自由を抑制することなどを維持していた。

2 行政機能が拡大するにつれ,行政を効果的に統制(監視)することの重要性が増している。行政を統制する方法については,**行政内部からのもの,行政外部からのもの,法制度に基づくもの,法制度に基づかないもの**という基準で4分類する考え方がある。表1は,日本の国の行政を統制する方法の一例をそうした考え方に基づき分類したものであり,A～Dにはいずれかの分類基準が入る。

表1にならって日本の地方自治体の行政を統制する方法の一例を分類した場合,表2中の X ～ Z に当てはまるものの組合せとして最も適当なものを,下の①～⑥のうちから一つ選べ。ただし,表1と表2のA～Dには,それぞれ同じ分類基準が入るものとする。

表1　日本の国の行政を統制する方法の一例

	A	B
C	国政調査による統制	圧力団体による統制
D	人事院による統制	同僚の反応による統制

表2　日本の地方自治体の行政を統制する方法の一例

	A	B
C	X による統制	Y による統制
D	Z による統制	同僚の反応による統制

	X	Y	Z
①	監査委員	行政訴訟	新聞報道
②	監査委員	新聞報道	行政訴訟
③	行政訴訟	監査委員	新聞報道
④	行政訴訟	新聞報道	監査委員
⑤	新聞報道	監査委員	行政訴訟
⑥	新聞報道	行政訴訟	監査委員

〈2018・試行調査〉

point
この問題では,設問で示された条件から,まず分類(表1)を正確に完成させる必要がある。

hint
まずは表1にある4つの例から,設問中の「行政を統制する方法」が,AからDのどこに該当するかを考える。

設問で示された分類基準は,おおまかに"行政"と"法制度"に分けられるが,分類のためには,AとB,CとDがそれぞれ対になっている必要があることに注意しよう。

【会話の流れを把握する問題】

> ☞**point**
> ①会話の流れを把握する必要がある問題では，それぞれの発言の内容が，どのような意見や観点に基づいているかや，考え方の違いを正確に把握しよう。
> ②指示代名詞の内容は正確に把握しよう。

1 生徒Xと生徒Yは，「政治・経済」の授業で学習した地方自治制度について話し合っている。次の会話文中の空欄　ア　～　ウ　に当てはまる記述として正しいものを下の記述 a ～ c から一つずつ選び，その組合せとして最も適当なものを，下の①～⑥のうちから一つ選べ。

X：ある市で産業廃棄物処理施設の設置をめぐって，条例に基づく住民投票が実施されたと聞いたけど，このような住民投票は　ア　よ。その結果は首長と議会の双方にとって無視しがたいものになるよ。住民にとっても政策決定に関与する機会が得られることになるね。

Y：たしかにそうだね。住民投票にもそうした意義があるんだ。でも，二元代表制にも，　イ　といった意義があるよ。それも大事じゃないかな？

X：一般的な政策課題であればそれでいいと思うけれど，市町村の合併などの重大な課題の場合には，住民投票を実施した方がいいと思うんだ。

Y：でも，条例に基づく住民投票の場合，　ウ　よ。たしかに無視しがたいものではあるけれど，制度上の限界もあるんじゃないのかな。

a　現行の法制度では法的拘束力がないので，その結果が政策に反映されるとは限らない

b　特定の争点をめぐる投票を通して，首長と議会に対して住民の意思を直接示すことで，間接民主制を補完できる

c　住民が首長や議員を選出し，首長と議会による慎重な議論が期待できる

① ア－a　　イ－b　　ウ－c　　② ア－a　　イ－c　　ウ－b
③ ア－b　　イ－a　　ウ－c　　④ ア－b　　イ－c　　ウ－a
⑤ ア－c　　イ－a　　ウ－b　　⑥ ア－c　　イ－b　　ウ－a

〈2021・第2日程〉

2 日本の国際貢献について，他国への日本の選挙監視団の派遣について，生徒XとYの間で次のようなやり取りがあった。Xが二重下線部で示したように考えることができる理由として最も適当なものを，次ページの①～④のうちから一つ選べ。

X：途上国で行われる選挙に，選挙監視団が派遣されたって聞いたことがあるよ。たとえば，カンボジアやネパールで新憲法を制定するための議員を選ぶ選挙が行われた際に，選挙監視要員が派遣されたんだ。

Y：なぜこうした国は，憲法の制定に関わるような問題に，外国からの選挙監視団を受け入れたんだろう？　そして，どうしてそれが国際貢献になるのかな？

X：選挙監視団の目的は，自由で公正な選挙が行われるようにすることだよね。民主主義における選挙の意義という観点から考えれば，そうした選挙を実現させることは，その国に民主的な政治体制が定着するきっかけになるよね。民主的な政治体制がうまく機能するようになれ

---

hint

会話文の場合は，それぞれ空欄の前後に注目するとよい。　ア　は空欄後の内容，　イ　は空欄前の「二元代表制」，　ウ　は空欄後にそれぞれ注目してみよう。

---

hint

文章の読解が必要だが，まずは二重下線部の中の「そうした選挙」がどのような選挙なのかを考えるとよい。その上で，「選挙の意義」と「民主的な政治体制」について考えてみよう。

168　第3編　巻末演習

ば，再び内戦に陥って国民が苦しむようなことになるのを避けられる
んじゃないかな。

Y：そうだね。それに，自由で民主的な政治体制が確保されている国の間
では戦争は起きないって聞いたこともあるよ。もしそうだとすると，
選挙監視団を派遣することは国際平和にもつながっているとも言える
ね。

① 民主主義においては，国民に選挙を通じた政治参加を保障することで，
国の統治に国民全体の意思を反映すべきものとされているから。
② 民主主義においては，大衆が国の統治を特定の個人や集団による独裁
に委ねる可能性が排除されているから。
③ 民主主義においては，暴力によってではなく裁判によって紛争を解決
することとなっているから。
④ 民主主義においては，国民が政治的意思を表明する機会を選挙以外に
も保障すべきものとされているから。　〈2021・第1日程〉

【二つの立場に分かれて考える問題】

☞**point**
①意見や立場を具体的な政策や場面と結びつけたり，反対に具体的な政策や場面を根拠となる意見
や立場に結びつけたりする問題がある。
②政策などの内容を理解するだけでなく，背景にはどのような理由や考え方があるのかを意識しよう。

1　生徒Xと生徒Yが，政府の経済活動である財政について調べたことをも
とに議論をしたところ，政府の歳入についての意見が二人の間では異なる
ことがわかった。次の生徒Xと生徒Yのそれぞれの意見のうち，下線部ⓐ
とⓑの内容に適合する政府の政策について最も適当なものを，下の①〜④
のうちから一つずつ選べ。

☞**point**
「歳入についての異なる意見」と
設問にあるように，生徒Xは租税
収入，生徒Yは公債発行について
意見を述べていることをまずおさ
えよう。

【Xの意見】　財政には主に租税収入が用いられてきた。選挙や世論を通じ
て，財政運営に強い影響力を有するのは納税者である。そのため，ⓐ政
府は租税収入を財源にし，納税者の要求に応じて生活を保障しなければ
ならない。

【Yの意見】　現在の財政には公債発行を欠かすことができない。個人や法
人が資産価値の維持などを目的に公債を売買して公債価格を左右するこ
とからわかるように，財政運営に強い影響力を有するのは公債保有者で
ある。そのため，ⓑ政府は債務の返済能力についての信用度を高めて公
債の元利払いを保証しなければならない。

【下線部ⓐに適合する政策】　　1
【下線部ⓑに適合する政策】　　2

① 格付け機関による国債の格付けを高めるため，歳出削減を通じて財政
再建を進める。
② 水道事業の費用が低下したため，費用低下に見合う料金の引下げを行
う。
③ 自由貿易を促進する多国間協定に基づき，関税を引き下げる。
④ 財政民主主義に基づき，人々が求める基礎的な公共サービスに関する
予算を拡充する。　〈2021・第2日程〉

第1章　問題パターン別類題演習　169

巻末演習 2022年 大学入学共通テスト本試験

第1問 次の文章を読み，後の問い（問1〜8）に答えよ。

ⓐ国の法制度や，ⓑ地方自治に関心がある生徒Xと生徒Yは，自分たちが住むJ市のまちづくりの取組みについて調べている。

かつてⓒK寺の門前町として栄えたJ市には，多くの観光客が訪れており，K寺はJ市の重要な観光資源となっている。市の中心市街地は，駅からK寺へ至る表参道としての中央通りを中心に発展してきた。駅前には大型店舗が集まり，表参道には個人商店が軒を並べている。また，K寺の門前にはⓓ空き家などをリノベーションした店舗やカフェが多数立地し，ⓔ地元の農産物を加工した食品を販売している。

生徒たちがJ市のWebページを調べたところ，市が「市街地活性化プラン」を策定し，次のような事業を展開していることがわかった。

空き家等活用事業	空き家等を活用し，店舗やカフェ，民泊などの施設として利用する場合に，改修費や設備費を補助するとともに，長期的な安定経営をめざし，経営指導員による継続的指導を行う。
歴史的街なみ整備事業	K寺周辺地区の歴史ある街なみを保全し，伝統と文化が感じられる景観を形成することを目的に，まちづくり協定で規定する範囲の景観の整備に対する助成を行うとともに，道路の美装化を進める。

生徒たちはとくに空き家などの活用に関心をもち，空き家ⓕ民泊に関するⓖ法律についても，ⓗ立法過程を含め，調べてみることにした。

問1 下線部ⓐに関連して，生徒Xは，図書館で資料調査をする中で，国家権力のあり方に関するある思想家の著作に次のような記述があることを発見した。この記述から読みとれる内容として最も適当なものを，次ページの①〜④のうちから一つ選べ。なお，一部表記を改めた箇所やふりがなを振った箇所がある。　　1

> およそ権力を有する人間がそれを濫用しがちなことは万代不易（ばんだいふえき）の経験である。彼は制限に出会うまで進む。…（中略）…
>
> 権力を濫用しえないようにするためには，事物の配置によって，権力が権力を抑止するようにしなければならない。誰も法律が義務づけていないことをなすように強制されず，また，法律が許していることをしないように強制されないような国制が存在しうるのである。…（中略）…
>
> 同一の人間あるいは同一の役職者団体において立法権力と執行権力とが結合されるとき，自由は全く存在しない。なぜなら，同一の君主または同一の元老院が暴君的な法律を作り，暴君的にそれを執行する恐れがありうるからである。
>
> 裁判権力が立法権力や執行権力と分離されていなければ，自由はやはり存在しない。もしこの権力が立法権力と結合されれば，公民の生命と自由に関する権力は恣意的となろう。なぜなら，裁判役が立法者となるからである。もしこの権力が執行権力と結合されれば，裁判役は圧制者の力をもちうるであろう。
>
> もしも同一人間，または，貴族もしくは人民の有力者の同一の団体が，これら三つの権力，すなわち，法律を作る権力，公的な決定を執行する権力，犯罪や個人間の紛争を裁判する権力を行使するならば，すべては失われるであろう。

☞ **point**

各設問に資料文や会話文があり，丁寧に読み込んでいく必要がある。特に，会話文の場合は，空欄の前後に注意して読むようにしよう。

hint

設問に「国家権力のあり方に関する思想家の著作」とあるので，この資料文を書いた思想家が国家権力をどのようにとらえているのかという点に注意して読んでいくとよい。

① 権力を恣意的に行使する統治に対する革命権の重要性を説いている。
② 権力を分立することにより公民の自由が保護されると説いている。
③ 権力をもつ者が権力を濫用するのではなく公民の自由を保護する傾向にあることを前提としている。
④ 権力をもつ者が人民から自然権を譲渡された絶対的な存在であることを前提としている。

問2 下線部ⓑに関連して，生徒Yは，日本国憲法が保障している地方自治について調べ，次の**文章**のようにまとめた。文章中の空欄 ア ～ ウ に当てはまる語句の組合せとして最も適当なものを，後の①～⑧のうちから一つ選べ。 2

> 日本国憲法第92条は，「地方公共団体の組織及び運営に関する事項は，地方自治の本旨に基いて，法律でこれを定める」としている。ここでいう地方自治の本旨は，団体自治と住民自治の原理で構成される。団体自治は，国から自立した団体が設立され，そこに十分な自治権が保障されなければならないとする ア 的要請を意味するものである。住民自治は，地域社会の政治が住民の意思に基づいて行われなければならないとする イ 的要請を意味するものである。国から地方公共団体への権限や財源の移譲，そして国の地方公共団体に対する関与を法律で限定することなどは，直接的には ウ の強化を意味するものということができる。

① ア 集 権　イ 自由主義　ウ 住民自治
② ア 集 権　イ 自由主義　ウ 団体自治
③ ア 集 権　イ 民主主義　ウ 住民自治
④ ア 集 権　イ 民主主義　ウ 団体自治
⑤ ア 分 権　イ 自由主義　ウ 住民自治
⑥ ア 分 権　イ 自由主義　ウ 団体自治
⑦ ア 分 権　イ 民主主義　ウ 住民自治
⑧ ア 分 権　イ 民主主義　ウ 団体自治

hint
地方自治の本旨の説明がなされているので，団体自治と住民自治の違いに注意しよう。

問3 下線部ⓒに関連して，J市とK寺のかかわり合いに関心がある生徒Yは，「政治・経済」の授業で学習した政教分離原則のことを思い出し，政教分離原則に関する最高裁判所の判例について調べてみた。最高裁判所の判例に関する次の記述ア～ウのうち，正しいものはどれか。当てはまる記述をすべて選び，その組合せとして最も適当なものを，後の①～⑦のうちから一つ選べ。 3

ア 津地鎮祭訴訟の最高裁判決では，市が体育館の起工に際して神社神道固有の祭式にのっとり地鎮祭を行ったことは，憲法が禁止する宗教的活動にあたるとされた。
イ 愛媛玉ぐし料訴訟の最高裁判決では，県が神社に対して公金から玉ぐし料を支出したことは，憲法が禁止する公金の支出にあたるとされた。
ウ 空知太神社訴訟の最高裁判決では，市が神社に市有地を無償で使用させていたことは，憲法が禁止する宗教団体に対する特権の付与にあたるとされた。

① ア　　② イ　　③ ウ　　④ アとイ
⑤ アとウ　⑥ イとウ　⑦ アとイとウ

第2章 2022年本試験 171

問4 下線部⑥について，生徒Xは，国土交通省のWebページで「空家等対策の推進に関する特別措置法」（以下，「空家法」という）の内容を調べ，次のメモを作成した。Xは生徒Yと，メモをみながら後の会話をしている。後の**会話文**中の空欄　**ア**　・　**イ**　に当てはまる語句の組合せとして最も適当なものを，後の①～⑥のうちから一つ選べ。　**4**

---

1. 「空家等」（空家法第2条第1項）
   ・建築物やそれに附属する工作物で居住等のために使用されていないことが常態であるもの，および，その敷地。
2. 「特定空家等」：次の状態にある空家等（空家法第2条第2項）
   (a) 倒壊等著しく保安上危険となるおそれのある状態
   (b) 著しく衛生上有害となるおそれのある状態
   (c) 適切な管理が行われないことにより著しく景観を損なっている状態
   (d) その他周辺の生活環境の保全を図るために放置することが不適切である状態
3. 特定空家等に対する措置（空家法第14条）
   ・特定空家等の所有者等に対しては，市町村長は，特定空家等を取り除いたり，修繕したりするなど，必要な措置をとるよう助言や指導，勧告，命令をすることができる。
   ・上記(a)または(b)の状態にない特定空家等については，建築物を取り除くよう助言や指導，勧告，命令をすることはできない。

X：空家法によると，市町村長は，所有者に対し建築物を取り除くよう命令し，従わない場合は代わりに建築物を取り除くこともできるみたいだよ。

Y：そうなんだ。でも，市町村長が勝手に私人の所有する建築物を取り除いてしまってもよいのかな。

X：所有権といえども，絶対的なものとはいえないよ。日本国憲法第29条でも，財産権の内容は「　**ア**　」に適合するように法律で定められるものとされているね。空家法は所有権を尊重して，所有者に対し必要な措置をとるよう助言や指導，それから勧告をすることを原則としているし，建築物を取り除くよう命令できる場合を限定もしているよ。でも，空家法が定めているように，　**イ**　には，所有者は，建築物を取り除かれることになっても仕方ないんじゃないかな。

Y：所有権には所有物を適切に管理する責任が伴うということだね。

① ア　公共の福祉　イ　周辺住民の生命や身体に対する危険がある場合
② ア　公共の福祉　イ　周辺の景観を著しく損なっている場合
③ ア　公共の福祉　イ　土地の有効利用のための必要性がある場合
④ ア　公序良俗　イ　周辺住民の生命や身体に対する危険がある場合
⑤ ア　公序良俗　イ　周辺の景観を著しく損なっている場合
⑥ ア　公序良俗　イ　土地の有効利用のための必要性がある場合

☞ **point**
空家法の内容が示されているが，同法について詳しいことを知らなくとも，会話文を丁寧に読めばわかる。

hint
メモ中の「3．特定空家等に対する措置」では，所有者に対して市町村長が「助言や指導，勧告，命令をすることができる」とある一方で，助言や指導などができない特定空家等もあることに注意するとよい。

■**公序良俗**…民法第90条に定められている。公の秩序と善良な風俗のこと。

172　第3編　巻末演習

問5 下線部ⓔに関心をもった生徒Yは，日本の農業に関する法制度の変遷について調べ，次の表を作成した。表中の空欄 ア ～ エ には，後の記述①～④のいずれかが入る。表中の空欄 ウ に当てはまる記述として最も適当なものを，後の①～④のうちから一つ選べ。 5

1952年	農地法の制定 〔内容： ア 〕
1961年	農業基本法の制定 〔内容： イ 〕
⋮ 1995年	⋮ 食糧管理制度廃止
1999年	食料・農業・農村基本法の制定〔内容： ウ 〕
2009年 ⋮	農地法の改正〔内容： エ 〕 ⋮

① 農業と工業の生産性の格差を縮小するため，米作から畜産や果樹などへの農業生産の選択的拡大がめざされることになった。
② 国民生活の安定向上のため，食料の安定供給の確保や農業の多面的機能の発揮がめざされることになった。
③ 地主制の復活を防止するため，農地の所有，賃貸，販売に対して厳しい規制が設けられた。
④ 農地の有効利用を促進するため，一般法人による農地の賃貸借に対する規制が緩和された。

問6 下線部ⓕについて，生徒Xと生徒Yは次のような会話をしている。次の会話文中の空欄 ア ・ イ に当てはまる語句の組合せとして最も適当なものを，次ページの①～④のうちから一つ選べ。 6

X：住宅宿泊事業法が制定されて，住宅を宿泊事業に用いる民泊が解禁されたと聞いたけど，うちのJ市も空き家を活用した民泊を推進しているらしいね。でも，同じく宿泊施設であるホテルや旅館の経営者の一部からは，経営への悪影響を懸念して規制をすべきという声も出ているらしいよ。

Y： ア を支持する考えからすれば，民泊がたくさんできると，利用者の選択肢が増え利便性が上がるだろうし，将来的には観光客の増加と地域経済の活性化につながって，いいことなんだけどね。

X：問題もあるんだよ。たとえば，閑静な住宅街やマンションの中に民泊ができたら，夜間の騒音とか，周辺住民とトラブルが生じることがあるよね。彼らの生活環境を守るための対策が必要じゃないかな。

Y：民泊の営業中に実際に周囲に迷惑をかけているなら個別に対処しなければならないね。でも，自身の所有する住宅で民泊を営むこと自体は財産権や営業の自由にかかわることだし，利用者の選択肢を狭めてはいけないね。だから，住宅所有者が民泊事業に新たに参入することを制限するのはだめだよ。その意味で， イ ことには反対だよ。

☞ **point**
民泊の解禁に伴う規制の是非に関する会話文である。空欄の前後を丁寧に読んでいくとよい。

hint
イ のすぐ後に「反対」とあるが，何に対して反対しているのかに注意。

① ア　規制強化
　　イ　住宅街において民泊事業を始めることを地方議会が条例で禁止する
② ア　規制強化
　　イ　夜間の激しい騒音を改善するよう民泊事業者に行政が命令する
③ ア　規制緩和
　　イ　住宅街において民泊事業を始めることを地方議会が条例で禁止する
④ ア　規制緩和
　　イ　夜間の激しい騒音を改善するよう民泊事業者に行政が命令する

問7　下線部⑧について，生徒Xと生徒Yは，さらに民泊に関連する法律の内容を調べた上で，次のような会話をしている。次の**会話文**中の空欄　ア　～　ウ　に当てはまる語句の組合せとして正しいものを，後の①～⑧のうちから一つ選べ。　**7**

X：調べてみたら民泊を営むにも利用するにもいろんな法律がかかわるんだね。

Y：そうだね。まず民泊の解禁を定めた住宅宿泊事業法があるけど，ほかにも，利用料金を支払って民泊を利用する契約には　ア　が適用されるね。ちなみに，私人間の関係を規律する　ア　は，公法か私法かという分類からすれば　イ　に該当するね。

X：また，民泊を営業する人は事業者だから，不当な勧誘による契約の取消しを可能にしたり，消費者に一方的に不利な条項の無効を定めたりする　ウ　も関連するよ。

Y：一つの事項についてもさまざまな法律が重層的にかかわることが確認できたね。

① ア　民　法　　イ　私　法　　ウ　消費者契約法
② ア　民　法　　イ　私　法　　ウ　独占禁止法
③ ア　民　法　　イ　公　法　　ウ　消費者契約法
④ ア　民　法　　イ　公　法　　ウ　独占禁止法
⑤ ア　刑　法　　イ　私　法　　ウ　消費者契約法
⑥ ア　刑　法　　イ　私　法　　ウ　独占禁止法
⑦ ア　刑　法　　イ　公　法　　ウ　消費者契約法
⑧ ア　刑　法　　イ　公　法　　ウ　独占禁止法

問8　下線部⑪について，生徒Xは，「政治・経済」の教科書を読み，日本の立法過程について整理した。日本の立法過程に関する記述として**誤っている**ものを，次の①～④のうちから一つ選べ。　**8**

① 国会議員が予算を伴わない法律案を発議するには，衆議院では議員20人以上，参議院では議員10人以上の賛成を要する。
② 法律案が提出されると，原則として，関係する委員会に付託され委員会の審議を経てから本会議で審議されることになる。
③ 参議院が衆議院の可決した法律案を受け取った後，60日以内に議決をしないときは，衆議院の議決が国会の議決となる。
④ 国会で可決された法律には，すべて主任の国務大臣が署名し，内閣総理大臣が連署することを必要とする。

☞**point**
立法過程についての内容で，法律案の発議から議決，成立に至るまでの流れの正確な理解が問われている。

第2問　生徒たちは，次の白板にまとめた授業の内容をもとに，経済主体の関係について考察や分析を行った。これに関連して，後の問い（問1～8）に答えよ。

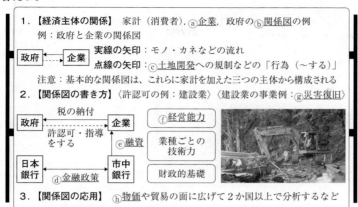

問1　日本における下線部ⓐに関する記述として最も適当なものを，次の①～④のうちから一つ選べ。　9

① 自社の株価の低下を招くような社内の行為をその会社の株主が監視することを，リストラクチャリングという。
② ある企業の1年間の利潤のうち，株主への分配率が上昇すると内部留保への配分率も上昇し，企業は設備投資を増やすようになる。
③ 世界的に拡大した感染症による経済的影響として，いわゆる巣ごもり需要の増加に対応することで2020年に売上を伸ばした企業があった。
④ 1990年代のバブル経済崩壊後，会社法が制定され，株式会社設立のための最低資本金額が引き上げられた。

問2　下線部ⓑに関連して，生徒Xと生徒Yは，白板における関係図の書き方を参考に話し合いを行い，自主学習として環境問題を関連させた経済主体の関係図を作成した。たとえば，次の会話文中の下線部の内容は，後の関係図中の消費者と企業の間の矢印（⟷）に対応している。会話の内容と整合する関係図として最も適当なものを，次ページの①～④のうちから一つ選べ。　10

X：企業の工場から汚染物質が排出されるような図を考えればいいかな。
Y：それもあるけど，需要側の消費者が供給側の企業と，市場で財・サービスを取引するから生産が行われるわけで，需要側にも問題があると思うよ。
X：そうだね。でも，両方を書くと問題の焦点がわかりにくくなるし，今回の学習では，需要側からの汚染物質の問題は省いて，供給側からの汚染物質の排出と供給側への政府の対策を作図するってことでいいんじゃないかな。政府が供給側を対象に対策をしたというニュースもあったよね。
Y：いいね。私もみたよ。あと，その矢印のそばに書く語句はニュースに近いものを書くといいかもね。政策の目的も考慮されやすい語句がいいかな。
X：うん。加えて，市民で構成されるNPOなどによる，供給側への監視も大事になってくるんじゃないかな。

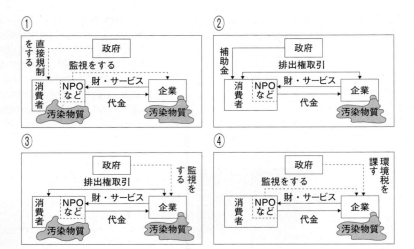

問3 下線部ⓒに関連して、生徒Xは、クラスでの発表において、企業の土地利用を事例にして、機会費用の考え方とその適用例をまとめることにした。Xが作成した、次のメモ中の空欄 ア ・ イ に当てはまる語句として最も適当なものを、後の①〜④のうちから一つ選べ。 11

> ◇機会費用の考え方：ある選択肢を選んだとき、もし他の選択肢を選んでいたら得られたであろう利益のうち、最大のもの。
> ◇事例の内容と条件：ある限られた土地を公園、駐車場、宅地のいずれかとして利用する。利用によって企業が得る利益は、駐車場が最も大きく、次いで公園、宅地の順である。なお、各利用形態の整備費用は考慮しない。
> ◇機会費用の考え方の適用例：ある土地をすべて駐車場として利用した場合、 ア の関係から他の用途に利用できないため、そのときの機会費用は、 イ を選択したときの利益に等しい。

① ア トレード・オフ　　イ 公園
② ア トレード・オフ　　イ 宅地
③ ア ポリシー・ミックス　イ 公園
④ ア ポリシー・ミックス　イ 宅地

☞ point
下線部ⓒの「土地開発」の語句に引っ張られることがないように注意。問われているのは、機会費用についてである。メモに書かれている文章の読解力が試されているので、きちんと読んで内容理解に努める。

問4 下線部ⓓに関連して、生徒Xと生徒Yは、日本銀行による金融政策の主な手段である公開市場操作（オープン・マーケット・オペレーション）について話し合った。次の会話文中の空欄 ア ・ イ に当てはまる語句の組合せとして最も適当なものを、次ページの①〜④のうちから一つ選べ。 12

X：日本銀行は、買いオペレーションや売りオペレーションによって、個人や一般企業が保有する通貨量を変動させているようだね。
Y：そうかな？　たしかに、買いオペは金融 ア の効果が期待できると言われているけど、日本銀行が市中銀行から国債を買い入れると、確実に増加するのは市中銀行が保有する日銀当座預金の残高だね。
X：それは個人や一般企業が保有する通貨量、つまり イ が増加すると考えてよいのかな。
Y： イ が増加するかどうかは、個人や一般企業の資金需要と市中銀行の貸出が増加するかどうかによるよ。

☞ point
会話文形式の問題ではあるが、XとYが議論をしているわけではないので、買いオペ、売りオペとは何かを思い出しながら読んでいけば、選択肢はすぐ選ぶことができる。

■日銀当座預金…市中の金融機関が日本銀行にもっている、出し入れ自由で無利子の口座にある預金のこと。

X：それなら，日本銀行の公開市場操作は ｜ イ ｜ を直接的に増減させるものではないということだね。

① ア　緩　和　　イ　マネーストック
② ア　緩　和　　イ　マネタリーベース
③ ア　引　締　　イ　マネーストック
④ ア　引　締　　イ　マネタリーベース

問5 下線部ⓔに関連して，生徒たちは，次の図1と図2を用いて市中銀行の貸出業務を学習することになった。これらの図は，すべての市中銀行の資産，負債，純資産を一つにまとめた上で，貸出前と貸出後を比較したものである。これらの図から読みとれる内容を示した後のメモを踏まえて，市中銀行の貸出業務に関する記述として最も適当なものを，後の①〜④のうちから一つ選べ。 13

資産	負債・純資産
「すでにある貸出」85	「すでにある預金」90
日銀当座預金15	資本金10

図1　貸出前のバランスシート

資産	負債・純資産
「新規の貸出」20	「新規の預金」20
「すでにある貸出」85	「すでにある預金」90
日銀当座預金15	資本金10

図2　貸出後のバランスシート

（注）　バランスシートの左側には「資産」が，右側には「負債・純資産」が表され，「資産」と「負債・純資産」の金額は一致する。簡略化のため，市中銀行の資産は貸出および日銀当座預金，負債は預金，純資産は資本金のみとし，また貨幣単位は省略する。

> (メモ)　個人や一般企業が銀行から借り入れると，市中銀行は「新規の貸出」に対応した「新規の預金」を設定し，借り手の預金が増加する。他方で，借り手が銀行に返済すると，市中銀行の貸出と借り手の預金が同時に減少する。

① 市中銀行は「すでにある預金」を個人や一般企業に貸し出すため，銀行貸出は市中銀行の資産を増加させ負債を減少させる。
② 市中銀行は「すでにある預金」を個人や一般企業に貸し出すため，銀行貸出は市中銀行の資産を減少させ負債を増加させる。
③ 市中銀行は「新規の預金」を創り出すことによって個人や一般企業に貸し出すので，銀行貸出は市中銀行の資産と負債を減少させる。
④ 市中銀行は「新規の預金」を創り出すことによって個人や一般企業に貸し出すので，銀行貸出は市中銀行の資産と負債を増加させる。

問6 下線部ⓕに関連して，生徒たちは労働問題について学ぶため，事前学習として，次ページの図のような求人情報の例を作成し，問題点がないか話し合った。図中の下線部の㋐〜㋒について，企業がこの求人情報のとおりに労働者と労働契約を結んだ場合，雇用に関係する日本の法律に抵触するものはどれか。当てはまるものをすべて選び，その組合せとして最も適当なものを，後の①〜⑦のうちから一つ選べ。 14

hint
市中銀行から企業への融資について，「メモ」に書かれていることをしっかり読んで，図1と図2の違いがどこにあるかを図から読み取り，その違いが何を意味しているかを判断しよう。

☞point
求人情報という例と，法律の内容を照らし合わせる問題。重要な法律については，主な内容をきちんと理解しておこう。

hint
「雇用に関する日本の法律」とは労働基準法のことである。

① ㋐   ② ㋑   ③ ㋒   ④ ㋐と㋑
⑤ ㋐と㋒   ⑥ ㋑と㋒   ⑦ ㋐と㋑と㋒

問7 下線部ⓖに関連して，生徒Xと生徒Yは災害の影響に関する次の会話をしている。

> X：この間の災害で被害を受けた地場産品の野菜の価格が上がって困っているよ。おいしいから毎日必ず食べてたんだ。復旧のめどはたったらしいけど，元に戻るには時間がかかるらしくて。早く元に戻ってくれないかな。
>
> Y：この図をみてよ。災害前は右下がりの需要曲線と右上がりの供給曲線がE点で交わっていたと仮定すると，災害の影響で供給曲線が図の元の位置から一時的にこんな位置に変わった状況だね。ということは，需要曲線が災害前の位置のままとして，供給曲線が元の位置に自然に戻るまでの間に ア といったような対策がとられれば，<u>より早く元の価格に戻っていくんじゃないかな。</u>

図

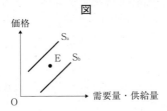

Xの発言に対し，Yは災害後の供給曲線を図中のS_a線かS_b線のいずれかと推測し，二重下線部（＿＿）を実現するためのE点までの調整方策を会話文中の空欄 ア で述べている。 ア に当てはまる発言として最も適当なものを，次の①～④のうちから一つ選べ。 15

① 野菜の購入時にキャッシュレス決済で使える電子ポイントを付与する
② 野菜の購入量が増えるように消費者に宣伝を行う
③ 原材料の購入に使える助成金を生産者に支給する
④ 原材料の使用量に応じて課徴金を課す

問8 下線部ⓗに関連して，生徒たちは，次の図と図に関する説明を用いて，各国の物価水準の比率から外国為替レートを理論的に求める購買力平価説を学んだ。この説に基づいて算出される外国為替レート（1ドル＝ a 円）を基準として考えるとき，20××年○月△日における実際の外国為替レートの状態を表す記述として正しいものを，後の①〜④のうちから一つ選べ。
16

■購買力平価説…一つの同じものを異なる国の通貨で比較したとき，通貨の価値は等しくなる（＝が成立する）という考え方。

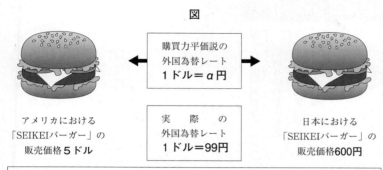

【図に関する説明】
・両国で販売されている「SEIKEIバーガー」はまったく同じ商品であり，それぞれの販売価格は，同一年月日（20××年○月△日）のもので時差は考えない。
・両国の物価水準は「SEIKEIバーガー」の販売価格でそれぞれ代表される。

① 実際の外国為替レートは，1ドル当たり120円の円安ドル高である。
② 実際の外国為替レートは，1ドル当たり120円の円高ドル安である。
③ 実際の外国為替レートは，1ドル当たり21円の円安ドル高である。
④ 実際の外国為替レートは，1ドル当たり21円の円高ドル安である。

hint
同じハンバーガーなら国が違っても同じ値段のはず。しかし，通貨が異なるので，同じものでも表示は異なる。実際の外国為替レートはその国の経済状況に応じて変動するが，品物の価格はそれがもつ価値ととらえて，等式(＝)が成り立つと考えてみよう。

第3問 次に示したのは，生徒たちが最近読んだある日の新聞の1面である。傍線部ⓐ〜ⓗは，それぞれの見出しやコラムを示している。これに関連して，後の問い（問1〜8）に答えよ。

☞point
リード文に当たる内容が，新聞の形式になっている問題。新聞とはいっても，記事があるわけではないので，傍線部を前後も含めて確認しておこう。

大学入学共通テスト 22年本試験

新聞紙面：

1 第○×○×○号　　　共 通 新 聞　　　2022年（令和4年）○○月○○日 土曜日 日刊 5版

共通新聞

世界経済落ち込み深刻

迫られる景気悪化への対応

ⓐ家計への打撃を懸念

ⓑ雇用環境の大幅悪化

遠のくⓒ物価上昇

ⓖ新興国通貨に不安定化の兆し

ⓓ予算審議始まる

ⓔ税制改革関連法案は年度内成立へ

先進国・発展途上国の協調が必要

ⓕ国際機関の役割の重要性増す

今日のコラム「ⓗ経済連携」

問1 傍線部ⓐに関連して，生徒Xは，次のXの**小遣い帳**（2019年11月）をもとに1か月のお金の動きを，後の水槽を使った**模式図**で表すことにした。Xは，この1か月間について，お金が流れる方向を矢印に，お金の量を水量に見立て，蛇口から水槽に水が入り，出口から出ていく次ページの**模式図**を作成した。**小遣い帳**と**模式図**中の下線部㋐〜㋔の五つの量をフローとストックに分類したとき，フローであるものをすべて選び，その組合せとして正しいものを，後の①〜⑧のうちから一つ選べ。　17

☞point
フローとストックの概念の理解を踏まえて，表（小遣い帳）と模式図を読み取る問題。

hint
ストックは「貯蔵・蓄え」，フローは「流れ」を意味する。「小遣い帳」の収支項目と「模式図」の水流，「小遣い帳」の残高項目と「模式図」の水槽の水がそれぞれ同じことを意味することに注意しよう。

小遣い帳

日付	事柄	収入	支出	残高
2019/11/1	前月からの繰越			¥20,000
11/1	小遣い	㋐¥5,000		¥25,000
11/9	部活動後の飲食		¥500	¥24,500
11/16	文化祭での飲食等		¥1,500	¥23,000
11/22	両親へのプレゼント（結婚記念日）		㋑¥5,000	¥18,000
11/24	友達と食事		¥1,000	¥17,000
11/30	次月への繰越			¥17,000

180　第3編　巻末演習

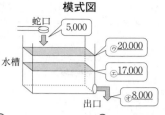

① ⑦と④　② ⑦と⑨　③ ④と㋺　④ ⑨と㋑
⑤ ⑦と④と㋺　⑥ ⑦と⑨と㋑　⑦ ④と㋑と㋺
⑧ ⑨と㋑と㋺

問2　傍線部ⓑに関連して，生徒Yは，日本の失業について詳しく知りたいと考え，「労働力調査」の「用語の定義」から15歳以上人口の分類を調べ，次の**資料**にまとめた。その上で，Yはある月の月末1週間の状況として，後のA〜Cの3人のモデルケースを作成し，3人の就業状態を分類した。**資料**中の空欄　ア　に入る語句と空欄　イ　に入る分類の図の組合せとして正しいものを，次ページの①〜⑧のうちから一つ選べ。| 18 |

☞ **point**
就業状況の分類についての用語の定義を正確に理解しているかが問われる。特に完全失業者の定義は確認しておこう。図の構造はすべて共通なので，モデルケースのA〜Cの情報から正確に就業状態を分類できるかどうかがポイントになる。

| 資料 |

●15歳以上人口は，労働力人口と非労働力人口からなる。
→この15歳以上人口は，生産年齢人口と　ア　。

●労働力人口は，就業者と完全失業者からなる。（調査週間は月末1週間）
　○就業者は，従業者と休業者からなる。
　　・従業者は，収入を伴う仕事を1時間以上した者。
　　・休業者は，仕事をもちながら，調査週間中に少しも仕事をしなかったものの，賃金等の支払いを受けた者，または受けることになっている者。

　○完全失業者は，次の三つの条件を満たす者。
　　・仕事がなくて調査週間中に少しも仕事をしなかった。
　　・仕事があればすぐに就くことができる。
　　・調査週間中に，仕事を探す活動や事業を始める準備をしていた（過去の求職活動の結果を待っている場合を含む）。

　⇒これらに従った3人のモデルケースの正しい分類は　イ　である。

※非労働力人口は，通学，家事，高齢などの理由で仕事をしていない者。

〈モデルケース〉

A	職歴	なし。
	現状	大学生。アルバイトはしていない。アルバイトを始めたいと思い，アルバイトの求人情報を調べて応募した。
B	職歴	大学卒業後に就職した会社を，キャリアアップを目的に退職した。
	現状	先月まで求職活動をしていたが，今月は調査期間中も含め資格取得の勉強に集中している。
C	職歴	これまで勤めていた会社を，家庭の事情で退職した。
	現状	自宅近くで，フルタイムの仕事を希望して求職活動中だが，調査週間中に1日臨時の仕事を得た。

ア に入る語句
a 一致する　　b 一致しない

イ に入る分類の図

図1
労働力人口	非労働力人口
就業者　完全失業者	
Ⓐ　　Ⓒ	Ⓑ

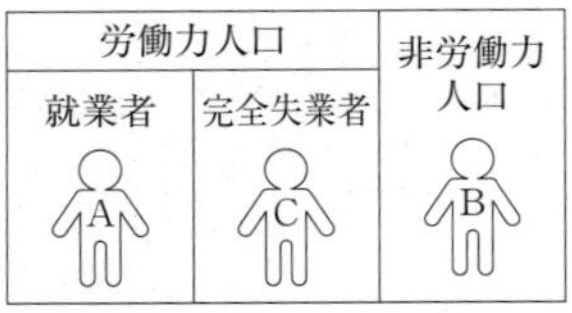

図2
労働力人口	非労働力人口
就業者　完全失業者	
Ⓑ　　Ⓒ	Ⓐ

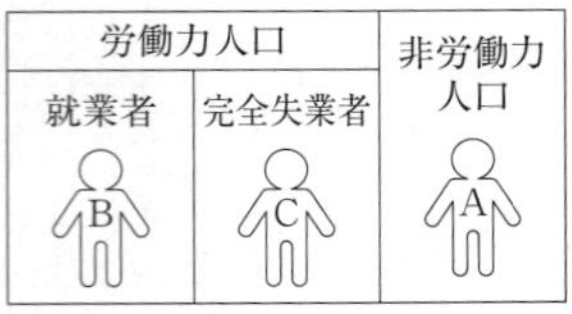

図3
労働力人口	非労働力人口
就業者　完全失業者	
Ⓒ　　Ⓐ	Ⓑ

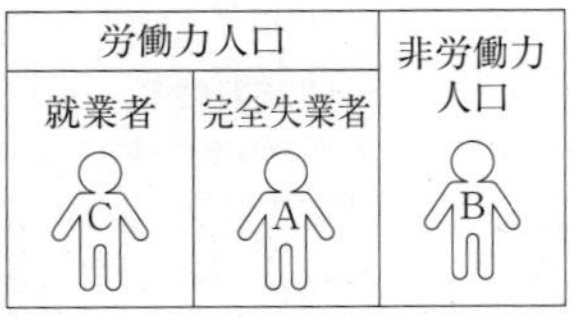

図4
労働力人口	非労働力人口
就業者　完全失業者	
Ⓒ　　Ⓑ	Ⓐ

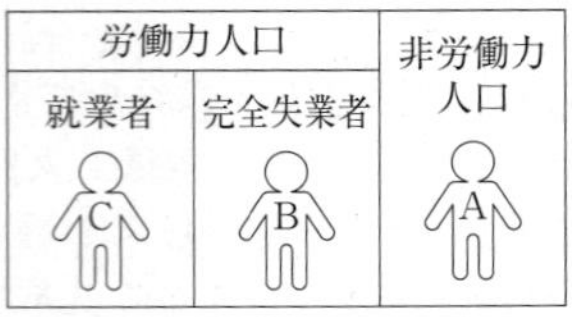

① ア－a　イ－図1
② ア－a　イ－図2
③ ア－a　イ－図3
④ ア－a　イ－図4
⑤ ア－b　イ－図1
⑥ ア－b　イ－図2
⑦ ア－b　イ－図3
⑧ ア－b　イ－図4

hint
生産年齢人口は満15歳～64歳の人口を意味する。

問3　傍線部ⓒに関連して，生徒Xは，物価の変動が国民生活に与える影響に関心をもち，その例として，インフレ（インフレーション）のケースについて調べ，次のメモにまとめた。メモ中の空欄　ア　～　エ　に当てはまる語句の組合せとして正しいものを，後の①～⑧のうちから一つ選べ。19

　物価の変動は私たちの消費に影響を与える。私たちが買い物をするときを考え，名目の消費支出額を一定とする。すべての財・サービスの価格が同じ比率で変化したとすると，物価上昇前と比較して，物価上昇後に消費できる数量は　ア　することになる。
　物価の変動は，債権者や債務者に対しても影響を及ぼす。ある一定額のお金の貸借が行われている状況を想定する。金利が変化しなかったとして，貸借が行われた時点では想定されていなかったインフレが発生した場合について考える。このとき，インフレが発生しなかった場合と比較すると，債権者にとって経済的に　イ　に，債務者にとって経済的に　ウ　になる。
　これは，支払われる金額が事前に確定しており，その後インフレが進行した場合，この債権・債務の価値が実質的に　エ　することになるからである。

point
インフレについての問題だが，メモ内には「名目の消費支出額を一定とする」や「すべての財・サービスの価格が同じ比率で変化したとする」などの条件設定があることに注意しよう。

hint
インフレーションとは貨幣価値の低下を意味する。

■債務者と債権者…契約などで，他者に対して金銭を返済するなどの義務を負っている者を債務者，金銭の返済等を要求する権利をもっている者を債権者という。

① ア　増加　イ　有利　ウ　不利　エ　上昇
② ア　増加　イ　有利　ウ　不利　エ　下落
③ ア　増加　イ　不利　ウ　有利　エ　上昇
④ ア　増加　イ　不利　ウ　有利　エ　下落
⑤ ア　減少　イ　有利　ウ　不利　エ　上昇
⑥ ア　減少　イ　有利　ウ　不利　エ　下落
⑦ ア　減少　イ　不利　ウ　有利　エ　上昇
⑧ ア　減少　イ　不利　ウ　有利　エ　下落

問4 傍線部ⓓに関連して，日本の国会の活動に関心をもった生徒Ｙは，2020年における予算審議を中心に国会の活動を調べ，その一部を次の**表**にまとめた。**表**中の空欄　**ア**　・　**イ**　に当てはまる語句の組合せとして正しいものを，後の①〜⑥のうちから一つ選べ。　**20**

1月20日	・常会（通常国会）の召集，開会式 ・　**ア**　から予算の提出
1月〜3月	・予算審議
3月27日	・予算の成立
4月27日	・　**ア**　から　**イ**　の提出
4月30日	・　**イ**　の成立
6月8日	・　**ア**　から第2次　**イ**　の提出
6月12日	・第2次　**イ**　の成立
6月17日	・常会の会期終了

①　ア　各省庁　　イ　暫定予算　　②　ア　各省庁　　イ　補正予算
③　ア　財務省　　イ　暫定予算　　④　ア　財務省　　イ　補正予算
⑤　ア　内　閣　　イ　暫定予算　　⑥　ア　内　閣　　イ　補正予算

☞**point**
予算の作成から提出までの流れが理解できているかが問われている問題。

hint
新年度の予算が年度末までに成立している場合と成立していない場合とでは，新年度に入ってから新たに組まれる予算は異なる点に注意しよう。

問5 傍線部ⓔに関連して，日本では，2019年に消費税率が10パーセントに引き上げられ，それと同時に，食料品（飲料などを含む）への8パーセントの軽減税率が導入された。そこで，生徒Ｘは，その際に話題となった消費税の逆進性について考えるために，次の**表**を作成して整理してみることにした。具体的には，可処分所得が300万円の個人Ａ，500万円の個人Ｂ，800万円の個人Ｃの三つのタイプを考えて**表**を作成した。この**表**から読みとれる消費税の逆進性に関する記述として最も適当なものを，後の①〜④のうちから一つ選べ。　**21**

	項　目	計算方法	個人Ａ	個人Ｂ	個人Ｃ
ア	可処分所得（万円／年）		300	500	800
イ	税抜き消費支出（万円／年）	ウ＋エ	270	350	520
ウ	うち食料品支出（万円／年）		100	120	150
エ	うち食料品以外の消費支出 （万円／年）		170	230	370
オ	消費支出割合（％）	イ÷ア×100	90	70	65
カ	全ての消費支出に10％税率適用時の消費税負担額（万円／年）	イ×10％	27	35	52
キ	食料品支出に8％税率，食料品以外の消費支出に10％税率適用時の消費税負担額（万円／年）	ウ×8％ ＋ エ×10％	25.0	32.6	49.0

①　可処分所得アが高い個人ほど，表中**カ**の額が多く，消費税の逆進性の一例となっている。
②　可処分所得アが高い個人ほど，可処分所得に占める表中**カ**の割合が低く，消費税の逆進性の一例となっている。
③　可処分所得アが高い個人ほど，表中**オ**の値が高く，消費税の逆進性の一例となっている。
④　可処分所得アが高い個人ほど，可処分所得に占める表中**キ**の割合が高く，消費税の逆進性の一例となっている。

☞**point**
表の読み取りに計算が必要な問題。各選択肢を丁寧に確認し，**カ**と**キ**については，消費税負担率を実際に計算してみるとよい。

■**可処分所得**…税金や社会保険料などを除いた自分で自由に使える収入のこと。

hint
消費税の逆進性とは，可処分所得の高い人ほど消費税の負担率が低くなることをいう。負担額ではないことに注意しよう。

問6 傍線部⑥に関連して，生徒Xと生徒Yは，国際連合に関連する国際機関について調べた。次の国際機関に関する記述ア～ウのうち，正しいものはどれか。当てはまる記述をすべて選び，その組合せとして最も適当なものを，後の①～⑦のうちから一つ選べ。22

ア　WHOは，世界の人々の保健水準の向上や国際的な保健事業の推進に関する活動を行っている。
イ　UNICEFは，発展途上国を中心に子どもの教育や権利保障に関する活動を行っている。
ウ　UNHCRは，迫害や紛争などによって生じる難民の保護に関する活動を行っている。

① ア　　② イ　　③ ウ　　④ アとイ
⑤ アとウ　⑥ イとウ　⑦ アとイとウ

☞ point
国際機関の略称から日本語の名称と役割が理解できているかが問われる問題。日本語の名称は役割を端的に表しているので，正確に覚えておこう。

問7 傍線部⑧に関連して，生徒たちは，アジア通貨危機の発端となったタイについて関心をもった。そこで，タイの通貨バーツと当時のタイの状況および通貨危機についての要点を，次のようにメモにまとめた。また，アジア通貨危機が起こった1997年の前後5年にあたる1992年から2002年のタイの外国為替レート(1米ドルあたりのバーツ)，経常収支，外貨準備の値を調べ，その推移を作図した。生徒たちが作成した図として適当なものを，外国為替レートについては後の図アか図イ，経常収支については後の図ウか図エ，外貨準備については後の図オか図カより選び，その組合せとして最も適当なものを，次ページの①～⑧のうちから一つ選べ。23

メモ
○アジア通貨危機の前，タイのバーツも含めて，アジアの通貨の中には市場においてヘッジファンドなどによる売り圧力がかけられているものがあった。タイ政府は，通貨の下落を阻止するために，外貨準備を用いて買い支えようとしたが，結局は通貨危機に陥ってしまった。
○経済基盤が脆弱で，経常収支赤字が継続している国は，通貨危機が起こりやすいといわれている。

☞ point
メモに書かれている「売り」と「買い」が外国為替市場でどのような意味をもち，影響を与えるのかを正確に理解できているかが問われている。

■経常収支…貿易・サービス収支，海外からの利子，配当金などの第一次所得収支，消費財の現物援助などの第二次所得収支からなる。
■外貨準備…金やドルなど政府が保有する対外資産。

hint
バーツが売られバーツ安になると，1米ドルに相当するバーツの値は上昇するのか下落するのか。

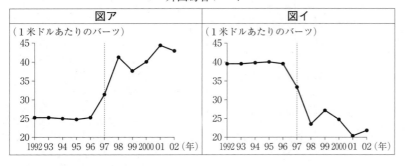

経常収支

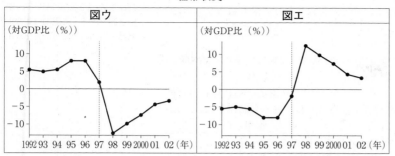

外貨準備

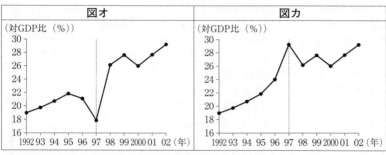

（出所） World Bank Webページにより作成。

	外国為替レート	経常収支	外貨準備
①	図ア	図ウ	図オ
②	図ア	図ウ	図カ
③	図ア	図エ	図オ
④	図ア	図エ	図カ
⑤	図イ	図ウ	図オ
⑥	図イ	図ウ	図カ
⑦	図イ	図エ	図オ
⑧	図イ	図エ	図カ

hint
バーツ安になるとタイの輸出は増えるのか減るのか。

hint
外貨準備を用いて通貨（バーツ）の買い支えをするとはどういうことか。

問8 生徒Xと生徒Yが，授業後に傍線部ⓗについて議論した。次の**会話文**中の空欄　ア・イ　に当てはまる語句の組合せとして最も適当なものを，後の①～④のうちから一つ選べ。24

X：最近は，世界のいろんな地域での経済連携についての話題が，ニュースで取り上げられることが多いね。

Y：そうだね。経済分野では最近，FTA（自由貿易協定）やEPA（経済連携協定）のような条約を結ぶ動きがみられるね。日本も2018年には，EU（欧州連合）との間にEPAを締結したし，　ア　に参加したね。　ア　は，アメリカが離脱した後に成立したものだよ。

X：でも，このような動きは，WTO（世界貿易機関）を中心とする世界の多角的貿易体制をかえって損ねたりはしないかな。GATT（関税及び貿易に関する一般協定）は，ある締約国に貿易上有利な条件を与えた場合に他の締約国にもそれを適用する　イ　を定めているよ。このような仕組みを活用して，円滑な貿易を推進した方がいいような気がするなあ。

Y：本当にそうかな。FTAやEPAといったそれぞれの国や地域の実情に応じたきめの細かい仕組みを整えていくことは，結果として世界の自由貿易の促進につながると思うよ。これらは，WTOを中心とする世界の多角的貿易体制を補完するものと考えていいんじゃないかな。

① ア　TPP11（環太平洋パートナーシップに関する包括的及び先進的な協定）
　 イ　最恵国待遇原則

② ア　TPP11（環太平洋パートナーシップに関する包括的及び先進的な協定）
　 イ　内国民待遇原則

③ ア　APEC（アジア太平洋経済協力会議）
　 イ　最恵国待遇原則

④ ア　APEC（アジア太平洋経済協力会議）
　 イ　内国民待遇原則

☞**point**
会話文からGATTやWTOの無差別原則である，最恵国待遇原則と内国民待遇原則の違いを正確に判断する問題。

hint
「他の締約国にもそれを適用」から　イ　を判断する。

第4問 生徒Xと生徒Yは、「住民生活の向上を目的とする国や地方自治体の政策に、住民はどのようにかかわることができるのか」という課題を設定して調査を行い、L市主催の報告会で発表することにした。次の図は、そのための調査発表計画を示したものである。これに関連して、後の問い（問1～6）に答えよ。

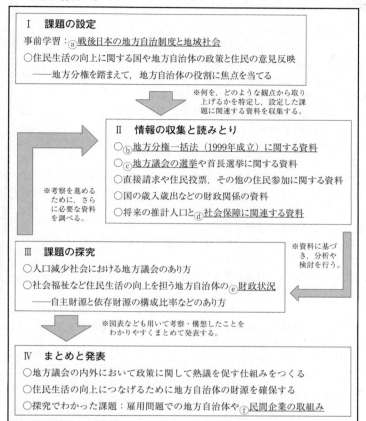

問1 生徒Xと生徒Yは下線部ⓐについて調べた。次のA～Dは、第二次世界大戦後の日本の地方自治をめぐって起きた出来事に関する記述である。これらの出来事を古い順に並べたとき、3番目にくるものとして正しいものを、後の①～④のうちから一つ選べ。|25|

A 地方分権改革が進む中で行財政の効率化などを図るために市町村合併が推進され、市町村の数が減少し、初めて1,700台になった。
B 公害が深刻化し住民運動が活発になったことなどを背景として、東京都をはじめとして都市部を中心に日本社会党や日本共産党などの支援を受けた候補者が首長に当選し、革新自治体が誕生した。
C 地方自治の本旨に基づき地方自治体の組織や運営に関する事項を定めるために地方自治法が制定され、住民が知事を選挙で直接選出できることが定められた。
D 大都市地域特別区設置法に基づいて、政令指定都市である大阪市を廃止して新たに特別区を設置することの賛否を問う住民投票が複数回実施された。

① A ② B ③ C ④ D

問2 生徒Xと生徒Yは，下線部ⓑをみながら会話をしている。次の会話文中の空欄 ア ～ ウ に当てはまる語句の組合せとして最も適当なものを，後の①～⑧のうちから一つ選べ。26

X：この時の地方分権改革で，国と地方自治体の関係を ア の関係としたんだね。
Y： ア の関係にするため，機関委任事務制度の廃止が行われたんだよね。たとえば，都市計画の決定は， イ とされたんだよね。
X： ア の関係だとして，地方自治体に対する国の関与をめぐって，国と地方自治体の考え方が対立することはないのかな。
Y：実際あるんだよ。新聞で読んだけど，地方自治法上の国の関与について不服があるとき，地方自治体は ウ に審査の申出ができるよ。申出があったら ウ が審査し，国の機関に勧告することもあるんだって。ふるさと納税制度をめぐる対立でも利用されたよ。

① ア 対等・協力　イ 法定受託事務　ウ 国地方係争処理委員会
② ア 対等・協力　イ 法定受託事務　ウ 地方裁判所
③ ア 対等・協力　イ 自治事務　ウ 国地方係争処理委員会
④ ア 対等・協力　イ 自治事務　ウ 地方裁判所
⑤ ア 上下・主従　イ 法定受託事務　ウ 国地方係争処理委員会
⑥ ア 上下・主従　イ 法定受託事務　ウ 地方裁判所
⑦ ア 上下・主従　イ 自治事務　ウ 国地方係争処理委員会
⑧ ア 上下・主従　イ 自治事務　ウ 地方裁判所

■地方分権一括法…国と地方の関係に関する法律が一括して改定された。
■ふるさと納税…任意に選んだ地方自治体に寄付をすることで，寄付金額の一部が所得税や住民税から控除される仕組み。地方税法の改正(2008年)により導入された。

問3 生徒Xと生徒Yは下線部ⓒについて，次の資料aと資料bを読みとった上で議論している。資料aと資料bのグラフの縦軸は，統一地方選挙における投票率か，統一地方選挙における改選定数に占める無投票当選者数の割合のどちらかを示している。次ページの会話文中の空欄 ア ～ エ に当てはまる語句の組合せとして最も適当なものを，後の①～⑧のうちから一つ選べ。27

☞point
表題のない二つの資料について，会話文の内容から空欄に当てはまる資料を選ぶ問題だが， イ の背景（ ウ ）や，選挙制度に関する知識（ エ ）もあわせて問われている。選択肢も8つと多いので気を付けたい。

資料a

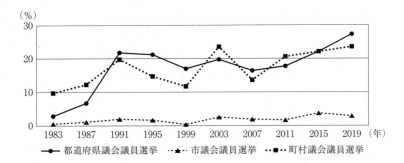

(出所) 総務省Webページにより作成。

資料 b

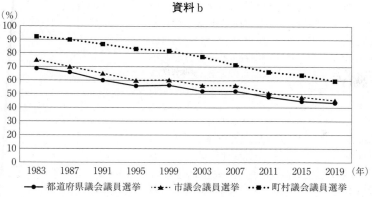

（出所）総務省Webページにより作成。

X：議員のなり手が不足しているといわれている町村もあることが**資料 ア** からうかがえるね。町村議会では，立候補する人が少ない背景には議員報酬が低いためという指摘があるよ。議員定数を削減する町村議会も一部にあるんだね。

Y：都道府県議会議員選挙では，それぞれの都道府県の区域を分割して複数の選挙区を設けるのに対し，市町村議会議員選挙では，その市町村の区域を一つの選挙区とするのが原則なんだね。図書館で調べた資料によると，都道府県議会議員選挙での無投票当選は，定数1や2の選挙区で多い傾向があるよ。**資料 ア** から，都道府県や町村の議会議員選挙では，市議会議員選挙と比べると無投票当選の割合が高いことがわかるけど，無投票当選が生じる理由は同じではないようだね。

X：なるほど。この問題をめぐっては，他にも議員のなり手を増やすための環境づくりなどの議論があるよ。無投票当選は，選挙する側からすると選挙権を行使する機会が失われることになるよ。議会に対する住民の関心が低下するおそれもあるんじゃないかな。

Y：**資料 イ** において1983年と2019年とを比べると，投票率の変化が読みとれるね。投票率の変化の背景として，**ウ** が関係しているといわれているけど，これは政治に対する無力感や不信感などから生じるそうだよ。

X：**エ** をはじめとして選挙権を行使しやすくするための制度があるけど，政治参加を活発にするためには，無投票当選や **ウ** に伴う問題などに対処していくことも必要なんだね。

① ア－a　イ－b　ウ－政治的無関心　エ－パブリックコメント
② ア－a　イ－b　ウ－政治的無関心　エ－期日前投票
③ ア－a　イ－b　ウ－秘密投票　　　エ－パブリックコメント
④ ア－a　イ－b　ウ－秘密投票　　　エ－期日前投票
⑤ ア－b　イ－a　ウ－政治的無関心　エ－パブリックコメント
⑥ ア－b　イ－a　ウ－政治的無関心　エ－期日前投票
⑦ ア－b　イ－a　ウ－秘密投票　　　エ－パブリックコメント
⑧ ア－b　イ－a　ウ－秘密投票　　　エ－期日前投票

hint
ア の直後の「都道府県や町村の議会議員選挙では，市議会議員選挙と比べると無投票当選の割合が高いことがわかる」に着目するとよい。

問4 下線部ⓓについて，生徒Ｘと生徒Ｙは報告会前にＬ市役所を訪問し，職員に質問することにした。次の**会話文**は生徒たちが訪問前に相談している場面である。**会話文**中の下線部⑦〜㋑の四つの発言のうち，三つの発言は，後の資料の数値のみからは読みとることのできない内容である。**会話文**中の下線部⑦〜㋑のうち**資料の数値のみから読みとることのできる内容**について発言しているものはどれか。最も適当なものを，次ページの①〜④のうちから一つ選べ。 28

☞ **point**
下線部と各資料との照合を考える形式の問題であるが，資料ごとに標題がついており，下線部の内容に対応する資料を探すこと自体は容易である。ただし，設問の「資料の数値のみから読みとることのできる内容」という点に注意する。

Ｘ：高齢者向けの社会保障と同時に子育ての支援も重要だと思うよ。
Ｙ：子育てにはお金がかかるから児童手当のような現金給付が必要じゃないかな。⑦資料１を使って児童手当支給額の経年での変化をみると，支給額は増えていないことが示されているよ。もっと給付できないのかな。
Ｘ：でも，それよりも保育サービスの拡充の方が求められているんじゃないかな？㋑資料２には，保育所等を利用する児童数の増加傾向が示されているよ。
Ｙ：現金給付と保育サービスの拡充のどちらも必要なのかもしれないよね。この前読んだ本には子育て支援の給付などを表す指標として家族関係社会支出があると書いてあったんだけど，㋒資料３では，世界の国の中には，対GDP比でみた家族関係社会支出の規模が日本の２倍以上の国があることが示されているしね。
Ｘ：でも㋑資料４には，社会保障の財源には借金が含まれていて，プライマリーバランスが悪化している主な要因であることが示されているよ。持続可能な仕組みなのかな。
Ｙ：日本全体の話だと実感がわかないから，身の回りの問題から考えてみようよ。市役所の訪問時にはＬ市の子育て支援について質問してみない？

資料１　児童手当支給の対象と額

支給対象児童	０歳〜３歳未満	３歳〜小学校修了前		中学生
			第３子以降	
１人あたり月額	15,000円	10,000円	15,000円	10,000円

（注）児童手当の支給には所得制限がある。また，第３子以降とは高校卒業までの養育している児童のうち，３番目以降のことをいう。
（出所）内閣府Webページにより作成。

資料２　保育所等の待機児童数の推移

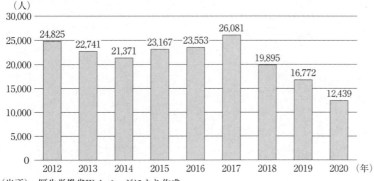

（出所）厚生労働省Webページにより作成。

資料3　各国の家族関係社会支出の対GDP比の比較(2017年)

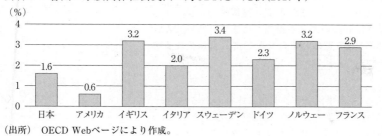

(出所)　OECD Webページにより作成。

資料4　日本の社会保障の給付と負担の現状(2020年度予算ベース)

給付：年金 57.7兆円 ／ 医療 40.6兆円 ／ 福祉その他 28.5兆円

負担：保険料 73.6兆円 ／ 公費 50.4兆円 ／ その他 2.8兆円

(注)　「公費」は国の社会保障関係費等および地方自治体の一般財源を，「その他」は積立金の運用収入等を意味する。
(出所)　厚生労働省Webページにより作成。

① 下線部㋐　　② 下線部㋑　　③ 下線部㋒　　④ 下線部㋓

問5　下線部ⓔについて，生徒Xと生徒Yは報告会を主催したL市とその近隣の地方自治体について調べた。発表内容をまとめるために，生徒たちは歳入区分のうち地方税と地方交付税と国庫支出金に着目して，次の文章と後の**表**を作成した。なお，文章は**表**を読みとって作成したものである。**表**中の地方自治体①～④のうちL市はどれか。正しいものを，**表**中の①～④のうちから一つ選べ。 29

> L市の依存財源の構成比は，表中の他の地方自治体と比べて最も低いわけではありません。ただし，「国による地方自治体の財源保障を重視する考え方」に立った場合は，依存財源が多いこと自体が問題になるとは限りません。たとえばL市では，依存財源のうち一般財源よりも特定財源の構成比が高くなっています。この特定財源によってナショナル・ミニマムが達成されることもあるため，必要なものとも考えられます。
> しかし，「地方自治を重視する考え方」に立った場合，依存財源の構成比が高くなり地方自治体の選択の自由が失われることは問題だと考えられます。L市の場合は，自主財源の構成比は50パーセント以上となっています。

hint
それぞれの歳入区分は，依存財源なのか自主財源なのか，一般財源なのか特定財源なのか整理しよう。

■一般財源・特定財源…地方公共団体の予算のうち，使途が特定されていないものが一般財源。国から使途が指定されているものが特定財源である。

地方自治体	地方税	地方交付税	国庫支出金
①	42	9	19
②	52	1	18
③	75	0	7
④	22	39	6

歳入区分の構成比(%)

(注)　歳入区分の項目の一部を省略しているため，構成比の合計は100パーセントにならない。表中に示されていない歳入のうち，自主財源に分類されるものはないものとする。

問6　下線部⑤に関連して，次の**文章**は，L市内の民間企業の取組みについて，生徒Xと生徒Yがまとめた発表用原稿の一部である。**文章**中の空欄 ア にはaかb，空欄 イ にはcかdのいずれかが当てはまる。次の**文章**中の空欄 ア ・ イ に当てはまるものの組合せとして最も適当なものを，後の①〜④のうちから一つ選べ。 30

　一つ目はA社とB大学についての事例です。L市に本社があるベンチャー企業のA社は，それまで地元の大学からの人材獲得を課題としていました。そのためA社は，市内のB大学と提携してインターンシップ（就業体験）を提供するようになりました。このインターンシップに参加したB大学の卒業生は，他の企業への就職も考えたものの，仕事の内容を事前に把握していたA社にやりがいを見いだして，A社への就職を決めたそうです。この事例は ア の一例です。

　二つ目は事業者Cについての事例です。事業者Cは，市内の物流拠点に併設された保育施設や障がい者就労支援施設を運営しています。その物流拠点では，障がいのある人たちが働きやすい職場環境の整備が進み，障がいのない人たちと一緒に働いているそうです。この事例は イ の一例です。

---

a　スケールメリット（規模の利益）を追求する取組み
b　雇用のミスマッチを防ぐ取組み
c　トレーサビリティを明確にする取組み
d　ノーマライゼーションの考え方を実行に移す取組み

① ア－a　　イ－c
② ア－a　　イ－d
③ ア－b　　イ－c
④ ア－b　　イ－d